21 世纪高职高专规划教材 ◆ **旅游与酒店管理系列**

旅行社经营管理

（第四版）

LÜXINGSHE JINGYING GUANLI

主　编　赵利民

副主编　梁少华　刘淑华

中国人民大学出版社

·北京·

第四版前言

旅游业已成为我国重要的经济增长点，而旅行社在整个旅游业中起着桥梁和纽带的作用。截至2019年年底，全国旅行社总数达到38 943家，已形成了一个规模庞大的旅行社网络体系，在我国旅游业的发展中发挥着越来越大的作用。在旅行社蓬勃发展的同时，作为介绍旅行社经营管理活动及其规律的应用型管理课程——“旅行社经营管理”课程也成为高职高专院校旅游与酒店管理类专业的一门常规课程，对普及旅行社经营管理知识、培养旅行社经营管理人才起到了重要作用。

本教材自2006年5月出版以来，分别于2012年、2017年进行了两次修订再版。三年来，我国旅游市场和旅行社的经营管理又出现了许多新的变化，为适应这一变化，我们对教材进行了再次修订，将旅游法律法规的一些新规定和国家管理部门对旅行社经营与管理的一些新的要求融入其中，对信息化给旅行社经营管理带来的影响及旅行社的应对做了更多的阐述，同时对过时的数据和资料进行了更新，对课后练习进行了修改和补充。为了使教材更好地适应行业的变化，本次修订对第八章旅行社综合管理的内容重新进行了编写。与过去相比，本版在内容上更为新颖、充实，同时又保持了原有教材的优点：

（1）实用性。在旅游业快速发展的今天，旅行社经营管理的理论与实践丰富多彩。编者选取与学生未来的工作联系最紧密的知识进行介绍，并注重本书知识与旅游学、管理学、心理学、营销学、旅游电子商务等知识的融合，力求使本书更具实用性。全书包括旅行社概述、旅行社的设立、旅行社产品开发、旅行社计调业务及采购管理、旅行社产品营销管理、旅行社接待服务管理、旅行社财务管理、旅行社综合管理、旅行社未来发展等内容，在相关章节介绍时，不做过多的理论阐述，而是注重内容的简洁、实用。

（2）前沿性。本书是编者在多年的教学和实践经验积累的基础上，吸收、借鉴了同行专家和旅行社一线管理人员的研究成果与管理智慧而形成的，力求采用旅行社经营管理实践中最新的理念和方法。

（3）可读性。为方便广大高职高专学生阅读，本书在每章前面设置了“本章导读”栏目，在正文中设置了“相关链接”“小思考”“参考案例”等栏目，在每章最后还有“思考与练习”。本书在叙述上采用通俗易懂的语言，并尽量使用表格和图形，以提高可读性。

本书适合作为高职高专院校和中职学校旅游与酒店管理类专业的教材，也可供旅游业从业人员、旅游爱好者阅读。

本书由深圳信息职业技术学院赵利民教授担任主编，佛山市顺德区中等专业学校梁少华、江西财经大学刘淑华担任副主编。赵利民编写了第一章至第六章、第九章，梁少华编写了第八章，刘淑华编写了第七章。深圳中国国际旅行社有限公司何涛审阅了书稿，深圳市宝旅导游服务有限公司总经理楚媛媛对本书提出了许多有价值的建议。

本书在编写过程中，得到了中国人民大学出版社的支持和指导，并参考和借鉴了旅游界诸多同行和专家的研究成果，在此一并表示感谢。

受时间和编者水平的限制，本书尚有许多不足与疏漏之处，敬请专家和读者指正。

编　者

2020 年 6 月

目录

第一章

旅行社概述

本章导读

在旅游行业中，旅行社起着中枢神经的作用，甚至是旅游行业独立存在的标志。但究竟什么是旅行社？旅行社是做什么的？旅行社什么时候才开始出现的？这些看似简单的问题其实都不简单。本章主要介绍旅行社产生和发展的历程、旅行社的地位和作用、旅行社的分类、旅行社的行业特点和基本业务、旅行社的权利和义务、旅行社的行业组织等内容。学完了这一章，你将会对旅行社有一些常识性了解，甚至会对旅行社有一个全新的认识。

第一节　旅行社的产生和发展

在中国历史上，曾出现过许多次让人印象深刻的旅行，如唐代玄奘（即唐僧）的取经之旅、北魏时期郦道元的考察、明代旅行家徐霞客的全国漫游，等等。在今天，这些旅行活动都可以由旅行社来安排，但在那些时代，有没有这样的机构来安排这些旅行呢？现在我们就来介绍一下旅行社的发展历程。在此之前，先介绍一下旅行社。

一、旅行社的含义

在旅游活动日趋兴旺的今天，“旅行社”这个词越来越被大家熟悉，但每个人对旅行社的理解可能会存在差异。通俗地说，旅行社是专门办理各种旅行业务的服务机构，如给旅行的人安排食宿、交通工具等。我国《旅行社条例》（国务院 2009 年 2 月 20 日公布，2009 年 5 月 1 日起施行，2016 年 2 月 6 日第 1 次修正，2017 年 3 月 1 日第 2 次修正）中对旅行社有更具体的规定，即旅行社是指“从事招徕、组织、接待旅游者等活动，为旅游者提供相关旅游服务，开展国内旅游业务、入境旅游业务或者出境旅游业务的企业法人”。这一定义包含两层含义：

第一，旅行社是企业法人。企业法人是指具有符合国家法律规定的资金数额、企业名称、组织章程、组织机构、住所等法定条件，能够独立承担民事责任，经主管机关核准登记取得法人资格的社会经济组织。企业法人具有以下特征：（1）具备企业法人的法定条件，经核准登记成立；（2）从事营利性生产经营活动；（3）能独立承担民事责任。

小思考

什么是企业法人？我们来看看下面的例子就会很清楚了。

一家旅行社在经营过程中出现亏损，需要赔偿他人 80 万元，但旅行社的全部资产仅有 60 万元，请问，剩余的 20 万元是不是应该由旅行社的创办人来赔偿呢？

分析：企业法人最重要的一个特征就是能独立承担民事责任，这是理解“企业法人”这一定义的关键。如果一家旅行社资不抵债，剩余债务不应该要求旅行社的总经理或旅行社的创办人来承担，因为旅行社是企业法人，能独立承担民事责任。本案例中，剩余的 20 万元债务是不能要求旅行社的创办人来赔偿的。试想一下，如果旅行社不是企业法人，旅行社的创办人在旅行社出现亏损后需要承担连带赔偿责任，那么还有人敢创办旅行社吗？

第二，旅行社从事的是旅游业务。根据《中华人民共和国旅游法》（2013 年 4 月 25 日通过，2016 年 11 月 7 日第 1 次修正，2018 年 10 月 26 日第 2 次修正，以下简称《旅游法》）、《旅行社条例》、《旅行社条例实施细则》（2009 年 4 月 3 日公布，2009 年 5 月 3 日起施行，2016 年 12 月 12 日修订）的规定，旅行社从事的旅游业务包括：招徕、组织、接待旅游者，为旅游者提供相关旅游服务，开展境内旅游业务、入境旅游业务、出境旅游业务或者边境旅游业务。

相关链接

“招徕、组织、接待旅游者”包括下面一些工作：安排交通、住宿、餐饮服务；安排观光游览、休闲度假等服务；导游、领队服务；旅游咨询、旅游活动设计服务；接受旅游者的委托，代订交通客票、代订住宿和代办出境、入境、签证手续等；接受机关、事业单位和社会团体的委托，为其差旅、考察、会议、展览等公务活动代办交通、住宿、餐饮、会务等事务；接受企业委托，为其各类商务活动、奖励旅游等代办交通、住宿、餐饮、会务、观光游览、休闲度假等事务；等等。

“境内旅游业务”是指旅行社招徕、组织、接待中国内地居民在境内旅游的业务。

“入境旅游业务”是指旅行社招徕、组织、接待外国旅游者来我国旅游，香港特别行政区、澳门特别行政区旅游者来内地旅游，台湾地区居民来大陆旅游，以及招徕、组织、接待在中国内地的外国人，在内地的香港特别行政区、澳门特别行政区居民和在大陆的台湾地区居民在境内旅游的业务。

“出境旅游业务”是指旅行社招徕、组织、接待中国内地居民出国旅游，赴香港特别行政区、澳门特别行政区和台湾地区旅游，以及招徕、组织、接待在中国内地的外国人，在内地的香港特别行政区、澳门特别行政区居民和在大陆的台湾地区居民出境旅游的业务。

“边境旅游业务”是指经批准的旅行社组织和接待我国及毗邻国家的公民，集体从指定的边境口岸出入境，在双方政府商定的区域和期限内进行相关旅游活动的业务。

二、外国旅行社的产生和发展

（一）旅行社的产生

旅行社的产生与人类的旅行活动相关。但是，在漫长的人类历史当中，旅行社没有与人类的旅行同时产生，也没有在旅行出现后的不久产生，而是在人类的旅行活动经历了漫长年代之后的近代才产生的。因此，相对于人类的旅行而言，旅行社是一个全新的事物，也是一个滞后的事物。但它一出现就迅猛发展，成为旅游业发展的重要推动力量。

较为一致的观点是，旅行社诞生于 19 世纪中叶的英国。1841 年 7 月 5 日，托马斯·库克（Thomas Cook）包租了一列火车，组织数百人从莱斯特到拉夫伯勒参加禁酒大会，每人收费 1 先令，完成了一次有组织的短途旅行。他的这一行为虽然只是个人行为，但与现代旅行社的业务极其相似。而托马斯·库克正是通过这一次看似偶然的行为，意识到了其中潜在的巨大商机。1845 年，托马斯·库克在莱斯特正式成立了托马斯·库克旅行社，这也是世界上第一家旅行社。此后，托马斯·库克的业务范围和影响不断扩大。1865 年，托马斯·库克与其儿子约翰·梅森·库克（John Mason Cook）在原有公司的基础上创办托马斯·库克父子公司（又名“通济隆旅行社”），并将营业地点迁往伦敦。1872 年，托马斯·库克亲任导游，组织了 9 人环球旅游，这是旅游史上的第一次环球旅游，从而使托马斯·库克和他的旅行社声名远扬。到 1939 年，托马斯·库克父子公司已经在世界各地设立了 50 余家分支机构。

为什么世界上第一家旅行社会诞生于 19 世纪的英国？这是因为英国首先具备了旅行社产生的必要土壤。开始于 18 世纪 60 年代的产业革命，给英国社会和英国的旅游业带来了极为重要的影响。首先，产业革命提高了生产效率，使人们有了更多的闲暇时间，有了更强的支付能力，而这二者是人们旅游的必备前提；其次，伴随产业革命而来的科技进步，使人们有了新的交通工具（如火车和轮船），为人们大规模、远距离的流动提供了可能；最后，产业革命加速了城市化进程，而节奏紧张的城市生活和嘈杂拥挤的社会环境，更易使人们产生回归自然、追求宁静悠闲的乡村生活的愿望。此外，产业革命带来的枯燥、重复单一的工厂劳动也使得人们渴望放松、休息和调整。这些因素导致了英国外出旅游的人数大为增加。而与这一趋势相矛盾的是，当时绝大多数人都缺乏旅行经验，对异国他乡的情况了解甚少，也不知道如何办理旅行手续，加之语言及货币方面的障碍，使得人们实际出游受到限制。在这种情况下，专门从事旅游活动的组织、安排相关工作的旅行社的产生就是必然的了。

相关链接

事实上，在托马斯·库克以前，世界上已经存在为别人安排旅行的组织和个人，如德国出版商卡尔·贝德克尔（Karl Baedeker）编写并出版了旅行指南，英国人托马斯·贝纳特（Thomas Bennett）组织了个人包价旅游。但与托马斯·库克不同的是，他们都没有将组织旅行活动作为自己的正式职业，托马斯·库克才是世界上第一位专职的旅行代理商，他也被认为是世界旅游业的创始人。

（二）旅行社的发展

托马斯·库克顺应时代的潮流，开创了旅行社经营模式的先河。很快，世界各地出现了大批的效仿者。1850 年，以经营运输业务为主的美国运通公司开始兼营旅行代理业务，不久发行了本公司的旅行支票，并于 1895 年和 1896 年分别在巴黎和伦敦开设旅游办事处；1857 年和 1885 年，英国先后成立了登山俱乐部和帐篷俱乐部；1890 年，法国和德国成立了观光俱乐部；1893 年，日本设立了“喜宾会”，从事招徕外国游客和代办旅行服务。到 20 世纪初期，英国的托马斯·库克旅游公司、美国的运通公司和比利时的铁路卧车公司成为当时世界旅行社行业的三大巨头。此时旅行社的数量有了大幅度增加，规模也得以扩大，旅游产品的内容不断得到更新。

20 世纪 50 年代以后，世界经济迅速发展，人口大量增加，交通运输工具越来越先进，人们的旅游愿望越来越强烈，在这种背景下，旅行社行业得到了空前的发展，旅行社的数量和营业额大幅度增加。进入 20 世纪 90 年代以后，旅行社业呈现出以下特征：

（1）适应旅游需求个性化和差异化发展的趋势，不断调整市场营销策略，提供多样化的旅游产品，满足日益多变的旅游需求。

（2）旅行社数量不断增加，行业规模不断扩大。

（3）受各国、各地区的经济发展水平和旅游业的发达程度的制约，旅行社的分布很不平衡。

（4）科技含量不断提高，网络技术日益普及，在降低了旅行社的交易成本的同时，也使旅行社的传统经营模式受到挑战。

三、中国旅行社的产生与发展

（一）中国旅行社产生的背景

我国是一个文明古国，很早以前，在中华大地上就有了旅游活动。在《诗经》《史记》《山海经》中都有关于我国先民旅游活动的记载。传说中黄帝“披山通道，未尝宁居”“迁徙往来无常处”；两汉时期的张骞两度出使西域，甘英出使大秦（罗马帝国）；魏晋南北朝时期的谢灵运、陶渊明游历于山水之间；唐朝的鉴真东渡日本；元朝的汪大渊远航南海诸国；明朝的郑和七次远洋航行；等等。中国人的这些旅游活动极大地丰富了中国的文明史以及世界的文明史，但与世界各国一样，中国在古代漫长的旅游史中，并没有产生旅行社。

1840 年鸦片战争以后，中国被迫与外国签订了一系列不平等条约，被迫对外开放门户，西方的商人、传教士、学者和形形色色的冒险家纷纷来到中国。中国的一些爱国志士，为寻求救国救民的真理，也纷纷走出国门。这使得中国的旅游者数量大为增加。同时，通商口岸的开辟、大批工厂的出现、公路和铁路的兴建，客观上为我国近代旅游业的发展和旅行社的产生提供了一定的物质条件。到了晚清时期，上海租界区已经出现了专门为外国游客服务的民间旅行经营组织。20 世纪初，西方的一些旅游企业开始在我国设立办事处，基本上包揽了我国的旅游市场。

（二）中国第一家旅行社的产生

第一家由中国人创办经营的旅行社是产生于 1923 年的上海商业储蓄银行的“旅行部”，其创立者是著名爱国资本家和金融家陈光甫。从史料上看，他创办旅行社的初衷不是为了营利，而是为了维护民族的尊严，以爱国之心服务大众便利旅行，同时也为在自己的国土上与外国旅行社展开竞争。在旅行部成立初期，营业范围仅以代售铁路、轮船客票为主，后来业务范围逐渐扩大到发行旅行支票、客人的接送和转运、代办出国手续、安排出国旅行、筹划旅游线路、提供观光游览服务，等等。1924 年，旅行部首次组织由上海赴杭州的国内游览旅行团。次年，旅行部首次组织出国旅游，由 20 多人组成旅游团赴日本观赏樱花。为加强对祖国丰富旅游资源的宣传，1927 年，旅行部还创办了我国第一本旅游行业的专业杂志——《旅行杂志》，每季一期，重点介绍各地风景名胜、旅游线路，并刊登车船时刻表和票价表。1928 年 1 月，旅行部正式更名为“中国旅行社”，下设 7 部 1 处，即运输、车务、航务、出版、会计、出纳、稽核部和文书处。到 1937 年，中国旅行社的国内外分支机构已达 80 多个，基本形成了体系较为完善的旅游服务网络，业务遍及国内及东南亚等地。

继上海的中国旅行社之后，国内又相继出现了一些旅行社和旅游组织，如中国汽车旅行社、现代旅行社、友声旅行团、萍踪旅行团、铁路游历经理处、公路旅游服务社、浙江名胜导游团等。受当时的政治经济环境的影响，中国的旅行社及旅游组织的业务量不大，尚未形成行业规模。

（三）新中国旅行社行业的发展

新中国旅行社业的发展大体上可以 1978 年改革开放为界分为两个阶段。

1. 从新中国成立到 1978 年以前

在这一时期，全国的旅行社只有中国旅行社和中国国际旅行社总社以及它们在主要城市设立的分支机构，其主要的工作任务是接待港澳同胞和归国访问的华侨，以及由外事部门确定的国际友人在我国境内的观光和游览活动。

（1）中国旅行社（简称“中旅”）。1949 年 11 月，为适应国内侨眷出境探亲和接待归国华侨探亲旅游的需要，厦门成立了第一家国营华侨服务社。此后，全国很多城市陆续成立了华侨服务社。1957 年 4 月 22 日，华侨旅行服务社总社在北京成立，统一负责组织接待回内地探亲旅游的华侨、港澳同胞和外籍华人。1974 年，华侨旅行服务社总社更名为中国旅行社。

（2）中国国际旅行社（简称“国旅”）。1954 年 4 月 15 日，中国国际旅行社总社在北京成立，其主要任务是承办政府各单位和群众团体有关外宾的接待工作。同时，在全国一些省会城市、直辖市和相关口岸城市成立了 12 家分社，负责接待来华的外国自费旅游者。1965 年，中国国际旅行社总社与百余家外国旅行社建立了代理关系或有业务往来，接待自费旅游者人数首次突破万人次，1978 年首次突破 10 万人次。

与同时期的国外旅行社相比，我国的旅行社不仅规模小，经营范围也受到很大限制，但这两大旅行社系统及其员工的艰苦创业为日后中国旅行社行业的发展奠定了良好基础。

2. 1978 年改革开放以后

1978 年改革开放以后，中国的旅行社行业总的发展趋势是旅行社性质的逐步企业化、产品经营的逐步市场化和市场竞争的日益激烈化。1980 年 6 月，中国青年旅行社（简称“青旅”）成立。由此，中国的旅行社行业形成了中国国际旅行社、中国旅行社、中国青年旅行社这三大独立的旅行社系统。当年，这三家旅行社接待的来华旅游者占全国有组织接待人数的 80%。1984 年，国家旅游局允许更多的部门和企业经营国际旅游业务。1985 年，国务院颁布了《旅行社管理暂行条例》，该条例首次将我国旅行社确定为企业性质。到 1988 年年底，我国的旅行社数量猛增至 1 573 家，彻底打破了三大旅行社的垄断局面。

近年来，旅行社得到了更快的发展。至 2007 年，全国有旅行社 19 720 家（其中国际旅行社 1 838 家，国内旅行社 17 882 家），旅行社直接从业人员为 307 977 人（其中导游人员 101 902 人、领队人员 24 440 人、会计人员 32 347 人、经理人员 80 453 人、其他人员 68 835 人）。2014 年，全国旅行社总数达到 26 650 家，直接从业人员 341 312 人（其中大专以上学历 243 393 人）。截至 2019 年年底，全国旅行社总数达到 38 943 家，已初步形成了一个多层次、多功能、适应性较强的规模庞大的旅行社网络体系。

相关链接

2019 年上半年旅行社业务情况

（一）入境旅游

2019 年上半年全国旅行社入境旅游外联 597.10 万人次、2 149.09 万人天，接待 856.16 万人次、2 624.56 万人天。

2019 年上半年旅行社入境旅游外联人次排名前十位的客源地国家或地区由高到低依次为香港地区、台湾地区、澳门地区、韩国、日本、马来西亚、美国、泰国、新加坡、俄罗斯。

2019 年上半年旅行社入境旅游接待人次排名前十位的客源地国家或地区由高到低依次为香港地区、台湾地区、韩国、澳门地区、美国、马来西亚、日本、泰国、新加坡、俄罗斯。

（二）国内旅游

2019 年上半年全国旅行社国内旅游组织 7 773.36 万人次、22 784.40 万人天，接待 7 812.08 万人次、18 721.04 万人天。

2019 年上半年旅行社国内旅游组织人次排名前十位的地区由高到低依次为广东、江苏、浙江、山东、重庆、上海、湖北、福建、湖南、四川。

2019 年上半年旅行社国内旅游接待人次排名前十位的地区由高到低依次为浙江、江苏、湖北、广东、湖南、福建、海南、山东、云南、安徽。

（三）出境旅游

2019 年上半年全国旅行社出境旅游组织 3 067.50 万人次、15 469.19 万人天。

2019 年上半年旅行社出境旅游组织人次排名前十位的目的地国家或地区由高到低依次为泰国、日本、香港地区、越南、台湾地区、澳门地区、新加坡、马来西亚、印度尼西亚、韩国。

资料来源：中华人民共和国文化和旅游部网站，2019-10-21.

四、旅行社的地位与作用

旅行社是旅游业的重要组成部分，在促进旅游业和国民经济的快速发展中起着非常重要的作用。因此，有人将旅行社、旅游饭店和旅游交通部门并称为旅游业的三大支柱，而旅行社更是其中的中枢，起着桥梁和纽带的作用。

（一）旅行社的诞生标志着近代旅游业的开始

人类很早就开始旅行，但古代的旅行活动大多是自发的、分散的，为旅行者服务的机构既形成不了规模，也缺乏专业性。正因为此，古代并不存在旅游产业。

近代以后，人类历史上第一次出现了旅行社这样的专门为游客安排旅行业务的服务机构。由于旅行社的出现，使得有组织的团队旅游成为现实。不仅如此，旅行社使得人们的出游更方便、更轻松，价格更实惠，越来越多的人有能力参加旅游活动。这样，以观光娱乐、消遣休闲为主要目的的旅游终于取代了古代以商业为主要目的的旅行。因此，人们通常把旅行社的出现视为旅游业开始的标志。

小思考

古代早就出现了客舍、客栈，如唐代的王维就曾写下“客舍青青柳色新”这样清新的诗句；古代也早就有了景点，如唐代李白曾写下《望庐山瀑布》，北宋文学家苏轼曾写下《石钟山记》，王安石也曾写下《游褒禅山记》；古代肯定已有了旅游行为，如明代徐霞客就曾创作了一部散文游记《徐霞客游记》（徐霞客死后由他人整理成册），那为什么我们还认为古代没有旅游业呢?

分析：旅游行为的存在和旅游业的存在是两回事。古代确实存在客栈、景点和旅游行为，但却没有上升到一种产业的高度。最重要的是，古代没有旅行社这样的专门为游客服务的、在旅游业各部门之间起着桥梁和纽带作用的机构，因此，大家普遍认为，旅游业的存在只是近代以后的事情。也正因为此，英国的托马斯·库克才被认为是世界旅游业的创始人。这也可证明旅行社在旅游业的开创过程中的重大意义。

（二）旅行社是旅游消费者和各旅游服务供应部门间的桥梁和纽带

一方面，旅行社将原本相对松散而数量众多的各旅游服务供应部门紧密联结起来，成为各旅游供应部门间的桥梁和纽带；另一方面，旅行社还将分散的、数量众多的旅游者组织为一个旅游团队，成为旅游消费者间的桥梁和纽带；更为重要的是，旅行社还是旅游消费者和各旅游服务供应部门之间的桥梁和纽带，在自发的旅游供给和旅游需求之间建立起了制度化的交易媒介，在沟通旅游供给和旅游需求方面起着重要的作用。

（三）旅行社促进了旅游活动的大众化、产业化和市场化

旅行社作为向旅游者提供旅游服务产品的专业性企业，在促进旅游活动向大众化方向发展方面功不可没。首先，旅行社可以通过自己的专业知识科学地组合旅游产品，提升旅游产品的层次，激发人们的旅游动机；其次，旅行社可以向旅游者提供专业化的旅游信息，帮助旅游者做出正确的选择；再次，旅行社大批量采购旅游服务项目，将分散的、个别进行的旅游活动集中起来，有可能降低旅游成本；最后，旅行社提供的热情周到的服务（如代办各种手续、全程导游陪同、景区景点讲解等），使没有旅游经验的人也有机会加入旅游者的行列中。所有这些因素为大众化旅游活动的发展提供了便利条件。此外，旅行社一方面把分散的、个体的旅游服务项目组合起来，形成完整的、综合性的旅游产品，另一方面将分散的、个体的旅游需求联合起来，使其成为有组织、有计划的社会化活动，促进了旅游需求的规模化。这两方面的结合，极大地促进了整个旅游活动的产业化和市场化进程，从而实现旅游资源的更有效的配置。

（四）旅行社能促进国内消费，增加就业

国内的有效需求是推动经济发展的内在推动力。随着人们物质文化生活水平和国民素质的普遍提高，人们对旅游的消费需求越来越大。在刺激旅游消费增长的过程中，旅行社起了非常重要的作用。旅行社的专业化安排和周到的服务往往成为游客下决心出游的重要因素。同时，旅行社是劳动密集型行业，需要大量的促销人员、领队、导游、会计、出纳和接待人员，旅行社的发展必然促进这些就业岗位的增加。另外，旅行社的发展会促进相关旅游服务供应部门的发展，从而刺激这些部门就业岗位的增加。

（五）旅行社能丰富人们的精神文化生活，提高生活质量

提高生活质量是人们的普遍要求，而生活质量的高低不应仅用物质财富的拥有量来衡量，还应包括生活环境、精神状态、身体健康等许多方面。旅行社所从事的旅游服务工作，用专业的手段满足了人们出行、求知、健身、娱乐等多种多样的精神文化生活需求，极大地提高了人们的生活质量。

（六）旅行社的工作有助于宣传旅游目的地形象，促进当地社会文化发展

旅行社在设计开发和推广销售旅游产品的过程中，往往会有意识地把最能够代表本民族或本地区的自然景观、民俗风情、历史文化遗迹组合到旅游线路中去，向境外或区域外的旅游者展示本国或本地区的美好形象和民族特性。另外，在旅游接待过程中，导游实际上也是在从事旅游目的地形象的宣传工作，因此，导游人员也被称为“民间外交大使”。

第二节　旅行社的分类和基本业务

一、旅行社的分类

日常生活当中，我们常常听到“国际社”“国内社”或“组团社”“地接社”等说法，这其实就涉及旅行社的分类。随着旅行社数量的增长和分工的细化，对旅行社进行适当分类是很有必要的。

（一）对旅行社进行分类的常用方法

1. 根据旅行社在旅游产品销售中的职能分类

每一家旅行社都要销售旅游产品，由于旅游活动具有“异地性”（从客源地前往旅游目的地），因此一个完整的销售旅游产品的过程往往不是一家旅行社能独立完成的。一般来说，一个旅游产品的销售至少需要旅游客源发生地的旅行社和旅游目的地的旅行社来共同完成，这两类旅行社在旅游产品销售过程中的职能是不一样的。我们可以把前者称为“输出客源旅行社”，把后者称为“引进客源旅行社”，它们的具体职能如下所述。

（1）输出客源旅行社。这一类旅行社又可分为旅游客源地批发商和旅游客源地零售商。旅游客源地批发商的职能是根据市场需求，设计各种旅游产品，向旅游目的地的旅行社订购有关服务，将它们组合成包价旅游产品，委托旅游客源地零售商代销，然后将各地旅游客源地零售商招徕的旅游者汇集起来组成旅游团，送到旅游目的地去进行旅游。而旅游客源地零售商则直接面对顾客，把旅游客源地批发商制定的包价旅游产品推荐给顾客，接受订购后将旅游者介绍给旅游客源地批发商并索取佣金。

（2）引进客源旅行社。这一类旅行社又可分为外联社和接待社（地接社）。外联社的职能是根据旅游客源地批发商的预订，向旅游目的地的接待社购买当地的旅游服务，并组合成包价产品预售给旅游客源地批发商。接待社的职能是根据外联社的预订，向当地旅游服务供应商订购有关服务，如客房、餐饮、交通票据、景区景点门票等，将它们组合成一地的包价旅游产品预售给外联社。

我们可以通过图 1-1 来表示这几类旅行社之间的关系。

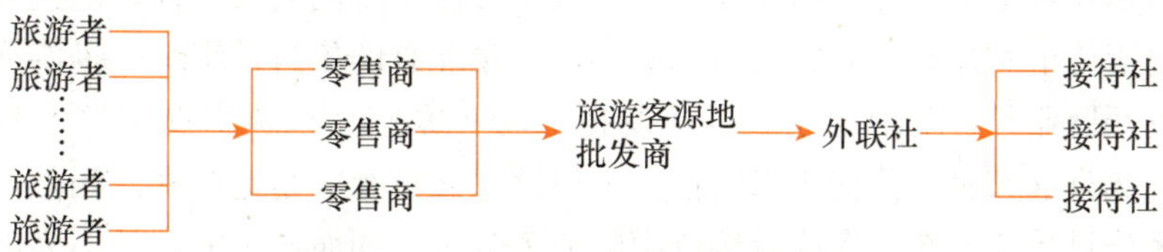

图 1-1　几类旅行社之间的关系

2. 根据旅行社的业务范围分类

根据旅行社的业务范围，可将旅行社分为旅游批发商和旅游经营商两类，也可将旅行社分为旅游批发商、旅游经营商和旅游零售商三类。

（1）旅游批发商。批发是一种为了转卖、加工生产而大批量购买货物和劳务的买卖活动。专门从事这类买卖活动的组织和个人，称为批发商。旅游批发商是指从事批发业务的旅行社或旅游公司。旅游批发商根据市场需求，设计各种旅游产品，大批量地订购交通运输公司、饭店、旅游景点和目的地经营接待业务的旅行社等有关旅游企业的产品和服务，然后将这些单项产品或服务经过加工组合，形成各种不同的包价旅游产品进行经销。旅游批发商不直接向旅游者出售产品，而是通过从事零售业务的中间商将产品出售给旅游者。这种旅行社要按照自己设计的旅游产品制订年度计划，然后进行各类促销活动，如印发旅游产品目录、刊登广告、参加旅游展销会等，并向中间商提供有关的咨询服务。

（2）旅游经营商。旅游经营商的业务同旅游批发商类似，其主要不同之处在于，旅游经营商除了通过从事零售业务的中间商销售自己的产品之外，还通过自己设立的零售网络直接向旅游者销售各种包价旅游产品。

（3）旅游零售商。零售业是指所有将货物或劳务销售给最终消费者用于消费的买卖活动。以经营零售业务为主要收入来源的组织和个人称为零售商。旅游零售商是指向旅游批发商或旅游经营商购买旅游产品，出售给旅游者的旅行社，即从事零售业务的旅行社。旅游零售商扮演着双重角色，它一方面代表旅游者向旅游批发商或有关旅游企业购买旅游产品；另一方面又代表旅游批发商向旅游者销售产品。

（二）我国旅行社的分类

1. 国际旅行社和国内旅行社

1985—1996 年，我国的旅行社划分为三类，即一类旅行社、二类旅行社和三类旅行社。1996 年 10 月，国务院发布的《旅行社管理条例》取消了原有的一类、二类、三类旅行社的划分，并规定我国的旅行社分为国际旅行社和国内旅行社两大类。国际旅行社是指经营入境旅游业务、出境旅游业务和国内旅游业务的旅行社。国内旅行社是指专门经营国内旅游业务的旅行社。

2009 年 2 月 20 日，国务院颁布了《旅行社条例》，不再把旅行社分为国际旅行社和国内旅行社，但旅行社仍有经营业务上的差别。其中，新设立的旅行社都可以经营国内旅游业务和入境旅游业务。当旅行社取得经营许可满 2 年，且未因侵害旅游者合法权益受到行政机关罚款以上处罚的，即可申请经营出境旅游业务。

2. 组团旅行社和地接旅行社

在实践中，我们常把旅行社分为组团旅行社（组团社）和地接旅行社（地接社）。组团社指的是在客源地（游客出发地）与客人签订旅游合同的旅行社；地接社指的是在旅游目的地接待组团社游客的旅行社。比如，一家北京的旅行社组织一批游客去上海旅游，为方便开展业务，北京这家旅行社委托上海一家旅行社负责在上海的具体接待事宜，那么，北京这家旅行社就是组团社，上海这家旅行社就是地接社。当然，组团社和地接社的区分只是基于在一次旅游接待中的业务分工不同而产生的，并不表明一个组团旅行社就永远是组团社，它也可能在别的业务中处于地接社的地位。

二、旅行社的行业特点

旅行社是一种服务型企业，并且是一种很特别的服务型企业，它有着与其他服务型企业不同的地方。概括起来，旅行社的行业特点主要体现在下列方面。

（一）属于劳动密集型企业

旅行社是劳动密集型企业。有一种观点认为，有数十个游客的一个旅游团，往往只需要一个导游，因此旅行社不是劳动密集型企业，这其实是一种误解。旅行社提供给旅游者的归根到底是一种服务，这一服务的各个环节，从设计旅行社产品、销售产品、为旅游者安排旅行和游览，到提供向导、讲解和旅途照料等，都需要旅行社员工的参与。导游只是旅行社员工当中的一种，因为导游直接面对游客，所以很多人把导游数量等同于旅行社员工的数量。事实上，在后台工作的旅行社员工的数量可能是导游数量的好几倍。对于一家旅行社来说，在营业中原材料的成本很少，而员工工资成本往往在全部营业成本中占有较高的比例，因此，我们说旅行社仍然是劳动密集型企业。

（二）对知识和技能的要求高

旅行社工作不是一般的简单操作，而是一项需要有丰富的知识和高超技能的工作。比如说，导游工作就涉及讲解、翻译、向导、生活服务、政策宣传和财务统计等方面，这些工作哪一项都不简单。导游接待过程中各种难以预料的突发性事件时有发生，再加上导游接待服务的对象是旅游者，他们的文化程度、欣赏水平、年龄、职业等存在差异，对导游接待服务的要求也不同，这些因素的存在都对导游人员的知识和技能方面提出了更高要求。就知识面来说，旅行社接待服务人员不仅需要掌握丰富的历史、地理、文学、艺术等方面的知识，还需要懂得旅游心理学，了解各国旅游者的风俗习惯和兴趣爱好。因此，无论是旅行社的管理人员、产品开发设计人员、旅游服务采购人员，还是导游人员，都必须接受比较系统的专业教育。从事入境旅游和出境旅游业务的旅行社员工通常还必须能够熟练地运用至少一门外语。我国的有关法规也对旅行社的管理人员和导游人员的学历做出了明确的要求。尽管与发达国家相比，我国旅行社从业人员的受教育程度依然偏低，但与我国其他旅游行业从业人员相比，旅行社从业人员的受教育程度是比较高的。

（三）资金投入较少

旅行社的建立和经营无须太多的资金投入。就营业场所来说，旅行社可以租用，并不一定要对营业场所拥有产权，甚至也没有规定要有多大面积的场所，只要够用即可；就办公设备来说，现行法规对旅行社的要求并不高，没有要求旅行社进行巨额的机器设备的投入；在流动资金方面，由于旅行社的接待过程一般是“先付款后接待”，这使得旅行社需要垫付的资金较少。另外，我国对设立旅行社在注册资金方面的限制不大。

小思考

旅行社的资金投入少，会不会给旅行社发展带来不利影响？

分析： 旅行社的资金投入少可能会给旅行社的发展带来的不利影响主要有以下几点：(1) 由于所需资金少，造成入行的门槛低，极易造成旅行社数量的失控并导致恶性竞争。(2) 很多旅行社一开始就缺乏雄厚的资金基础，造成了企业的脆弱性，难以经受市场风浪的考验。(3) 由于企业的自有资金少，使企业在硬件设施投入、新产品开发、员工培训等方面的能力受到限制，从而也使企业的竞争力减弱。

（四）经营上有依附性

旅行社提供的产品往往具有较强的综合性，一般都包括食、住、行、游、购、娱的各个方面。这么多的服务项目既不可能也没有必要由旅行社独立完成。为此，在经营过程中，旅行社需要与这些服务的提供者，如餐馆、酒店、交通运输企业、景区景点、商场、娱乐中心等打交道，建立起广泛的协作网络。同时，旅行社还要与一些异地旅行社建立长期稳定的协作关系。这一切都说明旅行社的经营过程具有较强的依附性。

（五）效益不稳定

一方面，旅行社的效益受制于旅行社的客源，而客源却在时刻变化，这里既有规律性的淡季旺季的变化，又有旅游者个人需求的变化，还有各种自然灾害和人为因素的影响，有时一点极微弱的因素都有可能导致客源数量上的变化；另一方面，旅行社的效益很大程度上受其他旅游企业所提供的产品和服务的价格的影响，这也加大了旅行社经营的风险，影响了旅行社的效益。

相关链接

2020年初，当人们还沉浸在欢度春节的憧憬之中时，新型冠状病毒肺炎疫情突然到来，让人猝不及防。这次新型冠状病毒肺炎疫情，是新中国成立以来在我国发生的传播速度最快、感染范围最广、防控难度最大的一次重大突发公共卫生事件。为全力做好新型冠状病毒肺炎疫情防控工作，2020年1月24日，国家有关部门下发通知，要求从即日起，全国旅行社及在线旅游企业暂停经营团队旅游及“机票＋酒店”产品。可以说，这次疫情，让全国旅行社的经营活动一度停滞。

三、旅行社的基本业务

旅行社从事的是旅游业务，而旅游活动的涉及面本来就很广泛，因此，旅行社的业务范围也非常广泛。目前，我国旅行社的基本业务有下述四类。

（一）产品开发业务

旅行社的主要工作是以旅行社产品为媒介，为旅游者提供旅游服务，满足旅游者多种多样的旅游需求。因此，开发出适合旅游者需要的产品是旅行社提供服务的前提，同时也是旅行社赖以生存和发展的基础。在开发旅游产品时，旅行社需要进行充分的调查研究，科学地进行市场分析与预测，结合旅行社自身的条件和特点，开发出适销对路的产品。同时，要加强对已开发产品的检查和评估，不断对产品进行完善和改进。

（二）旅游服务采购业务

旅行社的性质决定了旅行社经常作为中间商出现，成为旅游者与各相关旅游服务供应部门或企业的媒介。旅游者需要什么服务，旅行社就要采购什么服务，比如交通、住宿、餐饮、景点游览、娱乐等。另外，组团旅行社还需要向旅游线路沿途的各地接待旅行社采购接待服务。旅行社的采购费用往往构成了旅行社产品价格的重要组成部分。旅游服务的采购既要讲求策略，还要讲求程序和方法。

（三）产品销售业务

旅行社开发了消费者需要的产品之后，还必须做好销售工作。旅行社只有把自己设计和生产的旅游产品销售给旅游消费者，才可能获得所期望的经营利润。旅行社的销售业务主要包括采购相关旅游服务并组合成产品、制定产品的价格、选择合适的销售渠道、制定促销策略、做好售后服务等工作。由于旅行社产品具有无形性的特点，消费者在实际消费之前很难对其质量进行评价和鉴定，这就要求旅行社重视促销工作，通过各种传播媒介，将旅游产品的有关信息迅速传递给消费者，激发消费者的购买愿望，促使消费者下决心购买。

（四）接待业务

旅行社的接待业务主要包括为游客提供向导、讲解和旅途照料等相关服务。这一接待过程，既是旅游者消费旅游产品、实现产品效用的过程，也是旅行社供给旅游服务、实现产品价值的过程。旅行社的接待业务不仅涉及面广、技能要求高、操作难度大，而且还非常重要，它直接影响旅游者对旅游活动的感受，从而可以影响旅游者对旅行社的评价。

第三节　旅行社的权利和义务

每一个社会主体都有其权利和义务，旅行社也一样。旅行社的权利与义务指的是法律、法规所规范的旅行社在其经营活动中的权利和责任。目前还没有一部法律法规对旅行社的权利与义务做出统一的规定，但我们可以从《旅游法》《旅行社条例》《民法典》《消费者权益保护法》等法律法规中归纳出一些旅行社基本的权利与义务。

一、旅行社的权利

（一）自主经营权

自主经营权是每个企业法人都应具有的基本权利。一个自负盈亏、需要独立承担民事责任的企业，如果没有自主经营权，很难想象这会是怎样一种情况。旅行社的自主经营权包括生产经营决策权、产品定价权、产品销售权、服务采购权、资产处置权、劳动用工权、内部机构设置权、拒绝摊派权等，这些权利都受到法律保护。

（二）签订合同权

旅行社有权在自愿、平等、公平、诚实信用的原则下与旅游者个人、团体或旅游服务供应单位签订合同。

在签订合同时，旅行社有权要求旅游者如实提供旅游所必需的个人信息，按时提交相关证明文件。合同签订后，旅行社有权要求旅游者按照合同的约定完成旅游活动，有权拒绝旅游者提出的超出旅游合同约定的不合理要求，有权制止旅游者违背旅游目的地的法律、风俗习惯的言行，有权要求旅游者在旅游行程中妥善保管随身物品。

在旅游过程中，当发生不可抗力，危及旅游者人身、财产安全，或者非旅行社责任造成的意外情形时，旅行社有权调整或者变更旅游合同约定的行程安排，但应当在事前向旅游者做出说明；确因客观情况无法在事前说明的，应当在事后做出说明。

当出现突发公共事件或者其他危急情形以及旅行社因违反旅游合同约定采取补救措施时，有权要求旅游者配合处理防止扩大损失，以将损失降至最低程度。

相关链接

旅行社不仅有权签订合同，在一定情况下，也有权解除合同。根据《旅游法》的规定，旅游者有下列情形之一的，旅行社可以解除合同：(1) 患有传染病等疾病，可能危害其他旅游者健康和安全的；(2) 携带危害公共安全的物品且不同意交有关部门处理的；(3) 从事违法或者违反社会公德的活动的；(4) 从事严重影响其他旅游者权益的活动，且不听劝阻、不能制止的。

（三）广告宣传权

旅行社有权按规定进行招徕和广告宣传，以扩大影响、增加业务。

（四）收费权

作为自负盈亏的企业，收取服务费用是旅行社生存的前提。旅行社在向旅游者提供旅游服务时，有权按照国家的规定向旅游者收取服务费。

（五）索赔权

旅行社有权要求旅游者按照合同约定的时间、路线、方式进行旅游。当旅游者违约时，旅行社有权要求旅游者支付违约金。如果因旅游者的过错而给旅行社带来损失，旅行社有权要求旅游者赔偿。

二、旅行社的义务

（一）合法经营

旅行社应当严格执行国家有关旅游工作的法规、政策，为旅游者安排或者介绍的旅游活动不得含有违反有关法律、法规规定的内容。根据《旅行社条例实施细则》第 30 条的规定，旅行社不得安排的活动主要包括：(1) 含有损害国家利益和民族尊严内容的；(2) 含有民族、种族、宗教歧视内容的；(3) 含有淫秽、赌博、涉毒内容的；(4) 其他含有违反法律、法规规定内容的。

（二）诚信经营

旅行社向旅游者提供的旅游服务信息必须真实、准确，不得进行虚假宣传，误导旅游者。旅行社所做的广告也应当符合国家有关法律、法规的规定，不能进行超出核定经营范围的广告宣传。《旅游法》还规定，旅行社不得以不合理的低价组织旅游活动，诱骗旅游者，并通过安排购物或者另行付费旅游项目获取回扣等不正当利益。

（三）不超范围经营

旅行社应当按照核定的经营范围开展经营活动。未申请经营出境旅游业务的旅行社不能开展出境旅游业务，只能开展国内旅游业务和入境旅游业务。为旅游者提供出境、签证手续等服务，也应当由具备出境旅游业务经营权的旅行社代办。经营出境旅游业务的旅行社不得组织旅游者到国务院旅游行政主管部门公布的中国公民出境旅游目的地之外的国家和地区旅游。

（四）与旅游者签订旅游合同并遵守合同的约定

旅行社组织旅游者旅游，应当与旅游者签订合同，约定旅游行程安排（包括交通工具、旅游景点、住宿标准、餐饮标准、娱乐标准等）、旅游价格和违约责任等。未经旅游者同意，旅行社不得在旅游合同约定之外提供其他有偿服务。旅行社应按合同的约定完成接待事项，不得擅自改变合同约定的行程。旅行社及其委派的导游人员和领队人员的下列行为均属于擅自改变合同约定的行程：减少游览项目或者缩短游览时间；增加或者变更旅游项目；增加购物次数或者延长购物时间。

小思考

旅游合同应该包括哪些内容？

分析：旅游合同的内容可以由旅行社与游客之间自行协商拟定。但有些内容是必不可少的，根据《旅游法》第58条的规定，包价旅游合同包括下列内容：（1）旅行社、旅游者的基本信息；（2）旅游行程安排；（3）旅游团成团的最低人数；（4）交通、住宿、餐饮等旅游服务安排和标准；（5）游览、娱乐等项目的具体内容和时间；（6）自由活动时间安排；（7）旅游费用及其交纳的期限和方式；（8）违约责任和解决纠纷的方式；（9）法律、法规规定和双方约定的其他事项。

旅游行程开始前，旅游者可以将包价旅游合同中自身的权利义务转让给第三人，旅行社没有正当理由不得拒绝，因此增加的费用由旅游者和第三人承担。旅游行程结束前，旅游者解除合同的，组团社应当在扣除必要的费用后，将余款退还旅游者。

（五）保障旅游者安全

旅行社组织旅游，应当保证所提供的服务符合保障旅游者人身、财物安全的要求。对可能危及旅游者人身、财物安全的事宜，应当向旅游者做出真实的说明和明确的警示，并采取防止危害发生的措施。对旅游地可能引起旅游者误解或产生冲突的法律规定、风俗习惯、宗教信仰等，应当事先给旅游者以明确的说明和忠告。

相关链接

为充分保障旅游者的安全，《旅游法》第62条规定，旅行社在与旅游者订立包价旅游合同时，应当向旅游者告知下列事项：(1) 旅游者不适合参加旅游活动的情形；(2) 旅游活动中的安全注意事项；(3) 旅行社依法可以减免责任的信息；(4) 旅游者应当注意的旅游目的地相关法律、法规和风俗习惯、宗教禁忌，依照中国法律不宜参加的活动等；(5) 法律、法规规定的其他应当告知的事项。

（六）聘用合格导游和领队

旅行社组织团队出境旅游或者组织、接待团队入境旅游，应当按照规定安排领队或者导游全程陪同。旅行社聘用的导游人员、领队人员应当持有国家规定的导游证。旅行社应当与其聘用的导游依法订立劳动合同，支付劳动报酬，缴纳社会保险费用。旅行社安排导游为团队旅游提供服务的，不得要求导游垫付或者向导游收取任何费用。

（七）自觉接受有关部门的监督检查

旅行社应自觉接受旅游行政管理部门对旅行社及其分社的旅游合同、服务质量、旅游安全、财务账簿等情况进行的监督检查。旅行社应当妥善保存招徕、组织、接待旅游者的各类合同及相关文件、资料（保存期应当不少于两年），以备县级以上旅游行政管理部门核查。旅行社及其分社有义务按照国家有关规定向旅游行政管理部门报送经营和财务信息等统计资料，不得提供虚假数据或伪造统计报表。

第四节　旅行社的法律责任

一、旅行社法律责任的种类

法律责任指的是行为人由于违法行为、违约行为或者由于法律规定而应承受的某种不利的法律后果。它是国家强制责任人做出一定行为或不做出一定行为，救济受到侵害或损害的合法利益和法定权利的手段，是保障权利义务实现的手段。

旅行社在经营过程中，当合法权益受到损害时，旅行社可以向有关部门提出申诉、控告或者向人民法院起诉。但当旅行社在经营过程中不履行义务或不恰当履行义务而给对方造成损失时，或在行为过程中违反了法律、法规的有关规定时，也要承担相应的法律责任。

以引起责任的行为性质为标准，旅行社的法律责任可分为民事责任、行政责任和刑事责任，其中民事责任又可分为违约责任和侵权责任。

（一）旅行社的违约责任

违约是指违反合同的约定。合同签订后对合同各方都有约束力，任何一方不履行合同、迟延履行合同、不完全履行合同、不恰当履行合同及拒绝履行合同，都构成违约行为。旅行社在经营过程中，不可避免地要与旅游者、旅游服务供应者签订合同，由此也就有可能产生违约责任。

旅行社承担违约责任的方式主要有如下几种。

1. 强制实际履行

对于旅行社迟延履行、履行不当及拒绝履行的违约行为，对方原则上可以在合理的期限内请求旅行社继续履行或补充履行。

2. 违约金

违约金是依当事人的约定或法律的直接规定，在当事人一方不履行债务时，向他方给付的金钱。旅行社在与旅游者和旅游服务供应者签订合同时可以约定违约金的数额，但约定违约金的数额应与不履行合同造成的损失大致相当。如过高或过低，当事人可请求法院或仲裁机构减少或增加。旅行社因迟延履行而给付违约金后，并不能免除其履行合同的义务，旅行社还应继续履行合同。

3. 损害赔偿

旅行社因违约行为而导致他人受损害的，应赔偿他人的损失。违约损害赔偿的范围包括实际损失和预期利益的损失。实际损失是现实财产的减少，也称直接损失；预期利益的损失是指缔约时可以预见到的可得利益的损失。

（二）旅行社的侵权责任

侵权责任是指行为人不法侵害社会公共财产或者他人财产、人身权利而应承担的民事责任。旅行社因自身的过错造成旅游者人身或财产的损失，即侵害了旅游者的人身、财产权利，应承担侵权责任。

根据我国《民法典》的规定，承担侵权责任的方式有停止侵害、排除妨碍、消除危险、返还财产、恢复原状、赔偿损失、消除影响、恢复名誉和赔礼道歉等。这些方式对旅行社也是适用的。

有时，旅行社的侵权行为同时又是违约行为，这时，旅游者或旅游服务供应者有请求违约损害赔偿或侵权损害赔偿的选择权。

（三）旅行社的行政责任

行政责任是指因违反行政法或因行政法规定而应承担的法律责任。承担行政责任的方式主要有警告、罚款、没收违法所得、没收非法财物、责令停产停业、暂扣或者吊销许可证、暂扣或者吊销执照等。

相关链接

《旅行社条例》对旅行社的一些典型的违法违约行为做出了具体的处罚规定，如表1-1所示：

表 1-1 《旅行社条例》对旅行社一些违法违约行为的处罚规定

违法违约行为	面临的处罚
(1) 未取得相应的旅行社业务经营许可，经营国内旅游业务、入境旅游业务、出境旅游业务； (2) 分社超出设立分社的旅行社的经营范围经营旅游业务； (3) 旅行社服务网点从事招徕、咨询以外的旅行社业务经营活动。	由旅游行政管理部门或者工商行政管理部门责令改正，没收违法所得，违法所得 10 万元以上的，并处违法所得 1 倍以上 5 倍以下的罚款；违法所得不足 10 万元或者没有违法所得的，并处 10 万元以上 50 万元以下的罚款。
旅行社转让、出租、出借旅行社业务经营许可证。	由旅游行政管理部门责令停业整顿 1 个月至 3 个月，并没收违法所得；情节严重的，吊销旅行社业务经营许可证。
受让或者租借旅行社业务经营许可证。	由旅游行政管理部门责令停止非法经营，没收违法所得，并处 10 万元以上 50 万元以下的罚款。
(1) 旅行社未在规定期限内向其质量保证金账户存入、增存、补足质量保证金或者提交相应的银行担保； (2) 旅行社不投保旅行社责任险。	由旅游行政管理部门责令改正；拒不改正的，吊销旅行社业务经营许可证。
(1) 变更名称、经营场所、法定代表人等登记事项或者终止经营，未在规定期限内向原许可的旅游行政管理部门备案，换领或者交回旅行社业务经营许可证； (2) 设立分社未在规定期限内向分社所在地旅游行政管理部门备案； (3) 不按照国家有关规定向旅游行政管理部门报送经营和财务信息等统计资料。	由旅游行政管理部门责令改正；拒不改正的，处 1 万元以下的罚款。
旅行社为旅游者安排或者介绍的旅游活动含有违反有关法律、法规规定的内容。	由旅游行政管理部门责令改正，没收违法所得，并处 2 万元以上 10 万元以下的罚款；情节严重的，吊销旅行社业务经营许可证。
旅行社向旅游者提供的旅游服务信息含有虚假内容或者作虚假宣传。	由工商行政管理部门依法给予处罚。
旅行社以低于旅游成本的报价招徕旅游者。	由价格主管部门依法给予处罚。
旅行社未经旅游者同意在旅游合同约定之外提供其他有偿服务。	由旅游行政管理部门责令改正，处 1 万元以上 5 万元以下的罚款。
(1) 未与旅游者签订旅游合同； (2) 与旅游者签订的旅游合同未载明《旅行社条例》第 28 条规定的事项； (3) 未取得旅游者同意，将旅游业务委托给其他旅行社； (4) 将旅游业务委托给不具有相应资质的旅行社； (5) 未与接受委托的旅行社就接待旅游者的事宜签订委托合同。	由旅游行政管理部门责令改正，处 2 万元以上 10 万元以下的罚款；情节严重的，责令停业整顿 1 个月至 3 个月。
旅行社组织中国内地居民出境旅游，不为旅游团队安排领队全程陪同。	由旅游行政管理部门责令改正，处 1 万元以上 5 万元以下的罚款；拒不改正的，责令停业整顿 1 个月至 3 个月。

续表

违法违约行为	面临的处罚
旅行社委派的导游人员未持有国家规定的导游证或者委派的领队人员不具备规定的领队条件。	由旅游行政管理部门责令改正，对旅行社处2万元以上10万元以下的罚款。
(1) 拒不履行旅游合同约定的义务； (2) 非因不可抗力改变旅游合同安排的行程； (3) 欺骗、胁迫旅游者购物或者参加需要另行付费的游览项目。	对旅行社，由旅游行政管理部门或工商行政管理部门责令改正，处10万元以上50万元以下的罚款；对导游人员、领队人员，由旅游行政管理部门责令改正，处1万元以上5万元以下的罚款；情节严重的，吊销旅行社业务经营许可证、导游证。
旅行社要求导游人员和领队人员接待不支付接待和服务费用、支付的费用低于接待和服务成本的旅游团队，或者要求导游人员和领队人员承担接待旅游团队的相关费用。	由旅游行政管理部门责令改正，处2万元以上10万元以下的罚款。
旅行社违反旅游合同约定，造成旅游者合法权益受到损害，不采取必要的补救措施。	由旅游行政管理部门或者工商行政管理部门责令改正，处1万元以上5万元以下的罚款；情节严重的，由旅游行政管理部门吊销旅行社业务经营许可证。
(1) 旅行社不向接受委托的旅行社支付接待和服务费用； (2) 旅行社向接受委托的旅行社支付的费用低于接待和服务成本； (3) 接受委托的旅行社接待不支付或者不足额支付接待和服务费用的旅游团队。	由旅游行政管理部门责令改正，停业整顿1个月至3个月；情节严重的，吊销旅行社业务经营许可证。
(1) 发生危及旅游者人身安全的情形，旅行社及其委派的导游人员、领队人员未采取必要的处置措施并及时报告； (2) 旅行社组织出境旅游的旅游者非法滞留境外，旅行社未及时报告并协助提供非法滞留者信息； (3) 旅行社接待入境旅游的旅游者非法滞留境内，旅行社未及时报告并协助提供非法滞留者信息。	由旅游行政管理部门责令改正，对旅行社处2万元以上10万元以下的罚款；对导游人员、领队人员处4 000元以上2万元以下的罚款；情节严重的，责令旅行社停业整顿1个月至3个月，或者吊销旅行社业务经营许可证、导游证。

二、旅行社法律责任的减轻或免除

在一定条件下，旅行社的法律责任可以得到减轻或免除，这些条件包括如下方面。

(一) 不可抗力

不可抗力是指不能预见、不能避免并不能克服的客观情况。不可抗力的范围主要包括三类：(1) 自然灾害，如地震、台风、洪水、海啸等；(2) 政府行为，如政府颁布新的政策、法律和行政措施等；(3) 社会异常事件，如战争、罢工、骚乱等。在旅游过程中如果发生不可抗力，给合同相对方带来了损失，除法律有特别的规定以外，旅行社可以全部或部分免除责任。但如果因旅行社的原因而造成了迟延履行合同，即使履行合同时遇到了属于不可抗力的事件，旅行社也不能免除责任。

小思考

突然爆发的新型冠状病毒肺炎疫情算不算不可抗力？

分析：对旅行社来说，突然爆发的新型冠状病毒肺炎疫情是不能预见、不能避免并不能克服的客观情况，因此属于不可抗力。

相关链接

不可抗力发生后，费用如何处理？

不可抗力发生时，旅行社虽然可以免责，但仍然涉及相关费用的处理问题。(1) 因不可抗力致使合同解除的，旅行社应当在扣除已支付且不可退还的费用后，将余款退还旅游者。(2) 因不可抗力致使合同变更的，因此增加的费用由旅游者承担，减少的费用退还旅游者。(3) 不可抗力的出现危及旅游者人身、财产安全的，旅行社应当采取相应的安全措施，因此支出的费用，由旅行社与旅游者分担。(4) 因不可抗力造成旅游者滞留的，旅行社应当采取相应的安置措施。因此增加的食宿费用，由旅游者承担；增加的返程费用，由旅行社与旅游者分担。

（二）旅游者自己的要求

在旅游过程中，旅游者自己要求修改旅游路线和旅游内容，因此而造成的损失应由旅游者自己承担。

（三）旅游者自己的过失

由于旅游者自身的原因导致合同不能正常履行，或者造成旅游者人身损害、财产损失的，旅行社不承担责任。但是，如果旅行社未尽到安全提示、救助义务，旅行社仍应承担相应的责任。即使是在旅游者自行安排活动期间，旅行社也有提示、救助义务，否则也要担责。

（四）第三方责任

如果损害是由第三方造成的，应由第三方承担损害赔偿责任。在有的情况下，也可先由旅行社承担责任，然后由旅行社向第三方追偿。比如，损害是由地接社造成的，旅游者可以要求地接社承担赔偿责任，也可以要求组团社承担赔偿责任；组团社承担责任后可以向地接社追偿。但是，由于公共交通经营者的原因造成旅游者人身损害、财产损失的，由公共交通经营者依法承担赔偿责任，旅行社应当协助旅游者向公共交通经营者索赔。

课堂讨论

游客王某参加了某旅行社组织的旅游团，在随团乘坐火车的途中，因列车故障，导致王某受伤。旅行社应该为王某的受伤承担责任吗？

（五）约定免责事由的出现

合同双方可在合同中事先约定免责事由，当该事由出现时，旅行社可根据合同的约定免除责任。但这种免责事由的约定不是任意的，根据《民法典》合同编的规定，约定造成对方人身伤害以及因故意或重大过失造成对方财产损失的免责条款无效。

参考案例

2019 年 7 月，一旅游团在浙江沿海一旅游胜地观光，导游带着大家来到海边欣赏海滩风光。导游讲解完后，游客开始自由活动，导游指着一块“严禁入内拍照”的警示牌对大家说：“请遵守景区规定，不要越过警示牌站在礁石上拍照。”但还是有三个年轻人趁着导游不注意越过了警示牌，站在礁石上拍照。这时，一股海浪猛地打了过来，三个年轻人被海浪卷入海中，其中两人又被海浪冲上岸来，另一人再也没有上岸。

旅行社要不要对死者承担责任？

分析：景区已对危险区域做出明确的警示，旅行社导游也事先做出了警告。游客不听劝告，擅自进行危险活动造成死亡的后果，是游客自己的过失造成的，旅行社可以不承担责任。但旅行社应积极协助死者家属向保险公司索赔。

三、旅行社责任保险

旅行社的主要业务是承担游客出行的组织或接待工作，而旅游总是伴随着风险的，这也使得旅行社在经营当中始终承担着风险。为保障旅游者的合法权益，也为了提高旅行社的抗风险能力，旅行社必须投保旅行社责任保险。

（一）旅行社责任保险的含义

根据《旅行社责任保险管理办法》（2010 年 7 月 29 日国家旅游局第 9 次局长办公会议、2010 年 11 月 8 日中国保险监督管理委员会主席办公会审议通过，2011 年 2 月 1 日施行）的规定，旅行社责任保险是指以旅行社因其组织的旅游活动对旅游者和受其委派并为旅游者提供服务的导游或者领队人员依法应当承担的赔偿责任为保险标的的保险。旅行社责任保险是现阶段我国旅游保险中的一个主要险种，对维护旅游者和旅行社的合法权益起着重要作用。

（二）旅行社责任保险的特征

1. 旅行社责任保险属于强制保险

《旅行社责任保险管理办法》第 2 条规定：“在中华人民共和国境内依法设立的旅行社，应当依照《旅行社条例》和本办法的规定，投保旅行社责任保险。”《旅行社条例》第 38 条规定：“旅行社应当投保旅行社责任险。”也就是说，旅行社责任保险是旅行社必须投保的，没有商量的余地。

2. 旅行社责任保险的投保人和被保险人都是旅行社

旅行社责任保险的设立目的是降低旅行社的经营风险，更好地保障旅游者的合法权益。因此，旅行社责任保险的投保人是旅行社，被保险人也是旅行社。旅行社投保旅行社责任保险，可以依法自主投保，也可以有组织统一投保。保险合同成立后，旅行社应按照约定交付保险费，保险公司也应当及时向旅行社签发保险单或者其他保险凭证。

3. 旅行社责任保险的保障范围是旅行社应当承担的责任

在旅行社责任保险当中，保险公司只对旅行社在从事旅游业务经营活动中应由旅行社承担的责任负责。保险公司也不是对所有的旅行社应承担的责任负责，而只对保险合同中约定的赔付范围负责。

（三）旅行社责任保险合同

旅行社投保旅行社责任保险，应当与保险公司依法订立书面旅行社责任保险合同。在订立保险合同时，旅行社与保险公司双方应当依照《保险法》的有关规定履行告知和说明义务。

1. 旅行社责任保险的赔偿范围

旅行社购买了旅行社责任保险后，在什么情况下可以要求保险公司赔偿呢？尽管旅行社责任保险的保障范围是旅行社应当承担的责任，但并不是所有应由旅行社承担的赔偿责任都列入保险范围。根据《旅行社责任保险管理办法》第 4 条的规定，下列两种情形都属于保险公司的赔偿范围：

（1）旅行社在组织旅游活动中依法对旅游者的人身伤亡、财产损失承担的赔偿责任。具体来说，要满足三个条件：一是旅行社在组织旅游活动过程中；二是游客出现了人身伤亡或财产损失；三是旅行社需要承担赔偿责任。

（2）旅行社依法对受旅行社委派并为旅游者提供服务的导游或者领队人员的人身伤亡承担的赔偿责任。具体来说，也要满足三个条件：一是导游或领队人员出现人身伤亡；二是这些导游或领队是由旅行社委派并为游客提供服务的人员；三是旅行社需要承担赔偿责任。

上述赔偿范围都有一个共同点——旅行社需要承担赔偿责任。旅行社通常在出现下面两种情形时才需要承担责任：一是因为旅行社的疏忽或过失；二是因为发生意外事故。

2. 保险期限

旅行社责任保险的保险期限为 1 年，即旅行社投保旅行社责任保险后，在 1 年的保险期限内，如果发生投保范围内的赔偿责任，保险公司就应赔偿。旅行社应当在保险合同期满前及时续保。

3. 保险金额

保险金额简称保额，是保险人承担赔偿或者给付保险金责任的最高限额。旅行社责任保险的保险金额可以根据旅行社业务经营范围、经营规模、风险管控能力、当地经济社会发展水平和旅行社自身需要，由旅行社与保险公司协商确定，但每人人身伤亡责任限额不得低于 20 万元人民币。如果旅行社应赔偿的金额超过这一限额，超过部分由旅行社自行承担。

4. 保险费

旅行社责任保险的保险费由旅行社承担，其费率应当遵循市场化原则，并与旅行社经营风险相匹配。

相关链接

旅行社责任保险的投保人是旅行社，受益人也是旅行社，因此，保险费自然也应由旅行社承担。有的旅行社在销售旅游产品时，对顾客宣传说已为游客购买了旅行社责任保险，这种说法其实是错误的。旅行社是为自己购买了责任保险，而不是为游客购买的。而且，旅行社责任保险是旅行社必须购买的。

---

5. 保险合同的变更和解除

保险合同成立后，旅行社按照约定交付保险费，保险公司应当及时向旅行社签发保险单或者其他保险凭证。

旅行社的名称、法定代表人或者业务经营范围等重要事项变更时，应当及时通知保险公司，必要时应当依法办理保险合同变更手续。

保险合同成立后，除符合《保险法》规定的情形外，保险公司不得解除保险合同。旅行社要解除保险合同的，应当同时订立新的保险合同，并书面通知所在地县级以上旅游行政管理部门，但因旅行社业务经营许可证被依法吊销或注销而解除合同的除外。保险合同解除后，保险公司应当收回保险单，并书面通知旅行社所在地县级以上旅游行政管理部门。

（四）旅行社责任保险的赔偿

1. 旅行社的索赔

保险事故发生后，旅行社应当向保险公司提供其所能提供的与确认保险事故的性质、原因、损失程度等有关的证明和资料，要求保险公司赔偿保险金。保险公司认为有关的证明和资料不完整的，应当及时一次性通知旅行社补充提供。

2. 保险公司核定

保险公司收到赔偿保险金的请求和相关证明、资料后，应当及时作出核定。情形复杂的，应当在 30 日内作出核定，但合同另有约定的除外。保险公司应当将核定结果通知旅行社以及受害的旅游者、导游、领队人员。

3. 保险公司赔偿

（1）协议赔偿。对属于保险责任的，保险公司在与旅行社达成赔偿保险金的协议后 10 日内，履行赔偿保险金义务。

（2）直接赔偿。旅行社对旅游者、导游或者领队人员应负的赔偿责任确定的，根据旅行社的请求，保险公司应当直接向受害的旅游者、导游或者领队人员赔偿保险金。旅行社怠于请求的，受害的旅游者、导游或者领队人员有权就其应获赔偿部分直接向保险公司请求赔偿保险金。

（3）先行支付。因抢救受伤人员需要保险公司先行赔偿保险金用于支付抢救费用的，保险公司在接到旅行社或者受害的旅游者、导游、领队人员通知后，经核对属于保险责任的，可以在责任限额内先向医疗机构支付必要的费用。

4. 保险公司的代位求偿权利

如果保险事故是由第三者损害而造成的，保险公司自直接赔偿保险金或者先行支付抢救费用之日起，在赔偿、支付金额范围内，可代位行使对第三者请求赔偿的权利。旅行社以及受害的旅游者、导游或者领队人员有义务向保险公司提供必要的文件和所知道的有关情况。

相关链接

在旅游过程中，旅游者面临的风险是多种多样的。有的属于旅行社的责任，有的不是。如果不是旅行社的责任，保险公司将不予赔偿。旅游者出行前可自行购买相关的个人保险，如旅游意外险。不少旅游者认为旅行社已投保“旅行社责任险”，自己不必再投保意外险，这其实是一种误解。旅行社也有义务提醒游客购买旅游意外险。

第五节 旅行社的行业组织

一、旅行社行业协会的概念及功能

（一）行业协会的含义

行业协会是同行企业为发展生产、增进共同利益，在自愿基础上建立的，接受政府指导的民间经济联合团体。作为一种社会中介组织，行业协会属于我国法律规定的社团法人，既非政府机构，又非营利性机构。

行业协会的作用是政府机关难以取代的。行业组织的建立和发展情况不仅关系到我国社会主义市场经济体制的完善，也关系到我国国民经济的整体运行。培育和发展包括各类行业协会在内的社会中介组织早已列入我国社会主义市场经济体制的框架中。

相关链接

行业组织至少有三大特点：

（1）是民间组织，而非官方机构或行政机构。

（2）具有非营利性。

（3）成员自愿加入，也可随时退出。

（二）旅行社行业协会的含义

旅行社行业协会是指旅行社为了实现本行业共同的利益和目标而在自愿基础上组成的民间组织。

（三）旅行社行业协会的功能

旅行社行业协会的功能可以归纳为服务功能和管理功能两个方面。

就服务功能来说，旅行社行业协会可以在整体上代表本行业全体企业的共同利益；可以作为政府与企业间的桥梁，向政府传达企业的共同要求，同时协助政府制定和实施行业发展规划、产业政策和相关法规；对本行业的基本情况进行统计、分析，并发布结果；开展对本行业国内外发展情况的基础调查，研究本行业面临的问题，提出建议，供企业和政府参考；定期出版有关刊物，向各成员提供本行业相关信息；加强会员之间的交流与合作，组织开展各项培训、学习、研讨、交流和考察等活动；开展与海外旅行社协会及相关行业组织之间的交流与合作。

就管理功能来说，旅行社行业协会可以制定并执行行规行约和各类标准，协调同行业企业间的经营行为；对本行业产品和服务质量、竞争手段、经营作风进行严格监督，维护行业信誉，鼓励公平竞争，打击违法、违规行为；受政府委托，进行资格审查，签发证照；等等。

相关链接

随着我国社会主义市场经济的发展，行业协会的作用还会越来越大，如我国《旅游法》第 37 条就规定："参加导游资格考试成绩合格，与旅行社订立劳动合同或者在相关旅游行业组织注册的人员，可以申请取得导游证。"

二、我国旅行社行业协会的现状

与旅行社的快速发展相比，我国旅行社行业协会的发展一直较为缓慢。旅行社的全国性行业协会——中国旅行社协会直到 1997 年 10 月才成立。到 2001 年，中国旅行社协会的会员单位仅有 471 家，到 2020 年 2 月，会员单位增至 1 548 家。地方性的旅行社行业协会成立的时间更晚，且组织不健全，多数不具备法人资格，只是各地旅游协会下设的专业委员会。旅行社行业协会中专职人员很少，大多是兼职人员。

今后，随着我国经济改革进程的加快和世界经济一体化进程的加强，旅行社行业组织的建立和完善是一个必然的趋势。只有充分发挥旅行社行业组织的作用，政府机构才有可能真正转变职能，对旅行社的管理方式才有可能真正实现与国际接轨，我国的旅行社才能更顺畅地与国外同行实现对话与交流。原来由旅游行政部门承担的一些管理职能完全可以由旅行社行业组织来承担，如培训、调研、旅行社间关系的协调等，甚至质量监督、受理投诉等职能也将可能由旅行社行业协会来承担。

三、中国旅行社协会

中国旅行社协会（China Association of Travel Services，CATS）成立于1997年10月，是由中国境内的旅行社、各地区性旅行社协会或其他同类协会等单位，按照平等自愿的原则结成的全国旅行社行业的专业性协会，是非营利性的社会组织，具有独立的社团法人资格，协会办公地在北京市。

中国旅行社协会的主要职能是：代表和维护旅行社行业的共同利益和会员的合法权益，努力为会员服务，为行业服务，在政府和会员之间发挥桥梁和纽带作用，为中国旅行社行业的健康发展做出积极贡献。

协会的会员为团体会员，不接纳个人会员。所有在中国境内依法设立的守法经营的旅行社及各地区性旅行社协会或其他同类协会，承认和遵守协会的章程，履行应尽义务的，均可申请加入协会。

协会的最高权力机构是会员代表大会，每4年举行一次。协会设立理事会和常务理事会，理事会对会员代表大会负责，是会员代表大会的执行机构，在会员代表大会闭会期间领导协会开展日常工作；常务理事会对理事会负责，在理事会闭会期间，行使其职权。

四、旅行社的国际性组织

（一）世界旅行社协会

世界旅行社协会（World Association of Travel Agencies，WATA）于1949年5月5日在瑞士成立，总部设在日内瓦。

世界旅行社协会是一个由私人旅行社组织而成的世界性非营利组织，其宗旨是为各国旅行社建立一个世界性的协作网络。

全体会员大会是其最高权力机构，下设执行委员会、管理委员会和总裁委员会。执行委员会负责实施大会的决议；管理委员会主持处理日常工作；总裁委员会由各地选举出的总裁组成，负责各地会员与总部之间的联系，讨论地区问题，协调地区活动。

世界旅行社协会在一个或两个同一语种国家内任命一名副总裁，负责协调各会员国的活动，包括组团、合作促销、各国文件的提供等。协会帮助会员享有一定的优惠权。设在日内瓦的常设秘书处向会员提供各种帮助和一些服务性项目，如提供旅游信息、文件和统计资料等。

申请入会者须向日内瓦常设秘书处递交申请书。任何一个旅行社，只要财政机构健全、遵守协会的规定，均有资格成为世界旅行社协会的会员。超过300万人口的城市可有1家旅行社代表参加该组织，400万人口以上的城市可增加1名会员。会员旅行社必须同时经营出境和入境旅游业务，如果同一城市内没有同时经营出境、入境旅游业务的旅行社，协会可以指定一家专营出境旅游业务和另一家专营入境旅游业务的旅行社为其会员。

协会自1951年开始每年出版一本综合性的世界旅游指南——《万能钥匙》（*Master Key*），它包括6 000家饭店的价格和设施介绍、70多个国家的游览胜地情况介绍和价格情况介绍。

（二）旅行社协会联合会

旅行社协会联合会（United Federation of Travel Agents' Associations，UFTAA）的前身是世界旅行社协会联合会（Universal Federation of Travel Agents' Association）。世界旅行社协会联合会于1966年11月22日成立于意大利的罗马。它由1919年在巴黎成立的欧洲旅行社组织和1964年在纽约成立的美洲旅行社组织合并而成，总部设在比利时的布鲁塞尔。

世界旅行社协会联合会是世界上最大的民间性国际旅游组织之一，是一个专业性和技术性组织。其会员是世界各国的全国性旅行社协会。每个国家只能有一个全国性的旅行社协会代表该国参加。其宗旨包括以下几个方面：

（1）团结和加强各国全国性的旅行社协会和组织，并协助解决会员间在专业问题上可能发生的纠纷。

（2）在国际上代表会员同旅游业有关的各种组织与企业建立联系，进行合作。

（3）确保旅行社业务在经济、法律和社会领域内最大限度地得到协调，赢得信誉，受到保护并得到发展。

（4）向会员提供所有必要的物质、业务和技术的指导和帮助，使其能在世界旅游业中占有适当的地位。

世界旅行社协会联合会的组织机构包括全体大会、理事会、执行委员会和总秘书处。联合会每年召开一次世界旅行代理商大会，以交流经验，讨论问题，互通情报。大会期间还举办旅游商品交易会，开展旅游宣传推销工作。

2003年1月1日，世界旅行社协会联合会正式更名为旅行社协会联合会。

思考与练习

一、选择题（有1个或1个以上的正确答案）

1. 世界上第一家旅行社诞生于（　　）。

A. 1841年　　B. 1845年　　C. 1923年　　D. 1945年

2. 第一家由中国人创办经营的旅行社诞生于（　　）。

A. 1840年　　B. 1912年　　C. 1923年　　D. 1949年

3. （　　）标志着近代旅游业的开始。

A. 商务旅游的出现　　B. 观光旅游的出现

C. 近代酒店的诞生　　D. 旅行社的诞生

4. （　　）是旅游消费者和各旅游服务供应部门间的桥梁和纽带。

A. 旅行社　　B. 景区　　C. 旅游交通　　D. 酒店

5. 旅行社从事的旅游业务包括（　　）。

A. 境内旅游业务　　B. 入境旅游业务

C. 出境旅游业务　　D. 边境旅游业务

6. 旅行社责任保险的被保险人是（　　）。

A. 旅游者　B. 保险公司　C. 旅行社　D. 旅行社员工

7. 旅行社责任保险的保险期限为（　　）。

A. 整个旅游期间　B. 1 年

C. 2 年　D. 5 年

二、名词解释

1. 旅行社
2. 不可抗力
3. 行业协会

三、简答题

1. 旅行社能起什么作用？
2. 旅行社的行业特点是什么？
3. 旅行社的基本业务有哪些？
4. 旅行社的权利和义务有哪些？
5. 什么情况下旅行社的责任可以得到减轻或免除？
6. 旅行社责任保险有何特征？
7. 旅行社行业协会有哪些功能？

四、分析题

1. 人类很早就有了旅游活动，但为什么人们又一致认为旅游业开始于近代？
2. “旅行社责任保险的保险标的是旅行社应当承担的赔偿责任。”这句话对吗？

第二章

旅行社的设立

本章导读

怎样设立一家旅行社？设立旅行社后如何设置旅行社的部门和机构？这两项工作是旅行社经营的前提，也是旅行社经营是否有成效的关键。本章介绍了旅行社的设立和旅行社的组织机构设置。旅行社的设立要依据国家的政策和法律规定，还要依据旅游市场的发展状况。任何一个旅行社设立以后，都面临着如何设立部门和机构及建立什么样的组织管理制度的问题。一个旅行社如果机构设置合理、管理科学，就能最大限度地发挥旅行社的整体优势，创造最佳的经济效益。

第一节　旅行社设立的条件和程序

一、旅行社设立的条件

（一）设立旅行社应考虑的因素

设立旅行社，既要符合设立旅行社的法定条件，还要考虑其他一些重要的因素，这些因素可能关系到旅行社在设立之后能否顺利运营。

1. 旅游市场的发展状况

所谓旅游市场的发展状况，也就是旅游业的供给与需求状况。政治稳定、经济繁荣、没有重大自然灾害，这都将有利于增强人们的旅游愿望，有利于旅游市场稳步扩大。一般来说，这种情况对旅行社的设立是有利的。一方面，旅游客源有保障；另一方面，旅游需求的增加将促进为旅游者提供服务的各行业的发展，这又为旅行社建立旅游服务协作网络提供了方便。当然，前提是旅行社的数量没有超出市场容量。如果某个地方的旅行社本来就饱和，旅行社服务供过于求，即使游客一时增加，此时设立旅行社的风险仍然很大。

课堂讨论

材料一：

2019 年全年国内游客 60.1 亿人次，比上年增长 8.4%；国内旅游收入 57 251 亿元，增长 11.7%。入境游客 14 531 万人次，增长 2.9%。其中，外国人 3 188 万人次，增长 4.4%；香港、澳门和台湾同胞 11 342 万人次，增长 2.5%。在入境游客中，过夜游客 6 573 万人次，增长 4.5%。国际旅游收入 1 313 亿美元，增长 3.3%。国内居民出境 16 921 万人次，增长 4.5%。其中因私出境 16 211 万人次，增长 4.6%；赴港澳台出境 10 237 万人次，增长 3.2%。

资料来源：中华人民共和国 2019 年国民经济和社会发展统计公报．国家统计局官方网站，2020-02-28.

材料二：

旅游已日益成为我国人民日常生活中的重要组成部分，越来越多的人开始把旅游当作一种生活方式，参与旅游活动已成为人们生活质量提高的一种象征。旅游业也已成为我国的战略性支柱产业，并始终保持着快速发展势头。2018 年，旅游业综合贡献 9.94 万亿元，对国民经济的综合贡献达 11.04%，对住宿、餐饮、民航、铁路客运业的贡献超过 80%。旅游成为衡量现代生活水平的重要指标，成为人民幸福生活的刚需。

国内旅游方面，我国已经形成了世界上最大的国内旅游市场，国内旅游人次和国内旅游消费均列世界第一。出境旅游方面，我国已经成为全球增长速度最快、影响力最为广泛的客源输出国，出境游人数和旅游消费均位居世界第一。

材料三：

世界旅游业理事会测算，2015 年旅游业对全球国内生产总值（GDP）的综合贡献为 7.8 万亿美元，占全球国内生产总值的 10%。旅游业创造 2.84 亿个就业岗位，占就业总量的 9.5%。

参考上述三则材料，也可收集其他一些材料进行判断：你觉得目前是旅行社设立和发展的机遇期吗？

2. 国家的政策和法律规定

旅行社和其他企业一样，其存在和发展离不开国家的宏观调控。国家有关旅游业及旅行社的政策和法律规定直接影响旅行社的设立。如对旅行社分类的规定、质量保证金的规定、最低注册资本的规定甚至国家对节假日放假的规定等，对旅行社的设立都有着深远的影响。因此，我们在考虑设立旅行社的时候，必须先了解国家的有关政策和法律法规的规定。

相关链接

在我国旅游业的发展史上，2009 年 5 月 1 日起施行的《旅行社条例》和 2013 年 10 月 1 日起施行的《中华人民共和国旅游法》有着重要的意义。这两部法律法规加上《旅行社条例实施细则》都是规范旅行社设立和经营的主要法律法规。

（二）设立旅行社的一般条件

根据《旅游法》《旅行社条例》《旅行社条例实施细则》的规定，申请设立旅行社时，首先只能申请设立经营国内旅游业务和入境旅游业务的旅行社，在取得经营许可至少满两年以后，才可能申请经营出境旅游业务。

申请设立经营国内旅游业务和入境旅游业务的旅行社应具备下列条件。

1. 固定的营业场所

营业场所是企业从事生产经营活动的主要地方。旅行社的经营必须有固定的营业场所。这种场所，可以是旅行社拥有的固定资产，也可以是旅行社所长期租用的他人的场所（租赁期至少为一年）。对营业场所的面积大小没有强制性规定，通常认为，旅行社的营业场所用房面积只要能够满足旅行社的业务发展需要即可。各旅行社可根据自己的经营范围、业务量大小来选择足够自己正常营业的用房面积。

2. 必要的营业设施

旅行社至少要具有下列设施、设备：两部以上的直线固定电话；传真机、复印机；具备与旅游行政管理部门及其他旅游经营者联网条件的计算机。

3. 注册资本达到规定的数额

资金的筹措是设立旅行社最为关键的条件，也是旅行社设立和进行经营活动的前提。根据规定，设立旅行社应有一定数额的注册资本。旅行社注册资本是指旅行社成立时所填报的财产总额，包括旅行社用于正常经营活动所应拥有的固定资金和流动资金。《旅行社条例》规定，设立旅行社，注册资本不少于 30 万元人民币。

4. 有必要的经营管理人员和导游

必要的经营管理人员是指具有旅行社从业经历或者相关专业经历的经理人员和计调人员。必要的导游是指不低于旅行社在职员工总数 20%且不少于 3 名、与旅行社签订劳动合同的持有导游证的导游。

小思考

A 旅行社有 1 000 名在职员工，A 旅行社至少应有多少名签订了劳动合同的持有导游证的导游？B 旅行社有 10 名在职员工，B 旅行社至少应有多少名签订了劳动合同的持有导游证的导游？

参考答案： A旅行社至少应有200名，B旅行社至少应有3名。

5. 上缴一定数额的旅游服务质量保证金

（1）旅游服务质量保证金的含义。旅游服务质量保证金是由旅行社在指定银行缴存或由银行担保提供的用于保障旅游者合法权益的专用款项。

（2）保证金的缴纳标准。经营国内旅游业务和入境旅游业务的旅行社，在设立的过程中，应当在相应的银行开设专门的质量保证金账户，存入质量保证金20万元（或者提供一定额度的银行担保）。经营出境旅游业务的旅行社，应当增存质量保证金120万元。旅行社设立分社还需要另外增存保证金。保证金的具体缴纳标准如表2-1所示。

表2-1　旅行社质量保证金的存缴

适用情况	质量保证金存缴情况
申请设立具有国内游、入境游业务的旅行社	交存20万元
申请设立具有出境游业务的旅行社	增存120万元
申请设立一个经营国内游、入境游业务的分社	增存5万元
申请设立一个经营出境游业务的分社	增存30万元
申请设立一个经营国内游、入境游和出境游业务的分社	增存35万元

（3）保证金的减存和退还。旅行社自交纳或者补足质量保证金之日起3年内未因侵害旅游者合法权益受到行政机关罚款以上处罚的，旅游行政管理部门应当将旅行社质量保证金的交存数额降低50%。如果旅行社不再从事旅游业务，可以凭旅游行政管理部门出具的凭证，向银行取回质量保证金。

相关链接

质量保证金属于旅行社所有，只是被限定了用途。在下列情况下，旅游行政管理部门可以使用旅行社的质量保证金：

（1）旅行社违反旅游合同约定，侵害旅游者合法权益，经旅游行政管理部门查证属实的。

（2）旅行社因解散、破产或者其他原因造成旅游者预交旅游费用损失的。

（3）用以垫付旅游者人身安全遇有危险时紧急救助的费用的。

此外，人民法院判决、裁定及其他生效法律文书认定旅行社损害旅游者合法权益，旅行社拒绝或者无力赔偿的，人民法院可以从旅行社的质量保证金账户上划拨赔偿款。

（三）旅行社申请经营出境旅游业务的条件

不是所有的旅行社都能经营出境旅游业务，旅行社申请经营出境旅游业务应具备下列条件：

（1）取得经营许可满两年。

（2）未因侵害旅游者合法权益受到行政机关罚款以上处罚。

（3）增存质量保证金 120 万元（总额达到 140 万元）。

二、设立旅行社的一般程序

2015 年 5 月 19 日，国家旅游局下发《关于落实简政放权和行政审批工商登记制度改革有关规定的通知》（旅发〔2015〕96 号）。根据通知，申请人要设立旅行社时，应先向工商行政管理部门申请颁发营业执照，再凭营业执照等材料向旅游行政主管部门申请颁发旅行社业务经营许可证。

相关链接

取得旅行社业务经营许可证是旅行社开展业务经营活动的必要前提。旅行社应当将旅行社业务经营许可证与营业执照悬挂在经营场所的显要位置。旅行社业务经营许可证不得转让、出租或者出借。旅行社准许或者默许其他企业、团体或者个人，以自己的名义从事旅行社业务经营活动，或者准许其他企业、团体或者个人，以部门或者个人承包、挂靠的形式经营旅行社业务的，都属于转让、出租或者出借旅行社业务经营许可证的行为。

申请设立经营国内旅游业务和入境旅游业务的旅行社，应当向所在地省、自治区、直辖市旅游行政管理部门或者其委托的设区的市级旅游行政管理部门申请颁发旅行社业务经营许可证。申请设立经营出境旅游业务的旅行社，应当向国务院旅游行政主管部门或者其委托的省、自治区、直辖市旅游行政管理部门申请颁发旅行社业务经营许可证。旅行社申请增加经营边境游业务资格，应向省、自治区、直辖市旅游行政管理部门提出申请。旅游行政管理部门应当自受理申请之日起 20 个工作日内作出许可或者不予许可的决定。予以许可的，向申请人颁发旅行社业务经营许可证。不予许可的，书面通知申请人并说明理由。

是否颁发旅行社业务经营许可证由旅游行政主管部门决定。旅游行政主管部门在审查申请人提交的材料时，应当查看营业执照中的经营范围是否包括旅行社相关业务经营事项。如果营业执照中的经营范围不包括旅行社相关业务经营事项，旅游行政主管部门可拒绝颁发旅行社业务经营许可证。

相关链接

通过网络经营旅行社业务也要取得经营许可

目前，有许多企业通过网络经营旅行社业务，这些企业也应该依法取得旅行社业务经营许可证。我国《旅游法》第 48 条规定：通过网络经营旅行社业务的，应当依法取得旅行社业务经营许可，并在其网站主页的显著位置标明其业务经营许可证信息。

旅游行政主管部门还应审查申请人认缴的出资额是否达到规定的最低注册资本限额要求。过去，旅游行政主管部门要求申请人提交依法设立的验资机构出具的验资证明，现在已不需要申请人提供验资证明，旅游行政主管部门主要通过全国企业信用信息公示系统审查申请人认缴的出资额是否符合要求。

三、旅行社分社、服务网点和外商投资旅行社的设立

（一）旅行社分社的设立

1. 旅行社分社的含义

旅行社分社（以下简称“分社”）是指旅行社设立的不具备独立法人资格、以设立分社的旅行社（以下简称“设立社”）的名义开展旅游业务经营活动的分支机构。分社的名称中应当包含设立社名称、分社所在地地名和“分社”或者“分公司”字样。设立社应当对分社实行统一的人事、财务、招徕、接待制度规范。旅行社分社经营活动的责任和后果由设立社承担。

小思考

如果旅行社分社因过错需要赔偿，但又无力赔偿，设立社有责任代为赔偿吗？

分析：因为分社不具备独立法人资格，以设立社的名义开展旅游业务，因此，旅行社分社经营活动的责任和后果由设立社承担。分社无力赔偿的情况下，设立社理应代为赔偿。

2. 分社的设立无地域和数量的限制

旅行社分社的设立不受地域限制，即分社可以在设立社所在行政区域内设立，也可以在全国范围内设立。旅行社分社的设立也没有数量上的限制，由旅行社根据业务的需要自行决定。

3. 分社的经营范围

分社的经营范围不得超出设立社的经营范围。因此，经营国内旅游业务和入境旅游业务的旅行社只能设立经营国内旅游业务和入境旅游业务的分社。经营出境旅游业务的旅行社可以根据市场发展需要来设立分社，既可设立只经营国内旅游业务和入境旅游业务的分社，也可以设立只经营出境旅游业务的分社，还可以设立经营国内旅游业务、入境旅游业务和出境旅游业务的分社。

（二）旅行社服务网点的设立

旅行社服务网点是指旅行社设立的，为旅行社招徕旅游者，并以旅行社的名义与旅游者签订旅游合同的门市部等机构。

旅行社设立服务网点，应当依法向工商行政管理部门办理设立登记手续，并向所在地的旅游行政管理部门备案。受理备案的旅游行政管理部门将向旅行社颁发《旅行社服务网点备案登记证明》。

服务网点有以下几个特点：

(1) 有地域限制。设立社可以在其所在地的省、自治区、直辖市行政区划内设立服务网点；设立社在其所在地的省、自治区、直辖市行政区划外设立分社的，可以在该分社所在地设区的市的行政区划内设立服务网点。

(2) 无数量限制。旅行社可根据经营的需要自行决定服务网点的数量，但旅行社分社不得设立服务网点。

(3) 不具有法人资格。服务网点以设立社的名义从事经营活动，其经营活动的责任和后果由设立社承担。设立社应当加强对服务网点的管理，实行统一管理、统一财务、统一招徕和统一咨询服务规范。

(4) 有经营范围的限制。服务网点只能在设立社的经营范围内招徕旅游者、提供旅游咨询服务，不能从事招徕、咨询以外的活动。

小思考

旅行社的服务网点能不能自行组团旅游？

分析：旅行社的服务网点只能从事两项工作：一是招徕旅游者；二是提供旅游咨询服务。因此，旅行社的服务网点不能自行组团旅游。

(三) 外商投资旅行社的设立

外商投资旅行社包括中外合资经营旅行社、中外合作经营旅行社和外资旅行社。

设立外商投资旅行社，应先经商务部门审批，审批通过后再向市场监督管理部门办理注册登记，领取营业执照，然后向旅游行政主管部门申请领取旅行社业务经营许可证。

课堂讨论

有人认为，2009 年以来，我国旅行社的发展进入了“宽进严管”阶段，从旅行社的设立条件来分析，你觉得这种说法有道理吗？

四、旅行社的产权形式

产权指的是资产拥有者对其资产拥有的排他的使用权、独享的收益权、自由的转让权。相应地，旅行社的产权指的是旅行社资产的拥有者对旅行社的资产所拥有的排他的使用权、独享的收益权、自由的转让权。

现阶段，我国的旅行社都属于企业，都是完全的市场竞争主体，其产权形式也趋向多样化，已初步形成了有限责任公司、股份有限公司、国有独资公司、股份合作公司和中外合资公司五种产权形式并存的格局。这五种旅行社产权形态全部实行的是有限责任。其责任的有限性包括两个方面：一是对旅行社的出资人来说，出资人对旅行社的债务承担有限的责任，仅以本人的出资额为限，属于出资人个人的其他财产不会用来承担连带责任；二是对旅行社来说，旅行社对外承担责任的方式也是有限的，仅以旅行社的全部资产为限，当旅行社的资产全部都用于清偿债务仍不够时，剩下的债务不再清偿。

小思考

某旅行社全部资产为200万元，共有四位出资人，其中出资人王某出资50万元。请问，旅行社和王某对外承担责任的范围分别是什么？

参考答案： 旅行社对外承担责任的范围以200万元为限；王某对外承担责任的范围以其出资额为限，即50万元。

有限责任公司和股份有限公司是现阶段旅行社最主要的产权形式。

（一）有限责任公司

有限责任公司是我国公司法规定的基本的公司形式之一，它指的是股东以其出资额为限对公司承担责任，公司以其全部资产对公司债务承担责任的企业法人。有限责任公司具有以下法律特征。

1. 责任的有限性

有限责任公司责任的有限性表现在两个方面：一是公司责任有限，即公司只以其全部资产为限对公司债务承担责任；二是股东责任有限，即股东仅以其认缴的出资额为限对公司承担责任。

2. 闭锁性

有限责任公司的资本只在少数甚至是特定的人中筹集。同时，由于有限责任公司股东人数有限且相对固定，其财务状况不涉及社会公共利益，因此可以不公开财务状况。

3. 设立程序及组织结构较为简单

有限责任公司是由一定数量的发起人设立的，无须向社会广泛募集资金，影响面较小，因而设立程序也相对简单。同时，对有限责任公司的机构设立要求也不是很严格。如可设股东会而不设董事会，也可设董事会而不设股东会，监事会也可设可不设。

4. 资合性与人合性的统一

资合性表现在：公司注册资本为全体股东缴纳股本的总和，股东可以用货币出资，也可以用实物、知识产权、土地使用权等作价出资。人合性表现在：股东是基于相互间的信任而集合在一起的，股东间的关系较为紧密，股份的转让，必须征得其他股东的同意。

在有限责任公司中，董事会成员和高层经理人员往往具有股东身份，大股东一般亲自经营和管理公司，使得公司股权和法人财产权的分离程度不高。

目前，我国采取有限责任公司形式的旅行社较多，它们名称各异，如："××旅游有限责任公司""××旅行社有限责任公司""××旅行社"（其实是省略了"有限责任公司"几个字）。"有限责任公司"有时也被简化为"有限公司"，如中国国际旅行社总社有限公司、上海春秋国际旅行社（集团）有限公司等。

（二）股份有限公司

股份有限公司也是我国公司法规定的基本公司形式之一，它指的是公司全部资本分为等额股份，股东以其所持股份为限对公司承担责任，公司以其全部资产对公司的债务承担责任的企业法人。股份有限公司有如下基本特征。

1. 责任的有限性

股东以其所持股份为限对公司承担责任，公司以其全部资产为限对公司的债务承担责任。

2. 公开性

首先，股份有限公司可以向社会公众广泛发行股票以募集资本，这就决定了股份有限公司在股份募集上的公开性；其次，以募集设立方式成立的股份有限公司必须公告其财务会计报告。

3. 股份转让具有自由性

股份有限公司是典型的资合公司，公司的组成是由于资本的结合而不是基于股东间的信任，股东相互关系较为松散，因此，股份可以依法自由转让。

4. 公司规模大

股份有限公司可以向社会公众发行股票募集资本，资金来源广泛，因此，股份有限公司一般资金雄厚，规模较大。

5. 所有权与经营权更具分离性

一方面，股份有限公司的股东购买股票的目的一般是获得股利而不在乎是否参与公司管理；另一方面，股份有限公司规模大，经营复杂，一般股东难以胜任，因此，股份有限公司的经营权往往被授予那些具有较高管理水平的专业人士。

目前采取股份有限公司的旅行社有广州广之旅国际旅行社股份有限公司、中青旅控股股份有限公司、浙旅控股股份有限公司等。

第二节　旅行社的机构设置

一、旅行社机构设置的原则

人们在长期的实践过程中，针对旅行社的机构设置总结出了一些基本的原则，旅行社在进行机构设置时遵循这些原则，将会大大减少机构设置的不合理现象，提高旅行社的工作效率。

（一）分工与协作原则

分工是指按照不同专业和性质，将总的任务和目标分成不同层次的部门或个人的单项任务或目标，并规定完成这些任务的手段和方式。分工是提高工作效率的重要的手段，它能使部门或个人专注于自己的专业工作，增加工作的熟练度，提高工作技巧。协作是指各个部门之间或部门内部的协调和配合。

旅行社是由各部门和人员构成的系统，这些部门和人员必须相互协调才能维持高效运转。一般来说，分工越细，责任就越明确，专业化程度就越高，相互间的协作就更紧密，效率也就越高。因此，分工与协作可以说是一个问题的两个方面，二者相辅相成。旅行社的机构设置必须充分考虑部门与个人间的分工与协作，尽量做到分工合理、协调顺畅。

（二）命令统一原则

在旅行社管理中，实行统一领导，避免多人指挥和无人指挥的现象同样也是非常重要的，这与旅行社内部的分工和协作并不矛盾。为此，旅行社应建立垂直式组织形式，其具体要求是：

（1）旅行社组织体系中形成一个完整的管理层次，上下级之间权责明确。

（2）各层次间的联系是垂直式的，任何一级管理层次只有一人全权负责，且每一管理层次只能领导直接的下一管理层次，不能越级领导。

（3）旅行社中每一个下级只能接受一个上级的指挥，每一个成员都只有一个顶头上司，只听命于这个直接上级。除非特殊情况，每一个成员对非顶头上司的命令可不予理睬。这样既可维护管理者的权威，又能避免接受命令者无所适从。

（4）在命令统一原则下，管理人员虽然不能越级指挥，但是可以对各级人员进行监督。

（5）充分重视参谋部门和人员的作用，让他们能够根据客观情况独立地提出自己的见解。但参谋人员不能直接干预指挥或决策。

在实践中，命令统一原则也可能会因为过于刻板而使旅行社的运转缺乏灵活性，使同层次的不同部门间的横向沟通困难。因此，旅行社在具体执行这一原则时不能过于死板，最好要有其他补救措施。

（三）管理跨度合理原则

管理跨度是指一个领导者直接指挥的下级的数目。管理跨度的大小直接影响着管理层次，也影响着管理的效果。管理层次是指组织中职位等级的数量。一般来说，在一个组织中，管理跨度越大，则管理层次越少，中间层的管理人员人数也越少；管理跨度越小，则管理层次越多，中间层的管理人员人数也将增多。从减少中间层的管理人员人数来看，似乎是管理跨度越大越好。但是，管理跨度的加大必然增加管理者协调的难度，比如，同一个领导者管理 4 个人和管理 8 个人，其难度是不一样的，其花费的工作量肯定也不一样。因此，旅行社在设计组织结构时，应全面考虑各方因素，设计出合理的管理跨度。一般来说，主管人员能力强、精力充沛，管理跨度可大一些，反之，可小一些；下属能力强、工作积极主动，管理跨度可大一些，反之，可小一些；较高层次的管理人员因为要处理较多的重要事务，其管理跨度可小一些。

（四）权责一致原则

权责一致原则指的是在赋予一个职务责任的同时，必须赋予这个职务自主完成任务所需的权力，而且权力的大小要与责任的大小相适应。有权力无责任，权力很容易被滥用；有责任无权力，则责任将难以履行，工作积极性也难以发挥。

（五）机构精简原则

机构精简原则是指在能够保证组织目标实现的前提下，应尽可能减少管理层次，简化部门机构，配备少而精的人员。这样不仅能减少人员费用和组织管理费用，而且能有效地杜绝机构臃肿、人浮于事、官僚主义等现象。

（六）弹性结构原则

旅行社的业务量和业务种类存在着不稳定性。为使旅行社始终具有活力，能快速适应环境的变化，旅行社应建立一种弹性机制，使旅行社的部门结构、人员的职位和职责可以随着实际需要而变动。这要求旅行社定期对已有部门的功能进行审核，看它们在组织运行中是否起到了应有的作用，是否是实现组织目标所需要的机构。为保证这一弹性机制的实现，旅行社一方面应因事设岗、因事设人，杜绝因人设岗；另一方面，旅行社要不断根据不同时期的组织目标和任务特性对人员的岗位职责进行调整，同时调整人员分配。有条件时可定期对管理人员和员工进行轮岗，这有利于实现一专多能、一人多岗。

二、旅行社的部门设置

旅行社机构设置的原则虽然为旅行社设立相应部门确定了一个标准，但在实际生活中，旅行社的部门设置并没有一个固定的模式可以遵循，各旅行社完全可以根据自身的需要，根据环境的变化设立各具特色的部门。

（一）按职能设部门

按职能设部门是指旅行社根据职能设置数个平行的部门，这些部门大致可分为两类，即管理部门和业务部门。管理部门是为业务部门服务的，包括办公室、财务部、人事部等。业务部门负责旅行社的经营活动，包括外联部（也称市场部、销售部或市场销售部）、计调部、接待部和综合业务部等。外联部主要负责产品开发、促销和销售等业务；计调部除负责采购业务外，还负责客流调度平衡和统计等工作；接待部主要负责团体旅游者的接待；综合业务部主要从事散客接待业务。

由于各地旅行社发展程度和业务范围有差异，各地按职能划分的部门名称和所起的作用也存在差异。图 2－1 是按职能设部门的大致情况。

旅行社按职能设部门有如下优点：

（1）权力高度集中。这一形式采用的实际上是直线型的管理结构，即在高层之下设若干中层管理部门，每一个中层管理部门之下是若干数量的员工或若干数量的基层管理部门，上下级之间是单线领导关系，决策权高度集中在最高管理层，这样就提高了管理效率和管理者的权威。

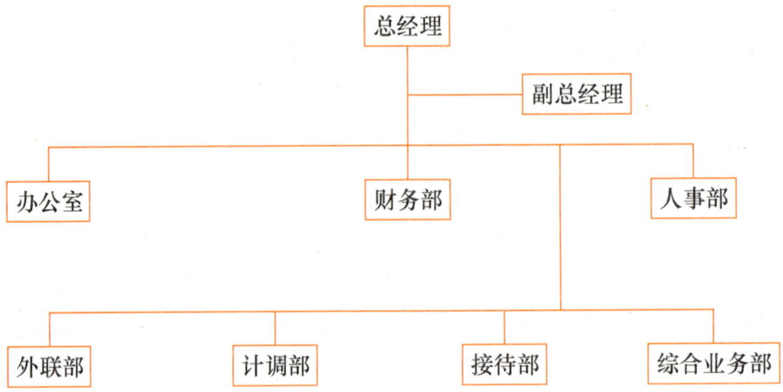

图 2－1　旅行社按职能设部门

（2）结构简单，上下级关系清楚，管理人员较少。

（3）分工明确。这一组织结构中，每个部门都有明确的职能，每个员工对自己应承担的工作都有明确的了解，由于分工明确，部门之间、员工之间不易产生职责上的冲突。

但是，旅行社按职能设部门也存在如下缺点：

（1）决策过于集中，主要管理人员大权独揽，任务艰巨，万一决策失误将会给整个组织造成重大损失。

（2）组织结构缺乏弹性，同一层次间缺乏必要的联系，面对瞬息万变的市场，旅行社难以及时调整部门结构。

（3）不同职能部门的员工长期在某一部门工作，考虑问题易从本部门出发，造成部门与部门间协作困难，同时，由于部门利益的存在，一定程度上将影响旅行社整体目标的实现。

相关链接

随着市场环境的变化，旅行社传统的业务经营部门也在发生着如下变化：

（1）外联部门出现扩张趋势，有的外联部门内又出现了按照市场情况划分的专业外联部门，如欧美部、日本部等。

（2）接待部门依然是旅行社的利润中心，有的旅行社接待部门因业务少而加强地联业务，有的接待部门按团体和散客设部。

（3）多数旅行社不再设计调部，而是将计调部的主要职能转移到外联部门。现有的计调部门主要负责统一调控、统一谈价，争取更多优惠。

另外，许多大、中型旅行社设立了专门的票务部门，一来保证旅行社本身所需车（机）票，二来可以对外营业，增加利润。

（二）按语种和地区设部门

旅行社按语种和地区设立不同的部门，实际上也就是按市场来设立部门，这一模式相对以往传统的以职能设立部门的方式来说有了巨大的改变，具体如图 2-2 所示。

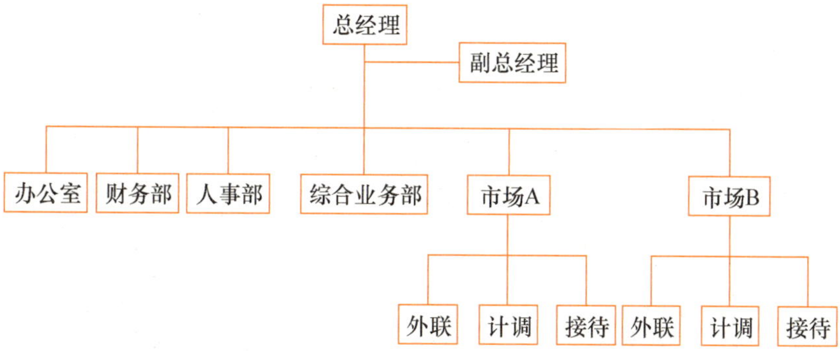

图 2-2　旅行社按语种和地区设部门

这一模式的优点在于：

（1）有利于调动部门的积极性。在这种模式下，各部门的目标明确，责任清晰，员工的工作积极性容易被调动，且由于部门与部门间具有相同的工作职能，可比性强，这样也能刺激部门之间的竞争。

（2）业务的衔接和协调比较容易。由于是按语种和地区设部门，每个部门都有相应的外联、采购和接待等功能，在部门中容易实现业务的衔接，部门内人员间的协调也容易得多。

（3）有利于最高管理部门集中精力决策。按语种和地区设部门，使各部门都有较为完整的工作体系，减轻了高层的管理压力，使高层能摆脱烦琐的行政事务，集中精力考虑战略性问题。

（4）有利于降低内耗。在这种模式下，旅行社内部各部门的业务相对独立，互不交叉，避免了旅行社内部各部门之间利益分配的矛盾。

（5）有利于人才的脱颖而出。在这种模式下，各部门经理有较大的责任，同时也有更为广阔的施展才华的舞台，能得到充分的培养和锻炼，这对旅行社的未来发展是有利的。

这种组织结构也有以下不足：

（1）各部门都有自己的外联、采购、接待等人员，造成专业分工的不充分，一定程度上会造成人力、财力的浪费。

（2）集中与分权的关系较难协调，一旦处理得不好，可能会削弱整个旅行社的竞争力。

（三）按产品设部门

按产品设部门指的是旅行社按照自己所经营的产品类型进行部门划分，如图 2-3 所示。这一模式的优点是各部门分工明确、业务熟练，缺点是各部门工作可能出现大量重复，造成人力、财力的浪费。

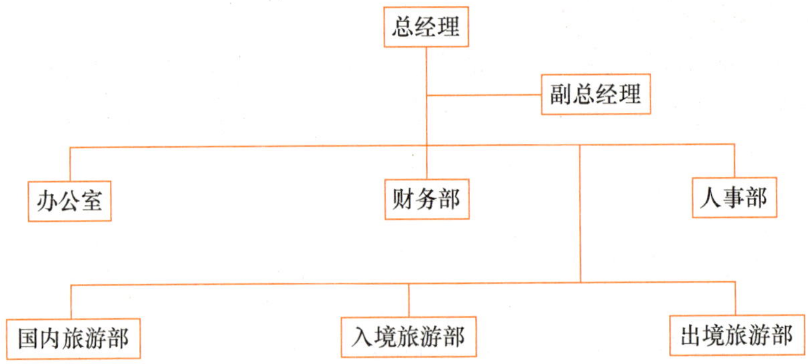

图 2-3　旅行社按产品设部门

（四）混合设置部门

这一模式将以市场设置部门和以职能设置部门结合起来，试图综合两类模式的优点，如图 2-4 所示。

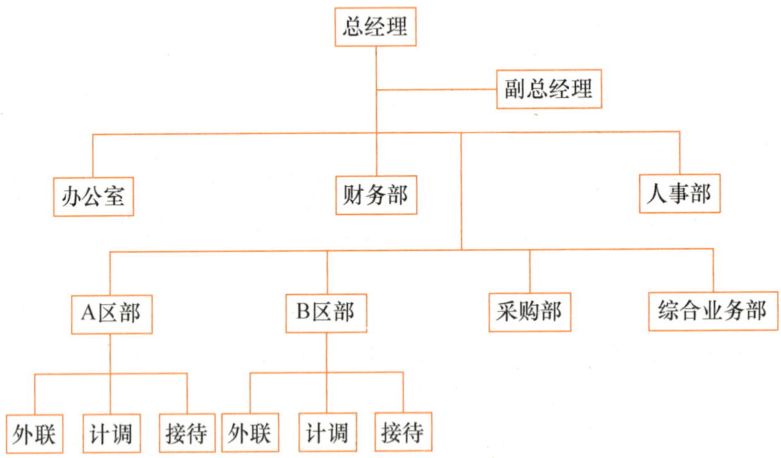

图 2-4　旅行社混合设置部门

在这一模式中，根据不同的细分市场设立的部门与按职能设立的采购部、综合业务部等并列存在。这样，一方面，旅行社按市场设置部门的优点可以得到很好的体现；另一方面，单独设立的采购部、综合业务部等又可弥补前者的不足。我们知道，通过集中批量采购获得优惠的价格和有利的交易条件是旅行社提高竞争力的重要途径。可以肯定的是，如果旅行社将所有的购买力集中起来投放到相关的旅游企业，由此获得的利益将比各部门分散地把购买力投放到相关旅游企业要大得多。因此，采购部的单独设置可节约旅行社的成本。

三、旅行社各部门的职责

虽然不同的旅行社在机构设置上可能有很大的不同，但旅行社的主要部门和各部门的业务分工则是大同小异的。

在内部组织机构设置上，旅行社大致可以分为两大板块：综合管理部门和业务部门。综合管理部门主要有办公室、人事部、财务部等，业务部门主要有外联部（销售部）、计调部、接待部等。各部门的主要职责如下所述。

（一）办公室

1. 内部协调与沟通

协调旅行社领导与各部门的关系；协调旅行社各部门之间、各分支机构之间的关系。

2. 会议和接待

负责旅行社的日常接待；负责旅行社会议的筹备、组织和记录；负责旅行社大型活动的策划和组织。

3. 财产管理

制定旅行社财物管理办法；负责物品的采购、登记、造册、盘点；负责旅行社财物的维修和保养。

4. 文书、档案管理

负责旅行社印章、证书和相关资质文件的管理；负责旅行社文件、通知的草拟、下发和管理；撰写工作计划和总结。

5. 后勤管理

负责旅行社各办公场所的管理；负责员工宿舍和活动场所的管理；负责通信器材和通信费的管理；负责环境建设和环境保护的管理。

6. 安全保卫管理

负责旅行社及其分支机构的治安、消防等工作；负责安排、调配值班员、保安员等。

7. 行政费用的控制

制定行政开支预算，严格控制各项费用开支。

（二）人事部（人力资源部）

1. 人力资源管理制度建设

编制旅行社人力资源管理的各项规章制度及员工日常行为守则；对制度的执行情况进行监督检查。

2. 员工招聘

根据旅行社及其分支机构的业务状况编制用人计划；开展员工招聘；为被录用员工办理入职手续。

3. 员工的日常管理

组织、指导旅行社各部门、各分支机构编写职位说明书并审核；制定劳动合同文本，组织员工签订并续签；办理员工调配、任免、晋升、奖惩的相关手续；管理员工档案；处理劳动纠纷。

4. 员工的培训和考核

编制年度员工培训计划；培训费用的预算；组织员工培训；实施员工的绩效考核；对中层干部进行考核；组织实施干部晋升考核。

5. 薪酬与福利管理

制定旅行社的薪酬福利政策；制定员工工资计发程序；对员工进行考勤管理；编制

员工工资表。

（三）财务部

1. 财务预算管理

制定旅行社财务预算和核算管理制度；编制年度、季度、月度财务计划；编制旅行社财务预算；组织实施财务预算计划。

2. 融资管理

做好旅行社的资金筹措、供应与管理；开拓融资渠道，为旅行社建立有效的融资途径。

3. 日常会计核算管理

制定日常会计核算制度；进行日常会计核算和账务处理；编制、上报会计报表；负责旅行社团费的收取与管理；负责各项费用的支出管理。

4. 财务分析管理

定期对旅行社进行财务分析和预测；及时向领导提出财务控制措施和建议。

5. 财务监督与管理

制定旅行社财务监督管理制度；监督各项财务收支情况；及时处理违反财务纪律的行为。

6. 税务管理

及时了解国家有关税务政策；及时报税。

7. 财务审计

制定旅行社内部审计管理制度；对旅行社及其分支机构的财务收支情况进行审计；对相关财务问题进行专项审计。

（四）外联部（销售部）

1. 产品销售

寻找新的游客或旅游中间商；开拓与客户合作的领域；为游客或中间商提供产品报价；与客户进行谈判；签订销售合同。

2. 信息的收集

收集旅游市场信息，收集其他旅行社的旅游线路和广告信息，为新的旅行社产品提供依据。

3. 客户管理

制定客户管理制度；建立客户档案；协调与中间商、客户的关系。

4. 内部管理

合理调配本部门员工；对员工进行培训和考核。

（五）计调部

1. 制订接待计划

策划产品；向协作单位询价；核算价格、包装产品；制订、安排旅游接待计划。

2. 协调关系

协调旅行社与中间商的关系；协调旅行社与旅游服务供应商的关系；协调与导游的关系。

3. 签证办理

核实游客身份资料；办理签证业务。

4. 预订管理

预订客房、预订各种交通票据、预订景点门票等。

5. 信息收集和统计

收集各协作单位的价格信息；收集旅游者的反馈信息；统计旅游业务开展情况。

6. 内部管理

合理调配部门员工；定期对员工进行培训和考核。

（六）接待部

1. 导游管理

制定与编制导游管理制度；对本社导游的管理；对外聘导游的管理。

2. 导游服务管理

全陪导游服务的管理；地陪导游服务的管理；领队导游服务的管理。

3. 关系协调

协调导游与旅行社其他部门员工的关系；协调接待部与其他部门的关系。

4. 内部管理

合理调配部门员工；定期对员工进行培训和考核。

四、旅行社的组织管理制度

合理的部门设置只是为旅行社实现有效管理提供了基础，而要把各部门良好地组织起来，确保组织目标的实现，还要有一系列组织管理制度来保障。目前，我国旅行社较为流行的组织管理制度主要有下列几种。

（一）总经理负责制

旅行社实行总经理负责制是市场经济条件下的客观要求。一方面，旅行社的内部分工越来越细，部门间的协作配合越来越重要；另一方面，旅游市场瞬息万变，旅行社之间的竞争日益激烈，旅行社只有及时捕捉信息，迅速、正确地做出决策，有效地采取行动，才能在竞争中获胜。要做到这些，离不开高度集中统一的领导。

总经理负责制是指旅行社的总经理对旅行社的经营管理全面负责的制度。对外，总经理是旅行社的法定代表人，代表旅行社进行经济交往和民事法律活动；对内，总经理是旅行社经营管理的决策人和指挥人。

具体来说，旅行社的总经理应至少负责以下几方面的工作。

1. 重大问题决策

旅行社决策的正确与否关系到旅行社的生死存亡。旅行社的总经理应全程参与旅行社经营计划的制订，审时度势，对重大问题做出决策，并监督计划的实施情况。

2. 人事

任何完美的决策都要靠人来实行，对旅行社来说，人才的作用是无可替代的。旅行社的总经理应该在发现人才上下功夫，努力使自己成为独具慧眼的伯乐。

3. 财务

旅行社的经营是以盈利为目标的，总经理应全面了解和掌握旅行社的财务状况，保证盈利目标的实现。

（二）岗位责任制

岗位责任制是指旅行社将总任务分解到每个部门与岗位，员工的工资奖金与员工的工作绩效挂钩。它明确了旅行社各管理层次、各个员工的工作数量和质量，增强了旅行社各个岗位的责任感，提高了工作效率。但是，岗位责任制实施的效果主要取决于任务量化的科学程度，由于旅游需求的脆弱性和旅游产品的不可储存性，使得业务量和工作负荷难以准确界定，而旅游服务的个性化也使得服务很难有统一的质量标准，因此，旅行社在实行岗位责任制时，也要注意保持灵活性。

（三）目标责任制

目标责任制是指旅行社将总的利润指标分解到各个部门，企业的部分经营管理权也相应下放到各个部门，各个部门完成指标的情况直接与员工的收入挂钩。目标责任制与岗位责任制相比有明显的进步，即各部门成为利润中心而不是单纯的责任中心，部门的绩效有了较清晰的评价标准，加上部分经营管理权的下放，部门积极性显著提高。

但目标责任制也有不少弊病：首先，旅行社内部竞争过于激烈，造成部门之间关系紧张；其次，由于部门之间盈利条件上的差异，造成部门间分配上的不公；最后，对部门的放权与控制成为旅行社最高管理层较难处理的问题。

思考与练习

一、选择题（有 1 个或 1 个以上的正确答案）

1. 申请人要设立旅行社时，应先向市场监督管理部门申请颁发营业执照，再凭营业执照等材料向旅游行政主管部门申请颁发（　　）。

A. 旅行社经理资格证　　B. 旅行社业务经营许可证

C. 导游证　　D. 领队证

2. 旅行社分社的设立无（　　）的限制。

A. 经营范围　　B. 产权形式　　C. 地域　　D. 数量

3. 旅行社的服务网点只能从事（　　）等服务。

A. 招徕旅游者　　B. 提供旅游咨询服务

C. 国内旅游业务　　D. 入境旅游业务

4. 属于旅行社的业务部门的有（　　）。

A. 人事部　　B. 外联部　　C. 计调部　　D. 接待部

5. 下列选项中，符合旅行社内部管理原则的有（　　）。

A. 因事设岗　　B. 因事设人　　C. 因人设岗　　D. 因人设事

二、名词解释

1. 旅行社分社
2. 旅行社的产权

三、简答题

1. 设立一家旅行社一般应具备哪些条件？

2. 旅行社要经营出境旅游业务应具备哪些条件？
3. 设立旅行社应履行哪些程序？
4. 旅行社承担责任的有限性包括哪两个方面？
5. 旅行社部门设置有哪些原则？
6. 旅行社按职能设置部门有哪些优点和缺点？
7. 岗位责任制和目标责任制有什么区别？

四、分析题

1. 在旅行社的设立当中，交质量保证金是一项很特别的要求，别的企业的设立一般没有这一项要求。大家想一想，为什么旅行社的设立需要交质量保证金？

2. 一家具有出境游业务资格的旅行社打算设立两家经营国内旅游业务、入境旅游业务和出境旅游业务的分社。请问：这家旅行社的质量保证金一般应达到多少数额？

3. 有几名导游打算合伙创办一家合伙制的旅行社，共同出资、共同经营、共享收益、共同对旅行社的债务承担无限连带责任。依据学过的知识分析，他们要创办的这种旅行社能被批准吗？

第三章

旅行社产品开发

本章导读

产品开发是旅行社开展业务工作的前提。旅行社产品是一个复杂的概念，它既包括有形的物质产品，也包括无形的服务。旅行社产品的分类方法有很多，按产品的功能分类，旅行社产品可划分为观光型产品、度假型产品、事务型产品和专题型产品等。旅行社产品是一种服务产品，具有综合性、无形性、生产和消费的同步性、不可储存性、不可转移性等特点。市场导向、突出特色、经济效益、综合开发是旅行社产品开发过程中必须遵循的四项原则。旅游线路是旅行社的典型产品，也是其核心产品，旅行社产品的设计开发往往体现在旅游线路的设计开发上。

第一节　旅行社产品概述

一、产品与旅行社产品的概念

（一）产品的内涵

通常我们都认为产品是被企业生产出来的实实在在的物品，如农业产品、工业产品等。事实上，我们现在理解的产品的概念要广泛得多、丰富得多，它不仅包括有形的物质产品，也包括无形的服务，是无形产品和有形产品的组合。著名的市场营销学家科特勒指出：产品是可以提供给市场的任何一种东西，它应该能够引起注意、被得到、使用和消费，以满足某种需要或需求。

（二）旅行社产品的含义

旅行社产品是一个复杂的概念。从需求方来讲，旅行社产品是旅游者所购买的从居住地到旅游目的地，再从旅游目的地回到居住地的一次完整的旅游经历以及游客在旅游过程中所接受的单项旅游服务。从供给方来讲，旅行社产品是旅行社凭借旅游交通和旅游设施向旅游者提供的用以满足其旅游活动的全部服务，包括吃、住、行、游、购、娱六个方面。

从旅行社产品的含义可以看出，旅行社产品其实是旅行社将旅游资源、旅游相关服务组合后形成的。其内容很广泛，旅游车提供的交通服务、酒店提供的住宿服务、导游的一次讲解都可能是单项的旅行社产品，这些旅行社产品也可能成为某一旅游线路的一部分，共同构成一个完整的旅行社产品。同时，旅游者在旅游中所购买的和所享用的物质实体（如旅游过程中所购物品），虽然不是单独的旅行社产品，但也是这个完整旅行社产品的组成部分。

小思考

下列哪些属于旅行社产品？

（1）旅行社推出为游客预订酒店的服务。

（2）旅行社推出的“黄山四日游”项目。

（3）旅游者在参加旅行社的“黄山四日游”期间在旅行社推荐的购物店中购买的旅游纪念品。

（4）旅行社为自助游游客提供导游讲解服务。

参考答案：（1）（2）（4）属于旅行社产品，（3）不属于旅行社产品，但属于旅行社“黄山四日游”产品的组成部分。

二、旅行社产品的类型

旅行社产品既简单又复杂，对其进行恰当分类，有助于我们了解旅行社产品，并有助于对旅行社产品的开发。旅行社产品的分类方法很多，主要有下面几种。

（一）按旅行社产品的组成状况划分

按旅行社产品的组成状况，旅行社产品可划分为整体旅行社产品和单项旅行社产品。

1. 整体旅行社产品

从旅游者的角度来说，整体旅行社产品指的是旅游者离开居住地到旅游目的地，再从旅游目的地回到居住地这一旅程中全部旅游经历的总和。从旅行社的角度来说，整体旅行社产品实际上就是一条完整的旅游线路。因此，整体旅行社产品是综合性的旅行社产品，一般构成复杂，吃、住、行、游、购、娱等各个环节都可能涉及。

2. 单项旅行社产品

单项旅行社产品指的是旅行社为旅游者提供的单一服务项目，如讲解服务、订房、订车、订餐、会务安排、办理签证等。

（二）按旅行社产品的功能划分

按产品的功能，旅行社产品可划分为观光型产品、度假型产品、事务型产品和专题型产品等。

1. 观光型产品

“观光”就是参观异地的景观。观光型旅行社产品是旅行社提供的以满足旅游者观光游览要求为主要目的的产品，包括自然观光、生态观光、文化观光、民俗观光、艺术观光、都市观光、农业观光、工业观光、科技观光等。观光型产品一般具有资源品位高、可进入性大、服务设施多、环境氛围好、安全保障强、开发难度小、操作简单等特点，长期以来成为旅行社的主流产品。

2. 度假型产品

度假型旅行社产品是旅行社为满足游客的度假需求而设计的产品，包括温泉度假、海滨度假、海岛度假、湖滨度假、森林度假、山地度假、滑雪度假、乡村度假等。度假旅游是近年来日益受游客青睐的一种旅游形式，有很大的发展潜力。度假型产品具有在旅游目的地停留时间较长、消费水平较高等特点，因此，度假型产品同样受到旅行社的厚爱，成为旅行社的主流产品之一。

3. 事务型产品

事务型产品是旅行社为满足人们越来越多的事务交流而设计的旅行社产品，包括商务旅游产品、会议旅游产品、节事旅游产品、奖励旅游产品、探亲旅游产品等。这种产品具有逗留时间不长、消费水平高、对服务的要求高、受天气及季节的影响较小等特点。

4. 专题型产品

专题型产品是旅行社为满足人们特定的旅游需求而开发的产品。这些特定需求是观光、休闲、度假、事务以外的带有明确主题的需求，如修学、科考、探险、教育、体育、烹饪、漂流等。随着社会经济的发展和人们旅游经验的丰富，专题型旅行社产品的需求会越来越大。

（三）按旅行社产品的组织形式划分

按组织形式，旅行社产品可划分为团体游产品和散客游产品。团体游产品和散客游产品对游客的数量要求不一样，团体游产品一般要求游客在 10 人以上，散客游产品一般要求游客在 10 人以下，但这 10 人的数量并不绝对，因为成团人数往往与旅游团的性质和产品的档次挂钩。

（四）按旅行社产品的付费形式划分

按付费形式，旅行社产品可划分为包价旅行社产品和非包价旅行社产品。

1. 包价旅行社产品

旅行社常常会要求旅游者在旅游活动开始前，将全部或部分旅游费用预付给旅行社，旅行社再根据与游客签订的合同或协议为游客安排旅游项目，这一种产品被称为包价旅行社产品。根据包价的程度，包价旅行社产品还可分为全包价旅行社产品、半包价旅行社产品、小包价旅行社产品和零包价旅行社产品及组合旅行社产品。

2. 非包价旅行社产品

非包价旅行社产品是旅行社根据旅游者的具体要求而提供的各种非综合性的有偿服务，主要指单项服务，也称委托代办业务，如票务、住宿服务、餐饮服务、代办签证、导游服务、会议服务等。

相关链接

包价旅行社产品的服务对象往往是团队，非包价旅行社产品的服务对象主要是散客。团队包价旅行社产品预订周期长，易于操作，而且批量操作可以提高工作效率，降低成本，提高旅行社的利润率，但因预订周期长，也会遇到预订与实际需要不符的情况，在旅游旺季时，还会遇到采购困难。非包价旅行社产品收入较稳定，但利润率较低。

（五）按旅行社产品的等级划分

按旅行社产品的等级，旅行社产品可划分为豪华型产品、标准型产品和经济型产品。

豪华型旅行社产品旅游费用较高，游客一般住宿和用餐于四星级、五星级酒店或豪华游轮里，乘坐高档豪华汽车，飞机是长途旅行的主要交通工具；标准型旅行社产品旅游费用适中，游客一般住宿和用餐于二星级、三星级酒店或中等水准的宾馆、游轮里，乘坐豪华空调车；经济型旅行社产品旅游费用低廉，游客住宿和用餐标准较低，交通工具一般是汽车、火车和普通轮船。

相关链接

旅行社产品除了上述一些分类方法外，其实还有很多别的分类法，比如，按地理范围划分，可分为国内游产品、国际游产品、洲际游产品和环球游产品；按行程距离划分，可分为短程游产品和远程游产品；按交通工具划分，可分为航空游产品、铁路游产品、汽车游产品、游船游产品等。

三、旅行社产品的特性

旅行社产品是一种服务产品，它既有一般服务产品的共有特点，又有自身的特点，归纳起来，旅行社产品有下列特性。

（一）综合性

旅行社产品的综合性体现在很多方面，从旅行社产品所包含的内容来说，一项旅行社产品往往涉及游客的吃、住、行、游、购、娱等各个环节，既有有形部分（物质实体），又有无形部分（服务）。从旅行社产品涉及的服务部门来说，有旅行社、住宿、餐饮、交通、景区景点、商店、游乐场等众多部门，很少有哪一个部门能单独承担旅行社产品的全部供给。

（二）无形性

尽管旅行社产品需要借助物质实体来提供，但旅行社产品的核心是服务，而服务是一种无形产品，这决定了旅行社产品的无形性的特点，这是所有服务产品共有的特性。游客所购买的旅行社产品都是非物质的无形产品，游客所得到的是一种经历、一次体验，这只能感受，而不能触摸，具有典型的无形性。因此，游客在购买旅行社产品之前，难以对其进行事前检查。旅行社在出售旅行社产品时，也难以对其进行实物展示，只能通过照片、录像、印刷品等宣传手段去帮助旅游者了解旅行社产品。

（三）生产和消费的同步性

普通商品的生产和消费是可以分离的，如一台电视机生产出来后，可能半年以后才卖出去。即使没有卖出去，这个电视机已经生产出来了，已经是一个实实在在的产品了。而旅行社产品则不一样，游客在消费旅行社产品的时候，旅行社才在生产旅行社产品，也就是说，旅行社产品的生产和消费是同步进行的，不可分别进行。在游客消费旅行社产品之前，游客可能已支付了旅行社产品的费用，但其实这只是对旅行社产品的预约消费，并不表示产品已生产出来并消费出去。如某游客支付了“桂林三日游”的费用，并不表示旅行社已生产了“桂林三日游”产品，当游客在旅行社的组织下踏上了“桂林三日游”的行程，这才表示旅行社开始生产“桂林三日游”的产品，游客也开始消费“桂林三日游”的产品。

（四）不可储存性

旅行社产品有一个显著特点——不可储存性。一项旅行社产品，在特定时刻有人购买并使用时，就实现了它在那一时刻的价值。如果某一特定时刻无人购买、无人使用，它也不可能把这一时刻的价值储存起来，等下次有人购买使用时再发挥作用。以旅行社设计的旅游线路为例，在旺季的时候，游客很多，各条旅游线路都爆满，旅行社无能力接待；而淡季的时候，各旅游线路的人数不够，旅行社的接待能力会过剩。但是，旅行社不可能把淡季多余的接待能力储存起来，等到旺季的时候拿来使用，这一情况亦是旅行社产品不可储存的特性造成的。

（五）不可转移性

不可转移性是服务性产品的共有特性。普通商品生产出来后，是可以任意转移的。但旅行社产品不同，旅行社产品无法实现空间上的转移和所有权上的转移。这是因为，旅游吸引物和旅游设施是固定在旅游目的地的，只有把游客组织到旅游目的地，才能实现旅行社产品的消费。游客购买旅行社产品后，其实只是获得该旅行社产品暂时的使用权，而无法获得其所有权，对旅行社产品不能任意处置。游客在旅游过程中的体会和感受可以用言语表达，但无法把真实的旅游体验转移给他人，这也是旅行社产品的不可转移性的表现之一。

（六）生产的依赖性

旅行社在生产旅行社产品的时候，往往需要其他旅游企业和非旅游企业的配合，旅行社多数情况下不能独自生产旅行社产品。这主要是因为，旅行社产品是由多项服务（如景点服务、旅游交通服务、住宿服务、餐饮服务、讲解服务、旅游商品服务、供水供电服务、通信服务等）共同构成的，一家企业难以提供所有的服务。所以说，旅行社产品在生产上有很强的依赖性，这导致旅行社产品的质量也严重依赖于其他企业提供的服务的质量。

小思考

现在，旅行社一般都对产品实行淡季和旺季的不同价格，这主要是由旅行社产品的什么特性决定的？

分析：旅行社产品具有不可储存性，在淡季时，如果产品没有卖出去，这一产品是不可能储存起来等到旺季再卖的。同时，旅行社产品具有不可转移性，在当地没有卖出去的旅行社产品不可能转移到其他地方去卖。因此，旅行社只能通过降价的方式，提高旅行社产品在淡季的销量，减少损失。

第二节　旅行社产品的开发

产品是旅行社的利润之源，而每一种产品都有它的生命周期，因此，旅行社需要不断地开发新产品，制定相应的产品策略，以满足市场的需要。

旅行社产品开发指的是旅行社根据目标市场的需要，对旅游资源、旅游线路、旅游设施、旅游服务和旅游纪念品等进行规划、设计、开发和组合。旅行社产品的开发要遵循一定的原则，并要讲究开发的策略。

一、旅行社产品的生命周期

产品的生命周期也被称为产品的市场寿命。企业产品不会永远畅销，它有一个兴起、成熟和衰退的过程，正如生物的生命历程一样，所以称为产品的生命周期。旅行社产品也有一个生命周期，无论这一周期是长是短，都可分为四个阶段，即导入（投入）期、成长期、成熟期和衰退（再生）期。

（一）导入期

导入期指的是旅行社产品从投入市场到销量开始稳步上升的阶段。在这一阶段，旅行社产品刚刚生产出来，市场对之缺乏了解；同类旅行社产品一般较少，市场竞争不激烈；旅行社产品不够成熟，产品设计有待调整；企业员工对该产品的操作技巧不够熟练。在这一阶段，企业需要对产品投入一定的营销费用，还应加大对员工的培训力度。

（二）成长期

成长期指的是旅行社产品从销量迅速增长到销量增长平缓的阶段。在这一阶段，旅游者对旅行社产品已有较高的认知度；旅行社产品已较为成熟，旅行社工作人员的服务水平也有了很大提升；旅行社产品给企业带来的收益稳定增长，开始收回成本。但此时产品的市场竞争开始加剧，竞争者开始进入。

（三）成熟期

成熟期指的是旅行社产品从销量缓慢增长到销量快速下降前的阶段。在这一阶段，旅行社产品的知名度非常高；员工对旅行社产品的操作非常熟练，产品的运营费用有所减少；旅行社产品给企业带来丰厚利润。但此时，旅行社产品的市场规模已增长到极限，并出现下滑迹象，旅行社应着手进行新产品的试验了。

（四）衰退期

衰退期是指旅行社产品从销量下滑到最终退出市场的阶段。在这一阶段，旅行社产品已被认为是一种过时的产品，其市场占有率不断萎缩。此时，旅行社可选择让该产品退市，或对该产品进行改进，延长其生命周期。

表 3－1 概括了旅行社产品四个阶段的主要特征。

表 3－1　旅行社产品四个阶段的主要特征

阶段指标	导入期	成长期	成熟期		衰退期
			前段	后段	
销量	少	快速增长到平缓增长	增长至高峰	出现下降趋势	加快下降，最终退市
利润	少甚至负	增大	最多	开始下降	少或负
顾客	少	增多	最多	开始下降	少
竞争	少	增多	增加	激烈	少

在进行旅行社产品开发的时候，要充分认识到旅行社产品存在的周期性规律，尽量延长一个产品的成长期和成熟期，延缓衰退期的到来。

二、旅行社产品开发的原则

无论是研发新产品，还是对老产品进行改进，都属于旅行社产品开发的内容。旅行社产品在开发过程中必须遵循以下四项原则。

（一）市场导向原则

适销对路的产品才有生命力。要做到这一点，旅行社在进行产品开发时就必须与市场需求相适应，也就是符合旅游消费者和旅游服务提供者的需求，当然最重要的是符合旅游消费者的需求。因此，旅行社在开发产品时，要对旅游客源市场进行充分的调查研究，预测估算客源市场需求的趋势和数量，探讨旅游者的旅游偏好、旅游动机。只有这样，才能针对不同目标客源市场的需求，设计出受欢迎的产品，最大限度地满足旅游者的需要。产品设计出来后，还要根据市场的变化和生命周期理论，对产品不断进行改进和调整，以适应不断变化的市场。

（二）突出特色原则

产品的特色可增加产品的吸引力，从而使产品获得更强的竞争力。因此，在旅行社产品开发中，要突出产品的特色，在产品主题定位、形象设计、设施建设、服务的提供等方面，体现非同一般的特色和个性，以新、奇、异、美吸引旅游者。突出特色的原则具体体现在以下几方面：

（1）尽可能保持自然和历史形成的原始风貌。

（2）尽量利用带有“最”字的旅游资源项目。某一旅游资源在一定的地理区域范围内的最高、最大、最新颖、最巧妙、最古老等特色，无疑能给游客留下深刻的印象。

（3）努力反映当地的文化特点。旅游者前来游览的重要目的之一便是观新赏异、体验异乡风情，如果设计出的旅游线路同客源地的情况无差别，对游客的吸引力将大打折扣。

（三）经济效益原则

旅行社产品的开发要讲求经济效益，即尽量以最小的投入获得最大的收益。在开发设计时，要尽量减少产品的成本支出，科学设计线路，合理安排人员和车辆，充分发挥现有人员和设施设备的潜力，争取获得最大的收益。

（四）综合开发原则

旅行社产品是一种综合产品，包含的内容很多，涉及的部门也很多。在开发旅行社产品时，要充分考虑旅行社产品的各项服务内容，考虑各相关企业提供相关服务的能力和水平，对人员进行合理分工，科学配置各项服务设施。在优先开发重点产品时，要照顾到次要产品的开发；在注重开发高档次产品的同时，兼顾一般产品的开发。

小思考

旅行社的下列做法分别体现的是旅行社产品开发中的哪一项原则？

（1）北方某地冬天寒冷，近年来，当地居民兴起了温泉旅游热。某旅行社适时开发了“温泉度假二日游”产品。

（2）某旅行社调整了“华东五日游”产品的行程安排，在景点不减少的前提下，交通成本大为减少。

（3）某旅行社推出了三种“海南五日游”产品，行程和内容各不相同，当然价格也有高、中、低之分。

（4）某旅行社发现，在旅游淡季的时候，老年人的旅游热情依然很高，于是在淡季推出了“银发旅游”产品，在线路安排上照顾了老年人的需求。

参考答案：（1）市场导向原则；（2）经济效益原则；（3）综合开发原则；（4）市场导向原则。

三、旅行社产品的开发程序

旅行社产品的开发一般要经过下列程序：市场调查、产品方案的拟订与选择、产品策划研制、试产试销和投放市场。

（一）市场调查

市场调查是产品开发的出发点，也是旅行社进行产品开发前必须完成的基础性工作。市场调查的内容包括客源市场需求、旅游者消费行为、竞争对手的产品和其他相关信息等。其中，对客源市场的调查应包括客源市场的特征、流向、发展趋势等内容。对旅游者消费行为的调查应包括旅游者的类别、购买对象、购买目的、购买方式、购买时机和购买渠道等内容。

市场调查主要有两种渠道：一是收集现有文献资料；二是进行实地调查。文献检索法、问卷调查法、访问面谈法等是市场调查的主要方法。

收集现有文献资料和进行实地调查这两种渠道各有优缺点。文献资料是现成的资料，收集起来省时省力，使用起来也很方便，它可以使调查人员在开展实地调查前对整个调查对象有比较充分的认识，也能帮助市场调查人员更好地分析原始数据。但文献资料多为出版物，所反映的信息可能较为陈旧，不能作为市场预测的依据。实地调查的可信度高，针对性强，但实地调查费时费力，所收集的资料也易受客观条件的影响，如受企业财力、人力的限制，所收集的资料范围可能会不够广泛；受调查人员专业水平的限制，调查的结果可能会有某些偏见。

课堂讨论

收集现有文献资料和进行实地调查这两种市场调查方法各有哪些优缺点？

（二）产品方案的拟订与选择

在市场调查的基础上，旅行社应形成初步的产品构思，并对众多产品构思进行筛选和可行性研究，并确定最终的产品设计方案。旅行社的产品构思有多种来源，这一构思可来自旅行社的管理人员、研究人员或推销员，也可来自旅游者或旅游中间商，还可来自咨询服务公司。此外，旅行社还可以从刊物、公共信息网，甚至竞争对手那里获得产品创意。

产品开发人员在收集到一定数量的产品创意之后，应对这些创意进行分析和筛选，从中挑选出那些既符合企业的经营目标又具有可行性的产品创意。在进行选择时应考虑下面几方面的问题。

1. 对企业利润的影响

新产品应有利于增加旅行社的产品销售总量，提高总体利润水平。

2. 是否具有社会效益和环境效益

新产品的开发应有利于旅游目的地的社会经济发展，不能损害当地的环境。

3. 对老产品的影响

旅行社新开发的产品应避免对老产品带来影响和冲击。

4. 对竞争者的影响

新的旅行社产品对竞争者可能有两方面的影响：一是可能把竞争者挤出市场；二是可能使竞争者获得改进产品的灵感，生产出更有优势的产品。旅行社产品的开发者要考虑到这些影响。

相关链接

对产品方案的拟订在产品的开发程序中至关重要，而有足够多的产品创意又是拟订产品方案的前提，因此，应鼓励大家提出新颖的观点。现代创造学奠基人奥斯本提出了一种被称为“头脑风暴法”的智力激励方法，其主要原则是：

（1）排除评论性批判，即对他人的新观点不要急于评判优劣。

（2）鼓励呈现新观点，甚至认为观点越荒唐，越可能有价值。

（3）新观念越多越有价值。

（4）将新观念进行研究组合并改进。

（三）产品策划研制

在选定产品方案后可着手进行产品策划研制。在产品策划研制过程中，应针对不同类型的新产品采取不同的方法。

1. 全新型产品

应进一步分析研究旅游者偏好、市场发展趋势、经济可行性等方面的因素，对产品创意加以修改，充分利用各种可以获得的资源，设计出适合市场需要的产品，做到人无我有、人有我新。

2. 改良型产品

改良型产品是旅行社对其原有产品进行部分调整或改造而形成的产品。在策划研制改良型产品时，开发人员应重点分析原有产品的优缺点，以及市场的变化趋势、旅游者口味的特点及变化，对原有产品进行加工改良。

3. 仿制型产品

对多数中小旅行社来说，经常性地进行新产品开发往往会成为一个沉重的负担，有的旅行社就仿制别的旅行社已经投放市场的产品，以节省人力和财力。在策划研制仿制型产品时，开发人员应认真研究被仿制产品的特点，去粗取精，使仿制型产品具有本企业独有的特点，而不是全盘照搬。

（四）试产试销

产品研制出来之后，旅行社可与相关协作部门达成协议，选择一个较小的市场，做一次或数次试销，试探市场的反应。试销能很快知道产品的不足之处，进行改进提高后又可再次试销，如此可反复多次，直到产品可以投放市场。

（五）投放市场

经过一段时间的试销后，如果效果良好，旅行社就可将该产品全面投放市场。当然，对那些有较强季节性的旅行社产品，还要正确把握投放时机，如暑假的修学游产品不能等到暑假都要结束时才投放出来。

产品投放市场后，旅行社可充分利用价格策略、销售渠道策略、促销策略等市场营销手段扩大产品的影响，提高产品的市场占有率。在销售过程中还要不断收集反馈信息，以进一步对产品进行改良。

第三节　旅游线路设计

一、旅游线路的含义

旅游线路指的是旅行社根据旅游市场的需求，结合旅游资源和接待能力，凭借交通工具把若干个旅游地或旅游景点合理地贯穿起来，为旅游者设计的包括整个旅游活动过程中全部活动内容和服务的旅行游览路线。

旅游线路是旅行社的典型产品，也是其核心产品，旅行社产品的设计开发往往体现在旅游线路的设计开发上。对许多旅行社来说，其产品往往直接表现于旅游线路。而对游客来说，一条旅游线路往往包含了游客从居住地到旅游目的地，又从旅游目的地回到居住地这一旅游过程中的全部需求，包括了吃、住、行、游、购、娱等各个方面。

二、旅游线路的类型

旅游线路的类型主要有三种划分方法：一种是以线路走向来划分，另一种是以线路的品质等级来划分，还有一种是以持续时间的长短来划分。

（一）以线路的走向来划分

以线路的起止走向来划分，旅游线路可分为线型、环型和辐射型三种。

1. 线型旅游线路

线型旅游线路是指景点基本呈线状分布的旅游线路，它基本可理解为是一条从起点到终点，然后又从终点原路返回起点的旅游线路，如“南昌—厦门—南昌”旅游线。线型旅游线可能是直线，如“南昌—厦门”，也可能略带曲线，如“南昌—龙岩—厦门”，但原路返回是其共有特点。

2. 环型旅游线路

顾名思义，环型旅游线路是一条呈环状的旅游线，其特点是：

（1）旅游目的地众多，且呈环状分布。

（2）不走回头路。比如，同样是南昌到厦门的旅游，环型旅游线路可能是这样的：南昌—赣州—瑞金—龙岩—厦门—泉州—福州—武夷山—南昌，如图 3-1 所示。

图 3-1　环型旅游线路

3. 辐射型旅游线路

辐射型旅游线路指的是以一个旅游地为中心点，其他旅游地环绕在这个旅游地周边，呈辐射状分布。还是以南昌到厦门的旅游为例，游客到达厦门后，以厦门为集散地，往北去泉州，往西去游福建土楼，往南游东山岛，然后从厦门返回南昌，这就是一条辐射型旅游线路，如图 3－2 所示。

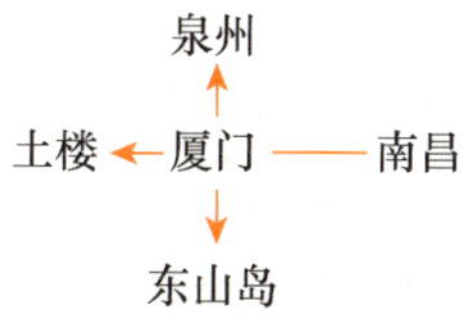

图 3－2　辐射型旅游线路

（二）以线路的品质等级来划分

每一条旅游线路所包含的内容很多，如交通服务、景点服务、住宿服务、餐饮服务等，每一种服务的品质等级和价格也可能存在差别，这使得旅游线路也有了等级之分，一般可分成三种级别，即豪华型、标准型和经济型。

（三）以持续时间的长短来划分

以旅游线路持续的时间长短来划分，旅游线路可分为一日游线路、二日游线路、三日游线路等。

三、旅游线路的设计

（一）确定线路名称

名称是旅游线路的性质、内容等的高度概括，好的线路名称能很快吸引游客的注意力，增加产品的影响力。一个好的线路名称要符合下列要求：简约、特色鲜明、主题突出、时代感强。

（二）确定旅游内容

在设计旅游线路时，要先根据线路名称大致确定旅游内容（也可先大致确定旅游内容，再定线路名称），包括去哪些旅游地、看哪些景点、安排什么娱乐活动等。在确定旅游内容时，既要体现旅游的主题，做到与线路名称相符，又要考虑旅游点的可进入性。如果旅游点的可进入性差，那么这个旅游点不应列入旅游线路之中。

（三）确定游览线路

游览线路是整条旅游线路最基本的单元，它定下了旅游线路的基调，因此，游览线路的确定非常重要。游览线路包括两个方面：一是旅游点，二是旅游线。如同一串珍珠项链，旅游点是一颗颗珍珠，而旅游线是将这些珍珠连起来的丝线。

游览线路的确定要遵循下列原则。

1. 顺序合理

这里说的“顺序合理”既包括空间顺序合理，也包括时间顺序合理，这二者是密切相关的。

要做到游览线路顺序合理，首先要根据大致的旅游内容确定好线路走向。如果时间短、旅游内容少，可选择线型旅游线路。如果时间充裕，旅游内容又很多，交通条件也允许，可选择环型旅游线路。线路走向确定后，就要对旅游点进行排序。排序时首先要考虑距离因素。在距离上，一般是由近而远，但线型旅游线路因为要原路返回，所以也可先远后近。排序要考虑的因素还有很多，如时间长短、交通情况、景观状况、天气情况、游客的身体状况等。

2. 避免重复经过同一旅游点

在编排游览线路时，应尽可能避免重复经过同一旅游点。因为，重复经过同一旅游点不仅会带来时间和资金上的浪费，也会使游客认为旅行社的安排不合理，影响游客的满意度。当然，如果受客观条件（如交通）限制，或者该旅游点特别重要，重复经过同一旅游点也不是不可以。

3. 择点适量，张弛有度

在编排游览线路时，旅游点数量的选择是一个关键工作。对旅行社来说，多安排些景点可增加旅游线路的吸引力，增加线路的内涵。但过多的景点易使游客疲劳，也会增加旅行社工作的难度，使接待质量打折扣。因此，景点数量不是越多越好，而是要适量，既让游客感到内容丰富，又不至于使游客感觉到过于疲劳。

在景点顺序的安排上还要做到有张有弛、有急有缓，保证游客有充足的休息时间。比如，某旅行社安排游客一个上午爬两个山头，这显然是不太合理的，最好把两次爬山分开安排，爬完一座山后可以看看演出，或进行较长距离的乘车（游客可在车上休息），再安排爬另一座山。如果两座山在一起，还不如干脆安排“眺望”另一山头，或者只选择两座山中最有价值的部分进行攀爬。总的原则是不能让游客体力透支。

参考案例

江西南昌的一家旅行社组织 27 名游客游览庐山，时间为 3 天，必看的景点为：锦绣谷、大天池、龙首崖、三宝树、黄龙潭、乌龙潭、庐山会议旧址、庐山博物馆、五老峰、含鄱口、植物园、美庐别墅（自费）、白鹿洞书院（位于庐山山脚），并有半天的时间在牯岭镇逛街。据天气预报：第一天阴天，第二天晴天，第三天全天大雨。根据景区当时的规定，游客往来庐山山上景区的各景点之间，必须使用景区专门的环保旅游车，若购买了一天的旅游车票，则只能在 24 小时内（从购票时算起）使用旅游车，超过 24 小时则要重新购票。旅游团将在庐山上的牯岭镇住两晚。

如果景点参观顺序是可根据需要调整的，将如何安排此次游览线路呢？

分析：在本案例中，游客要在短短的 3 天游览这么多景点，需要考虑的因素又有很多：天气的晴雨、只能 24 小时使用的环保车、游客的体力等，因此，科学安排游览景点的顺序就显得非常重要了。综合考虑各方面情况，此次庐山三日游的线路为：

（1）第一天，早上从南昌出发，上庐山，入住酒店，稍做休息，在酒店吃中饭。下午购买环保车票，游览锦绣谷、大天池、龙首崖、三宝树、黄龙潭、乌龙潭。

（2）第二天，早上乘环保车游五老峰、含鄱口、植物园，中午在环保车可用的时间内回到酒店吃午餐。下午逛牯岭镇。

（3）第三天，上午游览美庐别墅、庐山会议旧址、庐山博物馆，然后下山，在山下吃中餐，最后游白鹿洞书院，游后回南昌。

理由：（1）游客经长途车的一路颠簸，尤其是在翻山越岭来到庐山山上后会显得疲劳，此时先让游客入住酒店并吃中餐是比较完美的选择，有利于游客恢复体力，且在体力恢复前推迟购买环保车票，不会浪费环保车的使用时间。

（2）因环保车只能使用 24 小时，所以中饭后才开始购买环保车票，可充分利用环保车的使用时间，甚至可在傍晚至天黑的一段时间也继续使用环保车，且此时购票乘车也较便捷，避开了游客高峰期。

（3）游览开始后，先安排需要使用环保车的景点（第一天下午的景点和第二天上午的景点）。逛牯岭镇不需要环保车。第三天山上的三个景点（美庐别墅、庐山会议旧址、庐山博物馆）可步行走到，旅行社自备的旅游车也可到，因此也不需要环保车。

（4）第二天是晴天，游览距离较远、同样位于庐山东部且都是室外游览的五老峰、含鄱口景点，不仅充分利用了环保车，还可安排游客在含鄱口或五老峰看日出。

（5）因第三天大雨，故而第三天的旅游项目都是室内参观，行程不会因下雨而受到影响。在山下吃中餐既可节省费用开支，还可恢复体力。把白鹿洞书院作为最后一个景点，是因为此景点正位于回程的路上，不会绕路，且该景点不大，游客在午饭后有充足的时间游览，回程的时间也会很充裕。

这一游览线路可以说是在上述限制条件下的一条非常完美的线路了，充分考虑到了游客的体力、天气、景区交通、时间长短、景点状况等因素。当然，旅行社只有非常熟悉庐山的实际情况，才有可能进行如此科学的线路编排。

（四）计划活动日程

游览点的数量和顺序确定后，还要确定日程安排，这涉及一个游览点的游览时间长短的问题。安排时间的长短与活动内容的性质有关，也与景区大小有关。景点的重要程度、知名程度，游客的兴趣爱好也应是在确定时间长短时要考虑的因素。以北京故宫为例，有的旅游线路安排了两个小时游览，有的安排了半天，有的甚至安排了一天，这要看旅游团的具体情况。

（五）选择交通方式

同样的旅游点，往往有多种交通方式可供选择。如何科学合理地选择交通工具也是旅游线路设计的重要内容。选择交通工具时要把握的基本原则是“安全、方便、快捷、舒适”，既要根据旅游团的具体情况，也要充分考虑各种交通工具的不同特点。如长距离旅游一般选择飞机、火车，短距离旅游一般选择汽车、轮船，特定的旅游交通一般选择特种交通工具，如皮筏、缆车、驴车、马车等。追求快捷时宜选择飞机，追求观景时应选择火车、汽车或轮船，必要时甚至可选择步行，追求方便时宜包车旅游。为节省住宿费和时间，可选择夕发朝至列车。一次旅游活动如果距离远、时间长，应尽量选择多种交通工具，进行合理搭配，并适当选择一些特别的交通方式，如骑骆驼、乘竹筏、坐观光火车等，既满足了交通的需要，又增添了旅游乐趣。

（六）安排住宿和餐饮

住宿和餐饮是完整的旅游线路中必不可少的组成部分。住宿和餐饮安排得当，有利于旅游活动的顺利进行，也能拉近旅行社和游客的关系，提高游客的满意度。在安排住宿餐饮时，既要讲究经济实惠、物美价廉，又要考虑旅游团的特点，满足旅游团的实际需要。比如，可适当安排一些地方风味餐，或安排在一些有地方特色或民族特色的地方住宿，如窑洞、竹楼、帐篷等。

（七）合理安排购物

旅游购物品不仅具有实用价值，还具有纪念和欣赏价值，满足了游客物质上和精神上的需求，提升了旅游的质量。因此，旅游购物是游客旅游过程的重要组成部分，多数游客都会在旅游过程中购买一些风味特产、工艺美术品等，或自用，或留作纪念，或馈赠亲友。一部分游客还把购物当作旅游的一大目的。因此，在设计旅游线路时，旅行社可适当地安排旅游购物，但要遵守法律法规的规定。

小思考

《旅游法》颁布后，有旅行社就认为，今后在团队行程中不能安排游客购物和参加自费项目了。这种看法对吗？

分析：《旅游法》禁止的是旅行社通过安排旅游者在其指定的具体购物场所购物和参加另行付费项目而获取回扣等不正当利益的行为，并不是绝对禁止安排旅游者购物或参加自费项目。但旅行社在安排旅游者购物或参加自费项目时，要符合下述要求：

（1）不得以不合理的低价组织旅游活动，诱骗旅游者，也不得通过安排购物或者另行付费旅游项目获取回扣等不正当利益。

（2）必须与旅游者协商一致或者是应旅游者要求。即使旅游者同意，也不得诈骗旅游者，不得通过安排这些活动获取回扣等不正当利益。

（3）旅行社应将具体购物场所和另行付费旅游项目的具体情况向旅游者做出真实、准确、详细的说明。

（4）不得影响其他不参加相关活动的旅游者的行程安排。

（5）不得将旅游者是否同意相关购物和自费项目的安排作为订立旅游合同的条件。旅游者不同意的，不得拒绝签订合同或者增加团费；旅游者同意的，也不得减少团费。

（八）合理安排娱乐活动

娱乐是组成旅游的“六要素”（吃、住、行、游、购、娱）之一。在较长时间的旅游过程中，旅行社可适当安排一些娱乐活动，这不仅可活跃旅途气氛，消除疲劳，还可增长知识，提高旅游质量。有些娱乐活动（如有地方特色、民族特色的表演）甚至成了某些旅游点的招牌旅游项目。因此，旅行社在安排旅游线路时，可适当加入娱乐项目，但应注意以下几点：

（1）娱乐项目的安排应写入合同。

（2）坚持自愿的原则。

（3）不能因安排娱乐项目而影响景点的观赏。

（4）娱乐项目应合法。

四、旅游线路的报价

（一）旅游线路报价的分类

旅游线路的报价有多种分类方法，这里只介绍三类较为常见的方法。

1. 根据报价主体的不同进行的分类

根据报价主体的不同，旅游线路的报价可分为组团社报价和地接社报价。组团社报价指的是组团旅行社向游客的报价，地接社报价指的是地接旅行社向组团社的报价。

2. 根据报价所针对的对象的不同进行的分类

根据报价所针对的对象的不同，旅游线路的报价可分为针对旅游者的报价和针对旅游中间商（或组团旅行社）的报价。显然，正常情况下，针对旅游者的报价要高于针对旅游中间商的报价。

小思考

下列场合下的旅游线路报价哪些是针对游客的？哪些是针对旅游中间商的？

（1）旅行社在销售网站上的报价。

（2）旅行社门市的报价。

（3）旅行社在QQ上向另一旅行社的报价。

（4）旅行社在用于同业交流的定期刊物上的报价。

（5）旅行社在宣传资料上的报价。

（6）旅行社通过传真向另一旅行社的报价。

（7）旅行社在电视上的报价。

（8）旅行社在当地晚报上的报价。

（9）旅行社在同行的产品展销会上的报价。

（10）旅行社外联人员去另一旅行社上门推销的报价。

参考答案：（1）（2）（5）（7）（8）属于针对旅游者的报价，其他的属于针对旅游中间商的报价。

3. 根据旅游者的年龄进行的分类

根据旅游者的年龄，旅游线路的报价一般只分成两类，一类是成人报价，另一类是儿童报价。

（二）旅游线路报价的计算

旅游线路产品的报价应该在成本的基础上加上一定的利润，因此，在旅游线路产品报价前应认真核算产品的成本。下面所列出的是一个旅游线路产品的主要支出，这也是这一线路产品在报价前应认真进行核算的。

1. 大交通费

大交通费指的是从客源地前往主要旅游目的地的交通支出，一般指的是为游客购买飞机票、火车票、长途客车票、轮船票的费用。如某一线路产品游客去程是乘飞机，票价 1 000 元，返程乘火车，票价 400 元，那么这一线路产品的大交通费就是 1 400 元/人。

2. 车费

这里的车费指的是除去大交通外的车费。一般来说，旅游团在到达旅游目的地后，还需要有旅游包车承担接送游客的任务。旅游包车按游客人数的多少配备，一般来说，1～3 人配备小轿车，4～12 人配备商务车或面包车，13 人以上按人数分别配备 19 座、25 座、33 座、45 座、55 座客车。车辆提供的座位数一般应超过实际游客人数，既是为保障游客的安全，也是为提高游客乘车的舒适度。

当然，车的座位数越多，用车成本也越高。用车成本还与距离、使用天数、车型、车价等有关。如果一个 30 人的旅游团，旅游包车的总价是 3 000 元，那么每名游客对应的车费就是 100 元/人。

3. 房费

房费是指旅游全程的住宿费。一般按照与酒店的协议计价。如房费是每日每间 200 元，那么每位游客的住宿支出是 100 元/人·天。房费中还可能涉及单男、单女的补差，以及是否存在加床、加住、延时退房，等等。

4. 餐费

餐费是指一日三餐的费用。现在的旅游团早餐一般含在宾馆的房费中，有的正餐是含在机票、船票中的，这都不计入餐费。有的正餐是合同约定的自费风味餐，这也不计入餐费。餐费的标准（餐标）不一，不同的团队差别很大。如果一个团队的餐标是 35 元，表明这个旅游团的用餐标准是每人每餐 35 元。

5. 门票费

门票费是指景点门票支出及景区内观光车、索道等的支出。一般来说，旅行社只承担景点的首道门票支出，景区内的其他支出由游客自理，但这一点应在旅游合同中事先约定，并明确告知游客。

6. 导游服务费

导游服务费一般按旅游天数、旅游团人数及具体标准综合计算。

思考与练习

一、选择题（有 1 个或 1 个以上的正确答案）

1.（　　）是旅行社的典型产品，也是其核心产品。

A. 旅行社产品　B. 单项旅游服务　C. 旅游线路　D. 旅游购物品

2. 下列类型的旅行社产品中，最容易被开发的是（　　）。

A. 观光型产品　B. 度假型产品　C. 事务型产品　D. 专题型产品

3. 按（　　），旅行社产品可划分为包价旅行社产品和非包价旅行社产品。

A. 产品的等级　　B. 产品的组成状况

C. 产品的组织形式　　D. 付费形式

4. 旅行社产品的核心是（　　）。

A. 商品　　B. 服务　　C. 景点　　D. 讲解

5. 旅行社产品从销量迅速增长到销量增长平缓的阶段，属于（　　）。

A. 导入期　　B. 成长期　　C. 成熟期　　D. 衰退期

6. 下面哪些属于旅行社产品的特征？（　　）

A. 综合性　　B. 可储存性　　C. 可转移性　　D. 无形性

二、名词解释

1. 旅行社产品
2. 旅游线路
3. 旅行社产品开发

三、简答题

1. 什么是旅行社产品？
2. 如何对旅行社产品进行分类？
3. 观光型旅行社产品为什么能成为旅行社的主流产品？
4. 旅行社产品有哪些特性？
5. 旅行社产品的生命周期分为哪几个阶段？
6. 旅行社产品开发要遵循哪些原则？
7. 旅游线路有哪些类型？
8. 进行旅游线路设计时要注意哪些问题？

四、分析题

1. 冯小刚导演的贺岁片《私人订制》上线后，“定制旅游产品”也成为一些旅行社的宣传招牌。请查找资料，了解一下这方面的相关内容，并思考：“定制旅游产品”运用了哪些旅行社产品开发原则？

2. 如何理解旅行社产品生产和消费的同步性？

第四章

旅行社计调业务及采购管理

本章导读

计调部是旅行社的核心部门，计调工作也构成了旅行社业务工作的中枢。本章介绍了旅行社计调业务的含义、内容、特点和工作类型，旅行社计调部门的设置和人员要求，组团类计调、接待类计调和会展类计调的基本操作流程，以及旅行社采购的内涵、原则、策略和加强对采购合同的管理。本章还介绍了旅行社采购的类别和方法，尤其对交通服务的采购作了重点阐述。

第一节　旅行社计调业务概述

一、计调业务的含义和内容

计调，是计划调度的简称。目前旅行社大多设有计调部，计调部从事的业务就是计调业务。所谓计调业务，指的是为旅游团或散客制订、安排接待计划，承担旅游服务采购、信息收集和统计等旅行社业务工作。

计调又被称为OP（Operator），意为“操作者”。在旅行社的业务操作中，当计调人员收到外联人员送来的旅游接待计划后，要根据客人的特点和要求，细致地进行行程安排、车辆调度、住宿和餐饮的落实、车（机）票的预订、景点的确认等工作，然后交给接待部门去执行，可以说，计调工作是旅行社业务工作的中枢，计调人员实际上成为旅行社落实各项旅游接待事宜的总调度、总指挥。因此，在旅游行业中，向来就有“外联买菜，计调做菜，导游带游客品尝大餐”的说法，可见计调业务在旅行社的整体运作中所起的重要作用。也正因为此，计调部与销售部、接待部构成了旅行社的三大业务部门，而计调部更是其中的核心部门，是旅行社总经理的参谋部，决定着整个旅行社的运作成本和服务质量。

具体来说，计调业务主要包括下面一些业务工作。

（一）制订、安排接待计划

计调部门要为旅游团落实相应标准的交通票据、餐饮、住宿、景点等事项，做好娱乐和购物的安排，核算价格，包装产品，安排好行李托运事项。

（二）编制和下发旅游接待计划和旅游预算清单

计调部门制订接待计划后，要负责将接待计划下发，使接待人员清楚接待对象的行动日程、特殊要求，并按照合同实施有针对性的服务。计调部门还应下发并核对有关预算清单，配合财务部门的工作，为财务管理工作的顺利开展奠定基础。

（三）协调关系，选择合作伙伴和导游

计调部门有责任建立与其他旅游企业或与旅游业相关的各个行业和部门的合作关系，并协调与它们的合作。在开展业务工作时，有责任选择合适的合作伙伴，并针对团队特点选择合适的导游。

（四）预订业务

计调部门要负责预订客房、预订各种交通票据、预订景点门票等。计调的拿票能力和谈价能力决定着旅行社的出团、成团的规模以及旅游接待的成本。

（五）办理签证

计调部门有责任核实游客身份资料，办理相关旅游签证。

（六）信息收集和统计，建立客户档案

计调部门要负责收集各协作单位的价格信息，收集旅游者的反馈信息，统计旅游业务开展情况。计调部门还有责任建立相关客户档案，以了解各合作企业的优势和劣势，并建立诚信网络体系。计调部门也有责任建立导游档案，这样可以充分了解每一个导游，建立与导游的更加紧密的关系，有利于接待质量的提高。

二、计调业务的特点

计调工作被看作旅行社业务工作的中枢，与其他业务工作相比，计调工作有下列特点。

（一）繁杂性

计调工作的繁杂性体现在以下几个方面。

1. 工作职责多

计调工作包括了采购业务、客流调度平衡和统计、信息收集、档案管理等工作，工作职责多。

2. 工作内容复杂

旅行社产品涉及休闲、娱乐、度假、商务活动、学术考察、体育比赛、健康医疗、

专业访问等多种内容，每一旅游产品一般又包括吃、住、行、游、购、娱六大内容。

3. 业务程序复杂

旅行社每一旅游产品，从接待计划的制订到接待工作结束后的结算，计调都要参与其中。

4. 计调业务涉及的部门和人员复杂

计调人员要与很多合作单位打交道，要与旅行社内部的各部门发生联系，还要与导游发生联系。

（二）具体性

计调业务工作，比如联系餐饮，预订客房和车票、机票，核算价格，办理签证，整理档案，询问价格等，都是非常具体的工作，正是这些具体工作，使旅行社的接待工作能够顺利进行。

（三）多变性

计调工作实际上是对一项项具体的旅游产品的计划和调度，而旅游产品会受各种因素的影响，具有很大的敏感性。一些微小的波动都有可能引起游客需求的变化，或引起合作单位的合作意向、价格等的变化。计调人员经常遇到的变化有：旅游团人数和人员结构的变化、旅游目的地的调整、日程的变化、天气的异常、合作单位价格的调整、交通条件的改变等，任何一个变化都有可能使计调人员的前期工作付诸东流。

（四）完整性

计调业务的繁杂和多变有目共睹，但要对计调工作进行分解却有一定的难度，因为计调工作的各个方面实际上是一个整体，牵一发而动全身，如果强行对计调工作进行分解，可能会带来各项工作的脱节，增加接待工作的难度，降低服务质量。

（五）时效性

计调工作的时效性一方面表现在计调人员必须在游客出发前把吃、住、行等安排妥当，不能有半点耽误，否则会影响游客行程；另一方面表现在计调人员的这些安排不是长期有效的，也不是每个同一线路的团队都可照搬的，很多事项往往只能在团队出发前几日才能确定下来，确定早了也没有用。

三、计调业务的工作类型

旅行社计调业务一般有两种分类方法，一种是按照业务范围来分，另一种是按职业技能与业务素养来分。

（一）按业务范围来分

按业务范围，旅行社计调业务可分为组团类计调、接待类计调、批发类计调和专项类计调四种。

1. 组团类计调

按游客的旅游目的地的不同，组团类计调可分为国内游计调和出境游计调。其中，国内游计调又可分为中长线计调和短线计调（又称为周边短线汽车团计调）。出境游计调也可按出境地区和语系做进一步划分，如可分为欧美澳加地区计调、非洲地区计调、东南亚地区计调、日韩地区计调、拉美地区计调等。

2. 接待类计调

接待类计调可分为国内游接待计调和入境游接待计调。国内游接待计调又可分为纯一地旅游接待计调、中转联程旅游接待计调和商务会展活动接待计调。入境游接待计调也称入境地接计调，也可分为欧美澳加地区计调、非洲地区计调、东南亚地区计调、日韩地区计调、拉美地区计调等。

3. 批发类计调

批发类计调可分为国内游专线同业批发计调和出境游专线同业批发计调。

4. 专项类计调

根据旅游团的性质和计调业务工作的性质，专项类计调又可具体分为商务会展计调、老年游计调、学生团计调、特种游（如探险游、温泉游、修学游、考古游等）计调、机酒（机票加酒店）类计调、签证类计调等。

（二）按职业技能与业务素养来分

按职业技能与业务素养，旅行社计调业务可分为规范型初级计调、策划型高级计调和全能型主管计调三类。

1. 规范型初级计调

规范型初级计调主要从事询价、报价、确认、派导、派发出团通知等工作，要求计调人员掌握规范的操作程序，了解餐饮、住宿、交通、景点的相关知识。规范型初级计调工作相对简单，技术含量较低，业务人员易学易会。

2. 策划型高级计调

策划型高级计调除了要掌握规范型初级计调的工作外，还要熟悉各区域旅游产品的特色，掌握各类价格的计算方法，能策划旅游线路，甄选合作单位等。策划型高级计调对从业人员的素质要求较高，要求具备一定的从业经历。

3. 全能型主管计调

全能型主管计调工作更为复杂，要求能制订旅游计划、规划旅游线路，能熟练解析同行线路特点和成本报价，擅长营销工作，擅长协调各种合作关系。全能型主管计调对从业者的素质要求更高，不仅要有一定的从业经历，还要有较强的业务操作能力和沟通协调能力。

四、计调部门的设置和人员要求

（一）计调部门的设置

大型旅行社的计调部比较庞大，一般会设有国际部和国内部。国际部会按地域设立欧洲部、美洲部、亚洲部等；国内部常根据旅游线路设置部门，一位计调人员通常固定地负责一个区域内的几条线路。

有的旅行社规模较小，计调部可能只有数名计调人员，甚至1名计调人员。有的小型旅行社，经理与计调人员身兼数职，既做计调，也做其他业务，甚至兼做导游。

课堂讨论

大型旅行社，计调人员较固定地负责几条线路，而小型旅行社的计调可能要身兼数职。请讨论，哪一种情况对改善接待质量更有利一些？

（二）计调人员的素质要求

计调工作是一项责任心很强的工作，对工作人员的要求也很高。一名优秀的计调人员，至少应具备如下素质。

1. 具备相应的知识

计调工作涉及面广，这要求计调人员有广博的知识，包括历史、地理等文史知识，交通、饭店、餐饮、通信、卫生保健、海关、货币、商品选购等生活常识，合同、旅游安全、消费者权益保护、旅游投诉等法律法规知识，旅游客源地和旅游目的地的文化传统、饮食风味等方面的知识，还要掌握一定的心理学知识，等等。

2. 业务熟练

计调人员工作量大，事情琐碎，时间上要求又紧，这就要求计调人员有较高的工作效率，而工作效率的提高是建立在业务熟练的基础之上的。计调人员应掌握计调工作基本的操作规范、操作程序，有精确的预算能力，有较强的应变能力，对突发事件、紧急事件能及时应变处理。计调人员还应熟悉计算机操作，有较强的文字处理能力，能快速地撰写旅游行程。

相关链接

“计调三宝”

计调工作头绪多，需要查阅资料和计算的地方也多，必须依赖一定的工具，在这些工具中，地图、交通时刻表、计算器被称为“计调三宝”。

地图是计调工作必不可少的工具。距离的远近、城市和景点的选择、交通线路的比较、合作单位的选择比较等，都离不开地图。计调人员应选择一些新的、适用的交通图、景点图等，供自己参考。正规网站上提供的电子地图、手机上自带或下载的电子地图一般更新较快，查找定位方便，也可参考。

交通问题是计调经常要面对的问题，交通时刻表（包括飞机、火车、汽车、轮船的时刻表）能方便计调人员选择比较。过去只有纸质的交通时刻表，时效性较差，一些变动无法及时更新。现在有了电子版的时刻表和统一的购票网站，计调人员可通过相应网站和手机App查询最新的航班和车次，大大方便了工作。

计算器也是计调人员手中必不可少的一件工具，计调核算成本、计算团费、报账等，都需要用到计算器。

---

3. 有很强的敬业精神

计调工作繁杂琐碎而又枯燥，且稍有不慎，就有可能带来旅行社与游客或旅行社与合作单位之间的纠纷，影响旅游行程。这要求计调人员有很强的敬业精神，热爱旅游事业，热爱本职工作，工作细心周到，有强烈的团队合作意识。

4. 有较强的沟通协调能力

计调业务是与人打交道的一项工作，计调人员大部分时间都是依靠面谈、电话、微信、QQ、电子邮件、传真等与旅游者、旅游服务供应商、导游打交道，计调人员既要保证旅行社有更大的利润空间，又要保持与合作单位的良好合作关系，这要求计调人员有较好的沟通协调能力，掌握高超的沟通技巧。当然，这里的沟通能力不仅包含了电话、网络、面谈的沟通能力，还包括方案写作等方面的能力。

5. 有开拓创新能力

计调人员的开拓创新能力相当重要。旅游市场千变万化，计调时刻都有可能遇到新情况、新问题，即使是一条熟悉的旅游线路，也可能会遇到各种新问题；计调业务千头万绪，各业务程序间的衔接、不同业务间的沟通互补、各旅游项目的合理搭配、旅游计划书的字斟句酌等，都有创新的空间。计调工作的每一项有价值的创新，都有可能给旅行社带来直接的经济效益和社会效益。

第二节 旅行社计调业务流程

计调业务有一定的操作流程，掌握了这些流程，有利于计调工作的顺利开展。

一、组团类计调的基本操作流程

（一）策划、设计产品

计调人员根据游客的需求变化、合作单位和竞争对手的产品情况，策划、设计出具有市场竞争力的产品。

（二）询价

计调人员主要确定两方面的价格：一是交通的价格；二是接待社给出的价格。交通的价格要综合比较飞机、火车、汽车、轮船等交通工具的价格和方便程度，最终确定合适的交通工具。要了解接待社的报价，旅行社首先要把线路行程告知接待社，方便接待社报价。

（三）核价、包装产品

对交通价格和接待社的报价进行综合核算，根据需要调整产品和包装产品。

（四）团号编制、出团计划制订

通过核算，产品确定下来后，计调人员要编制该线路产品的团号，制订出团计划。

相关链接

如何编制团号？

团号，就是旅游团的编号。团号可分为以下三种：

1. 既定团号

这种编制团号的方法是将未成行的团队按已落实的团队看待，编成有出发地、出发时间、交通状况等情况的团号，它常用在散客计划当中。如："深圳双飞 5 日游，12 月 1 日出团" 的团号可写成 "SZX05-2F1201B"。其中，"SZX" 是深圳代码，"05" 代表 5 日游，"2F" 代表双飞，"1201" 代表 12 月 1 日出团，"B" 代表出团序数为第二个。

2. 成行团号

这种编制团号的方法是为洽谈好的团队编写号码，常用在独立成团的团队上。

3. 转接团号

这种编制团号的方法是以对方组团社找第三方接待社代为接待的团号为序，加上自己公司的简约代码而成的团号，常用于入境或本地接待操作当中。

团号中人数的表示方法如下：

在团号中，一般需要表示人数，为了让合作方能够看懂，人数的表示方法应该规范。一般来说，成人有多少人，就用相应的数字表示，如 20 名成人就写成 "20"；儿童写成 "1/2"，如有 2 名儿童就写成 "2/2"；婴儿用 "1/10" 表示，2 名婴儿就写成 "2/10"。因此，"20+2/2+2/10+1" 表示 20 名成年人、2 名儿童、2 名婴儿、1 名全陪。

（五）销售

计调人员要将产品线路通过各种渠道（外联、门市、各种媒体等）进行推广，尽量将产品销售出去。

（六）落实交通

产品销售后，计调人员根据人数组团，落实交通工具。

（七）与接待社确认

计调人员要把旅游团的行程、人数及名单、接待标准和价格、接团方式、联系人姓名和电话、结算方式等通过传真发送给接待社，并等待接待社回传，最终确认行程安排。当情况有变化时，计调人员要随时通知接待社调整计划。

（八）派发出团通知书

计调人员应根据最终确认的行程向游客和导游派发出团通知书。给游客的通知书应包括团队出发时间、地点、团队行程、导游姓名和电话等；在给导游的出团通知书中，应有团队出发时间及地点、团队行程、游客名单及电话、接团导游姓名及电话、接待社联系人及电话等信息。

（九）跟踪团队

在团队出发前 1 日，计调人员要与接待社再次确认行程，防止接待社出现疏忽。在旅游团出发后，计调也要随时与地接社、导游、领队、游客保持联系，发现问题及时进行处理。

（十）结清款项

旅游结束后，计调人员要及时审核接待社传来的催款账单，进行费用结算，将报账单交主管审核、签字，交财务部门按协议结清款项。

（十一）归档和回访

旅游结束后，计调人员要将与该团队有关的资料（包括传真和单据复印件等）留档以备查阅。计调人员还要对游客进行回访，建立好客户档案。

（十二）调整产品

计调人员要根据出团情况，对线路产品及时进行调整，使产品变得更加完善。

需要说明的是，由于各旅行社规模不一，计调工作机构设置不一，因此，各旅行社的计调工作流程可能不同。如，有的旅行社的计调没有产品设计职能，有的没有销售职能。因此，上面展示的只是计调工作的一般流程，并非都是必经的流程。

二、接待类计调的基本操作流程

（一）成本核算和报价

接待社拿到组团社发来的线路行程传真后，计调人员要向相关协作单位询价，包括旅游交通的时间、班次和价格，餐饮、住宿、景点、娱乐等的价格。接待社核算成本后，向组团社报价。

（二）制订接团计划

组团社发来确认传真后，接待社计调人员要根据组团社的要求，制订详尽的接团计划。

（三）做好接待准备

接待社计调人员在接团前，要逐项落实接待项目。

1. 落实用车

计调人员要根据团队要求订车，向旅游车公司发送“团队订车计划单”，并要求对方书面确认。用车大小、用车时间、用车要求等有变化时，要及时通知旅游车公司，并书面确认。

2. 落实住宿

接待社计调人员要根据团队人数和特别要求，向协议酒店发送“酒店入住单”，要求对方书面确认。如果该酒店无法接待，计调人员应调整至其他同级酒店，并告知组团社。如果游客人数或入住要求发生临时变化，计调人员要及时通知酒店。

3. 落实用餐

接待社计调人员要根据团队的人数和特殊要求，向协议餐厅发送“团队用餐计划单”，并要求餐厅书面确认。

4. 代订交通票据

接待社计调人员应根据团队需求，向票务人员下达“订票计划单”（注明团号、人数、用票时间、用票要求等）。有变更时，要及时通知票务人员。

（四）接待确认

接待社计调人员在安排好接待后，要向组团社发送“团队接待确认书”，并要求对方书面确认。

（五）编制预算和借款

计调人员要做好预算表，注明哪些费用需要现付，交主管审核后，报财务审核，填写“借款单”，事先将款项借出。

（六）委派导游

计调人员要根据团队特点，选派合适的导游，并将“导游出团通知书”、各处签单、团队质量反馈单、预领的团款交给导游。

“导游出团通知书”应注明如下事项：(1) 团队的抵、离时间；(2) 团队的主要行程；(3) 与协作单位落实好的接待安排；(4) 团队成员的相关资料（人数、性别、姓名、电话、宗教信仰、饮食禁忌等）。

（七）跟踪团队

接待过程中，计调人员要与导游随时保持联系，遇到问题及时协调解决。

（八）结账和归档

旅游结束后，计调人员要审核导游交来的报账单据，交给财务与组团社结算款项。计调人员还要将团队资料收集归档。

三、会展类计调的基本操作流程

随着经济交流的增多，会展会务越来越多，很多会务的组织者还会安排与会者进行游览活动，许多旅行社也适应这一变化，设立会展部门，安排专人或兼职人员从事会展计调工作。会展计调工作与传统计调工作既有相同点，又有不同点，其主要工作涉及会场选择、会场布置、人员接送、住宿和用餐安排、参观游览安排等，其主要工作程序如下所述。

（一）会前策划

1. 与客户共同确定服务方案

计调人员在会前应加强与客户的沟通，了解客户需求，按客户要求制定服务方案，并根据展会的特定条件提供相应建议，与客户一起商量，形成最终的服务方案。

2. 确认价格

计调人员通过询价，提出报价，交客户最终确认价格。

3. 签订协议

在服务方案和价格都确认后，计调人员应与客户签订协议，明确双方的权利和义务。

4. 服务内容的落实

计调人员应按最终的服务方案逐项落实，选好项目负责人。

（二）会场布置

计调人员应按客户要求安排好会场布置各事项，包括提供茶水、音响、投影、会场、笔、纸、横幅等，由客户审定。如果客户在协议规定之外对会场布置内容有增减，应由客户签字确认，并明确价格的变化。

（三）会期服务

在会议期间，计调人员应协调好各项会议服务工作，保证会场设施设备的正常使用。在会议过程中，如果有新的情况出现而需要对服务方案进行修改时，应及时与客户协调，得到确认后做出补充安排。

（四）考察

考察可在会前安排，也可在会中按客户的要求进行安排，一般是安排在会后。计调人员在收到客户考察安排的意向后，应按客户要求进行策划，提供考察线路和价格供客户参考，客户形成反馈意见后，最终确定考察路线和价格。

考察前，计调人员要落实车辆、住宿、餐饮、门票及其他事项，安排好导游。

考察期间，计调人员要与导游及客户保持联系，跟踪服务质量，及时处置有关情况。

（五）会后总结

计调人员在会议及考察结束后要及时总结，并征求客户对服务的意见，以便为日后改进工作提供借鉴。

会展方案和相关资料要归档保存。

第三节 旅行社采购概述

旅行社提供的服务涉及游客的吃、住、行、游、购、娱等多个方面，这些服务，旅行社在多数情况下无法自己提供，需要向其他企业采购。因此，采购是旅行社计调部门最重要的业务之一。而对采购的管理也往往被认为是旅行社管理中最有价值的部分。

课堂讨论

据经济学家分析，企业在采购中每1元钱的节约都将会转化成1元钱的利润，在同等条件下，企业要想靠增加销售来获取1元钱的利润，则需多销售20元的产品。从这一分析中你可得出什么结论？

一、旅行社采购的含义

旅行社采购是指旅行社为组合旅游产品而向其他相关企业购买旅游服务项目的行为。这些相关企业包括航空公司、铁路、轮船公司、酒店、餐厅、景点以及娱乐场所等。对于组团社而言，还要采购接待社的产品，主要包括接待社的接待服务、导游服务、提供行李运送和托运服务等。

二、旅行社采购的原则

与普通的实物采购一样，旅游服务的采购一方面要保证购买到符合要求的服务，另一方面要尽量降低成本。

（一）保证供应原则

各采购项目及时到位，是旅行社顺利销售的先决条件。因此，保证旅行社能采购到旅游者所需要的各种服务是采购的首要原则。

旅行社在预售产品的时候，一般都会向游客说明该产品中包含哪些服务及服务的品质标准。如果由于采购工作的失误，不能完全兑现先前的“诺言”（如游客无法乘坐规定航班的飞机、住不上规定的饭店客房、吃不到应吃的餐食等），都可能引起游客的不满甚至投诉，进而影响旅行社的声誉。尤其是在旅游旺季的旅游热点地区，旅游需求远远大于旅游供给，旅行社能否拿到机票、客房往往成为旅行社能否招徕游客、实现销售的关键。

值得注意的是，这里所说的“保证供应”不仅包含“量”的保证，也包含“质”的保证。只有“量”没有“质”的保证不是真正的保证。例如，旅行社在预售其产品时，说明该产品提供的住宿条件是四星级标准客房，那么，旅行社在住宿服务的采购上也应保证采购到足够的四星级标准客房的住宿服务，否则极易引起旅游者的不满和投诉，给旅行社造成经济损失和信誉损害。

（二）降低成本原则

旅行社采购中的保证供应只是为旅行社创造利润提供了前提，并不表示旅行社一定能获利。利润是总收入减去总支出的差额，在总收入不变的情况下，支出越少，利润越大。在旅行社的产品成本中，直接成本（向其他旅游企业采购各项旅游服务所需的费用）占大部分。因此，旅行社降低成本的着眼点应放在采购价格方面。如果旅行社能够以优惠的价格购买到旅游服务，必然会降低旅行社成本，增加旅行社的利润。同时，由于旅行社的采购成本低，使旅行社有条件降低旅游产品的价格，也有条件通过低价销售策略吸引到更多的客源，旅行社的竞争力也由此而增强。

降低采购成本是旅行社提高竞争力的重要因素，但要完全把握旅行社的采购成本并不是一件容易的事。这首先是因为构成采购成本主体的车票、景区景点门票、客房房价经常处于变动之中，其次是因为旅行社的产品报价与旅行社将产品销售出去之间存在一个时间差，换句话说，是旅行社产品售出的时间总是落后于旅游服务的采购时间，如果遇到服务价格下降，旅游者会要求旅行社也下调价格，为稳住客源，旅行社往往不得不降价；如果遇到服务价格上涨，旅行社却很难做到立即将产品价格抬上去，这无疑增加了旅行社的经营风险。

相关链接

灵活处理保证供应和降低成本的关系

保证供应和降低成本是旅行社采购工作中要遵循的两大原则，两者兼顾当然最佳，但在实际工作中则难以兼顾。除极个别的以外，绝大多数旅游市场都存在旺季和淡季的区别，这直接导致旅游服务供需状况的变化。旅行社应根据不断变化的供需状况调整采购策略，灵活处理保证供应和降低成本的关系。

旅游旺季时，大量旅游者纷至沓来，旅游服务供应全面紧张，这时谁能采购到足够的旅游服务项目，谁就能在市场竞争中获得优势。例如，在热点地区，旅游旺季的航空运力十分紧张，许多旅行社采购不到足够的机票，如果哪家旅行社能够得到比别人多得多的机票，它就可以接待更多的旅游者，从而可以获得更多的利润。其他如住宿、景点门票等也存在这种情况。这时，旅行社应把保证供应放在降低成本之前作为主要的采购策略。在必要时，旅行社还要不惜牺牲一部分利润，高价获得自己迫切需要的服务项目，以保证合同的履行。

旅游淡季时，旅游服务出现供过于求，这时保证供应已经不成问题，旅行社应把降低所采购的旅游服务价格和采购成本放在首位，力争获取最便宜的价格，以获得更多的利润。

三、旅行社采购的策略

在旅游服务采购过程中，旅行社的采购人员要随时关注和研究市场供需状况，了解和掌握旅游服务价格的波动规律，有针对性地采取灵活机动的采购策略，争取以最低的价格获得所需要的各种旅游服务。旅行社常用的采购策略有集中采购策略、分散采购策略和建立采购协作网络三种。

（一）集中采购策略

集中采购策略包括两方面的含义：一是指统一对外采购，即旅行社将本社各部门的采购活动都集中起来，统一由一个部门对外采购；二是指统一供应商，即旅行社将一个时间段内所需要的旅游服务项目集中起来，统一向经过精心挑选的一个或多个供应商采购服务项目。

商品交易的一般规律是购买量越大、交易次数越少，交易的价格会更低廉。旅行社实行集中采购的目的就是通过扩大采购量、减少采购批次来获得更好的交易条件，从而降低采购价格和采购成本。

（二）分散采购策略

集中采购并不是在任何情况下都适用，在有的情况下，旅行社还要采取一团一购甚至一团多购的分散采购策略。

（1）旅游市场出现严重的供过于求，旅游服务供应商无法在近期内通过其他渠道获得大量的购买者，而旅游服务又无法储存或转移，这时旅游服务供应商迫切需要寻找买主，以便将大量空闲的旅游服务项目售出。在这种情况下，购买者处于有利的谈判地位，旅行社此时采取一团一购或一团多购的方式可以充分利用对己有利的局面获得最优惠的价格。

（2）旅游市场因旅游旺季的到来而供不应求，旅行社无法从一个或少数几个旅游服务供应商那里获得其所需要的旅游服务项目，这时，旅行社只能采取分散采购策略，广开门路，设法从其他旅游服务供应商那里获得所需要的旅游服务。

（三）建立采购协作网络

旅行社采购协作网络是指旅行社与其他旅游服务供应部门或企业的互利合作的关系网络。旅行社通过与其他旅游服务供应部门或企业洽谈合作内容与合作方式，签订有关合同或协议，明确双方的权利义务关系及违约责任，从而保证旅行社所需旅游服务的供给，降低旅行社采购的成本。

旅行社之所以要建立采购协作网络，是因为：

（1）旅行社产品具有高度的综合性，一项旅游产品往往包含餐饮、住宿、交通等多项服务，这些服务项目多数是旅行社不具备的，因此，旅行社要顺利地组合自己的旅游产品并将其顺利销售出去，就必须与相关的旅游服务供应部门或企业进行协作，从这些单位采购自己所需要的服务项目。否则，旅行社的工作将无法进行。

（2）旅行社工作具有强烈的季节性特点，在旅游旺季到来时，旅游服务的供应全面紧张，这时如果旅行社临时去联络供应单位，旅行社所需的服务项目将难以得到保证，而一个采购协作网络的存在将增强旅行社获得紧缺服务的能力。在旅游淡季或出现旅游服务供过于求的情况时，一个采购协作网络的存在也将使旅行社更容易取得一个优惠的价格。

（3）采购协作网络的存在可能使旅行社获得更优惠的采购价格和更高质量的服务，使旅行社降低购买成本，增强企业的竞争力。

（4）由于采购协作网络的存在，旅行社与其他合作单位形成了长期的协作关系，双方都知根知底，相互间的信任感会加强，这使旅行社的交易安全得到了保证。同时，相互信任的气氛也有利于旅行社降低整个企业的运营成本。

旅行社建立采购协作网络应遵循下列原则：

第一，广泛覆盖的原则。这一方面是指旅行社的采购协作网络应该覆盖旅行社可能需要采购的一切服务领域，如交通、餐饮、住宿、景区景点、娱乐等；另一方面是指在同一服务领域内，旅行社应尽可能与更多的、不同规模和档次的旅游服务供应者建立协作关系。

小思考

旅行社建立“广泛覆盖”的采购协作网络有何意义？

分析：这不仅能满足不同旅游者的多样化需求，也有利于旅行社在协作者中间进行综合比较，获得最有利的价格条件。同时能增加旅行社的交易安全，万一与某一协作单位的合作出现问题，旅行社还有选择其他合作单位的余地，不至于立即陷入困境。

第二，互惠互利的原则。互惠互利是旅行社与旅游服务供应部门和企业之间的合作基石。只有合作双方都能够获得利益，合作关系才有可能长久；否则，合作关系将难以维持。

第三，诚实守信原则。在合作过程中，旅行社应严格按合同的要求履行合同义务，在出现违约时主动及时地承担责任。同时，要自觉遵守商业道德，做到言而有信，以诚相待。

四、加强对采购合同的管理

合同是人们在生活和生产活动中进行交换时经常需要借助的一种形式，在不违反法律强制性规定的前提下，双方当事人平等协商自愿达成一致的意见，可避免和正确处理可能发生的纠纷。旅游采购是一种预约性的批发交易，是一次谈判、多次成交的业务，谈判和成交之间既有时间间隔，又可能会有数量差距。

旅游采购的这种特点，使得旅行社与协作部门之间为预防各种纠纷的发生而事先签订采购合同显得尤为重要。但由于旅游业竞争激烈，旅行社一般没有相对固定的采购协作网络，一些旅行社在认识上存在偏差，因此很少使用采购合同，这也是造成目前买卖双方纠纷较多的原因之一。旅行社应重视合同的作用，与其协作部门通过合同这一形式进行更规范的合作，这样既保证了双方的利益，也有利于我国旅行社行业的健康发展。

第四节　旅行社采购业务的类别和方法

一、住宿服务采购

旅游住宿服务是旅行社产品的重要组成部分，高品质的住宿服务能保证旅游者在旅游过程中得到良好的休息，以充沛的体力和愉快的心情进行旅游活动。同时，住宿服务的价格状况直接关系到旅行社的利润。因此，旅行社都非常重视对住宿服务的采购。

旅行社住宿服务采购业务一般包括选择住宿服务企业、选择预订方式、确定客房租住价格和办理住宿服务预订手续等四项内容。

（一）选择住宿服务企业

目前，有条件提供住宿服务的企业有很多，宾馆、饭店、旅馆、招待所、度假村、疗养院、民宿等都可提供住宿服务。但各个企业的基础条件、服务特色不尽相同，即使同样是宾馆，其服务也会有差异。旅行社的采购人员应从坐落地点、经营方向、设施设备、服务项目、停车场等方面全面考察各个企业的综合服务条件，权衡利弊，选择适合自己需要的企业作为合作伙伴。

1. 坐落地点

不同的旅游者对住宿点的坐落有不同的要求。如果住宿地在城市，旅游者普遍希望住在市中心繁华地段，交通便利，购物方便，参观市容也方便；在景区、景点住宿的旅游者普遍希望住在景区、景点较集中的地方，以方便参观；休闲度假的旅游者多喜欢幽静、雅致的环境；商务旅游者、观光旅游者多喜欢热闹的环境；长期旅游者对住宿环境较苛求，而短期旅游者对住宿点的坐落不太关心。旅行社应根据团队的不同特点，选择位置合适的住宿地。

2. 经营方向

不同类型的住宿服务企业，其经营方向可能会有差别。有的住宿服务企业以散客为主要客源，有的以会议旅游者为主要客源，有的以旅游团队为主要服务对象。

3. 设施设备

不同住宿服务企业的设施设备有很大差别。旅行社应了解这些企业的设施设备情况，如有没有会议室、商务中心、宴会厅、健身房、多功能厅等，以便根据实际需要做出选择。

4. 服务项目

这主要是看住宿服务企业有哪些服务项目，能不能满足本旅行社所接待团队的服务要求，尤其是一些特别要求，如记者的稿件传送、残疾人的照料、现代化会议服务等。

5. 停车场

不是所有的团队都要求有停车场，但有的大型团队却把有无停车场作为一个必须考虑的因素。

相关链接

旅游饭店的类型

旅游饭店数量繁多，其分类尚无统一的标准。国际上常见的分类方式有以下几种。

1. 根据饭店的等级分类

为使旅游饭店的管理和服务更加规范化和专业化，也为了便于旅游者选择，国际上通常采用对旅游饭店进行等级评定的做法来反映饭店的硬件和软件水平。对饭店的等级分类主要有星级制和级差制两种。星级制以星的多少来表示饭店的等级，一般分为五星、四星、三星、二星、一星共五个等级，以五星级为最高等级。星级制是国际上较为流行的表示饭店等级的方法，许多旅游发达国家均采用这种方法。级差制种类繁多，有分为1～5级的，有分为1～4级的，有分为A、B、C、D、E级的，还有分为豪华、舒适、经济、低廉级的。

2. 根据饭店的客源市场分类

根据饭店的客源市场，可将饭店分为商务型饭店、度假型饭店、会议型饭店、长住型饭店、汽车饭店、青年旅馆等。

商务型饭店主要接待的是从事商务或公务活动的旅游者。这类饭店一般位于市中心或交通发达的地区，设施豪华、居住舒适，注重服务质量，并配置了从事商务活动的必备设施，如互联网、传真电话、商务中心等。

度假型饭店主要接待以度假、休闲、疗养为主要目的的旅游者。这类饭店一般位于海滨、湖滨、山区、森林、温泉附近的环境优美、交通便利的地方，有较为齐全的康乐活动场所，如健身房、游泳池、网球场、歌舞厅等。

会议型饭店主要接待参加会议的游客。这类饭店一般位于城市中心交通发达地区，或位于风景优美的度假胜地。除了基本的食宿条件外，会议型饭店配备有齐全的会议设施，如会议室、展览厅、录放像设备等。

长住型饭店（或称公寓型饭店）主要接待的是在本地短期工作或度假的客人。这类饭店的房间多采用公寓式布局，配备有完整的家居设施，如厨房等。

汽车饭店主要接待自驾车的旅游者，主要位于公路沿线，停车方便，设施较简陋，仅提供基本的食宿服务，入住手续简便，价格低廉。但现在不少汽车饭店也日趋豪华，能提供完备的饭店综合服务。

青年旅馆主要接待外出旅游的学生和青年，设施简单统一，每层设公共浴室、盥洗室，以床位论价，收费低廉，有的设有自助餐厅、公共休息室等，方便年轻人生活、交友。

3. 根据饭店的规模大小分类

根据饭店的规模，可将饭店分为大型饭店、中型饭店和小型饭店三种。饭店的规模一般以饭店的客房数量为评判标准，通常认为客房数600间以上的是大型饭店，300～600间的是中型饭店，300间以下的是小型饭店。

4. 根据饭店的豪华程度分类

根据饭店的豪华程度，可将饭店分为豪华型饭店、高档饭店、中档饭店、经济型饭店等。

（二）选择预订方式

旅行社选择好住宿服务企业后，就应进行预订。假设旅行社选择的住宿服务企业是饭店，其预订方式有四种，即组团旅行社预订、通过饭店预订中心预订、通过饭店销售代表预订、通过地接社预订。

1. 组团旅行社预订

组团旅行社预订是指组团旅行社通过在线预订平台、电话、电子邮件、信函、传真等方式直接向有关饭店提出预订要求，又称直接预订。这种预订方式的优点是：无中间环节，降低了采购成本；能直接掌握饭店的客房情况，较有把握预订到旅游者的住房；能够与饭店建立起较为密切的合作关系，有利于采购业务的进一步开展。其缺点是：旅行社必须与要预订的饭店逐一打交道，在联系饭店、寄送预订申请、确认住房人数及名单、付房费等方面花费大量时间和精力；外地饭店可能并不了解组团旅行社，因而可能在交纳租房预订金、付款期限、客房保留截止日期等方面不给予优惠或优惠很少。

2. 通过饭店预订中心预订

这一方式只适用于连锁饭店。如果旅行社选择的住宿服务企业是连锁饭店集团所属的饭店，则可以通过该饭店集团预订中心为其预订所需客房。这样做的优点是：旅行社可获得该饭店可靠的信息，比较方便地得到所需要的客房，且价格也比较优惠。其缺点是：旅行社的选择范围局限于连锁饭店集团内，失去了一些其他选择机会；预订被确认后，旅行社仍要与将要入住的饭店联系，通过该饭店办理相关订房手续。

3. 通过饭店销售代表预订

饭店销售代表熟悉饭店的情况，旅行社通过饭店销售代表预订客房，可以省去很多麻烦。但饭店销售代表可能同时为多家饭店提供服务，难以对每一家饭店都熟悉，且饭店销售代表主要经营散客业务，对旅行社的团队订房程序比较陌生，有时不能胜任团体客房预订任务。

4. 通过地接社预订

由于地接社比较熟悉当地的旅游住宿供应情况，许多旅行社把当地住宿服务的采购业务委托给地接社办理，通过地接社来预订酒店。

小思考

通过地接社来预订酒店有何优点和缺点？

分析：(1) 优点。地接社与当地许多饭店建立了良好的合作关系，客房比较能保证；地接社比较了解当地旅游住宿企业的综合服务情况，能根据旅游者的不同特点和要求安排合适的饭店；地接社能较容易地掌握当地旅游住宿的供需情况，及时通知旅行社，可使旅行社避免不必要的损失。在某些极端的情况下，组团旅行社只有通过当地旅行社才能预订到该地区的客房。(2) 缺点。地接社可能会把饭店因旅行社的批量采购所给予的折扣截留一部分作为代订饭店的报酬；有的地接社为了得到更多的折扣，可能会设法让组团旅行社接受一家并不合适的饭店。

从以上分析可以看出，每种预订方式都有其优点，也有其不足之处。旅行社的住宿服务采购人员应事先全面了解情况，然后做出恰当的决策。

（三）确定客房租住价格

价格是旅行社在采购住宿服务时要考虑的重要因素。饭店客房租住的价格种类很多，如门市价、团队价、协商价、净价等。采购人员应熟悉这些价格，并根据旅游者的要求、旅行社与饭店的合作关系、当地住宿服务市场的供给情况、旅行社提出预订的日期，以及旅游者入住的日期、入住天数等因素与饭店进行谈判，以便获得最优惠的价格。

（四）办理住宿服务预订手续

旅行社在选定了饭店以后，应该按下列程序办理预订手续。

1. 预订申请

旅行社采购人员通过自己选择的预订方式提出预订申请，提供旅行社名称、团号、用房数量及类型、入住时间、退房时间、结算方式、旅游者在住宿方面的特殊要求等信息。如果饭店接受预订申请，就会向旅行社发出确认函，旅行社凭确认函入住饭店。

2. 交纳预订金

饭店通常会要求旅行社在收到确认函后的一定时间内向饭店交纳预订金，以确保饭店在规定期间内为旅行社保留其所预订的客房。每个饭店都有关于预订金交纳时间、交纳比例、取消预订退款比例等事项的规定，旅行社采购人员事先应了解这些规定。

3. 办理入住手续

旅游者在预定时间到达饭店后，即可凭旅行社转交的饭店确认函在饭店前厅接待处办理入住手续。

参考案例

某一天，A旅行社导游胡某带领一个30人的旅游团来到南京某酒店办理入住，但酒店前台告诉胡某，酒店没有A旅行社的预订信息，没有为旅游团留房间。胡某经询问才得知，A旅行社计调人员只是与酒店进行了电话联系，并没有收到酒店发出的确认函，旅行社也没有向酒店支付预订金，而电话联系的内容已无从求证。在这种情况下，旅行社能要求酒店安排住宿吗？

分析：本案例说明了按程序办理住房预订手续的重要性。本案例中，A旅行社计调人员图省事，只是通过电话预订酒店，既没收到酒店的确认函，也未支付预订金，这一操作显然不妥当。即使酒店方没有要求旅行社支付预订金，旅行社也应要求酒店发出确认函，这不仅是酒店为旅行社留房的证据，也是明确房型、房数、入住时间所必需的书面证明。本案例中，如果酒店无房可安排，旅行社只能另找酒店，无权要求酒店安排住宿，除非旅行社找出确凿证据证明酒店同意了旅行社的订房要求。

二、餐饮服务采购

餐饮服务采购是指旅行社为满足旅游者在旅游过程中的餐饮需要而进行的采购业务。旅行社采购人员在采购餐饮服务时，要综合考虑旅游者的饮食习惯、消费水平、餐馆的卫生条件、餐饮产品的质量和数量、价格是否公道、服务是否规范等情况，选择合适的餐馆。

定点采购是旅行社在采购餐饮服务时常用的方法。所谓定点采购，是指旅行社在对餐饮企业进行综合考察和筛选后，选出一个或多个餐馆作为旅行社的定点餐厅，进行长期合作。合作前，旅行社一般要与定点餐厅进行协商，就不同等级的用餐标准、价格、退订细则和办法、折扣、详细菜单等达成协议，双方按协议自觉履行义务。

三、景区、景点服务采购

在景区、景点进行游览和参观是旅游者在旅游目的地的最基本和最重要的旅游活动。除少数特殊游览和参观项目外，绝大多数的游览和参观服务都由各地接待旅行社承担。因此，旅行社采购人员要熟悉本地的景区、景点，设法与景区、景点建立长期合作关系，争取在门票价格、索道等设施的服务价格方面得到较大优惠。

四、旅游购物和娱乐服务采购

在某些旅游团队中，旅游购物和娱乐服务是必不可少的内容。旅行社组织好这两项活动，不仅能满足游客的需要，提高他们对接待工作的满意程度，还能为当地经济发展做出贡献。旅行社在采购旅游购物服务时，应对当地的商店、专业市场有详细的了解，并选择一批信誉好，商品品种齐全、价格合理、品质优良、有地方特色的商店、专业市场作为相对固定的购物点。在采购娱乐服务时，旅行社要了解旅游者的需求，根据旅游者的不同年龄、性别、文化程度、经济状况安排恰当的娱乐项目。旅行社要遵守国家的法律和规定，不带游客去不安全、不健康和不文明的场所。

五、旅行社接待服务采购

旅行社接待服务采购是指组团社向旅游目的地旅行社采购接待服务的一种采购业务。由于旅游服务的综合性和复杂性，旅行社在接待团队的过程中，难以承担全部的接待工作。尤其是旅游目的地的接待工作，如果都由组团社完成，不仅不经济，而且组团社还可能没有这个能力。因此，组团社经常要与地接社联系，向地接社购买接待服务。为保障旅游服务的质量，组团社应有针对性地选择一个或数个旅行社作为长期合作伙伴，签订合作协议。选择地接社的标准一般有以下几条：

（1）信誉良好。地接社的接待质量直接影响组团社的信誉，因此，组团社在选择地接社时应首先看它是否具备良好的信誉。这一点可以从该旅行社的经营历史资料和公众的评价中得到证明，同时也可从双方的合作中得到证实。

（2）较强的接待能力。地接社不仅要承担组团社的一些接待工作，还要承担组团社委托的大量采购工作，这对地接社的接待能力提出了较高的要求，再加上旅游服务工作经常要面对很多复杂的情况，如临时增订和退订等，只有能力强的地接社才能更好地完成组团社的接待和采购任务。

（3）收费合理。地接社的收费不能过高，应控制在旅游者和组团社能接受的范围之内。地接社也不能以各种借口违反事先达成的协议，擅自提高收费标准或增加收费项目，也不得随意降低接待服务的标准，损害旅游者和组团社的利益。

第五节　交通服务的采购

旅游交通服务是旅行社产品的重要组成部分，其费用开支在整个旅游服务费用中占了较大比重。因此，在旅行社的各项采购业务当中，交通服务的采购意义重大，在很多情况下，能否购买到相应票据往往决定了旅行社的接待能力。

一、旅游交通的类型

根据交通工具的不同，旅游交通服务可分为航空交通服务、铁路交通服务、公路交通服务、水运交通服务和特种旅游交通服务。

（一）航空交通服务

航空交通是现有主要的旅游交通方式中最新的方式。1903 年，美国的莱特兄弟发明了飞机并首飞成功。1913 年 2 月，德国开办了柏林至魏玛的民用航线，这是世界上第一条航空线路。二十世纪五六十年代以后，民用喷气式客机开始应用并普及，到七十年代，宽体客机又得以发展，乘飞机旅行越来越舒适、快捷。

航空交通的优点和缺点如表 4－1 所示。

表 4-1 航空交通的优点和缺点

优点	缺点
快速省时，能大大缩短在途时间。	票价高，增加旅行成本。
飞机是高科技的结晶，一般都有自动导航和驾驶系统，安全保障条件较好。	易受天气的影响，易导致旅行计划的变更。
灵活性大。飞机航行不受地面障碍物影响，也不受道路阻断的影响。	机场一般位置偏僻，且飞机一般不能独立完成旅游交通运输，需要与其他交通工具配合。

目前，航空交通分为定期航班服务和旅游包机服务。定期航班服务是民航按照已对外公布的航班时刻表飞行的民航服务；旅游包机服务是一种不定期的航空包机服务，可按照旅行社的要求安排时间和路线。

旅行社的航空交通服务主要是定期航班服务。但是在旅游旺季的旅游热点地区或正常航班较少或没有的地区，旅行社因无法满足旅游者乘坐正常航班的要求，也时常采取旅游包机服务这一形式。有时，旅行社在接待过程中发生误机事故后也会采取旅游包机方式将旅游者尽快送达目的地。

（二）铁路交通服务

铁路交通优点突出，安全便捷，历来是最重要的旅游交通运输方式之一，尤其是随着动车、高铁的开通和普及，铁路交通在旅游中的重要性越来越突出。

铁路交通的优点和缺点如表 4-2 所示。

表 4-2 铁路交通的优点和缺点

优点	缺点
价格相对低廉，能有效降低长途旅行的成本。	行程要受铁路线和列车运行时刻表的限制，不够灵活。
安全系数高，动车、高铁运行速度也较快。	部分列车速度较慢，长时间乘坐易使人疲劳。
列车的计划性较强，车次和运行时间较为稳定，列车出行不易受天气的影响，行程安排较有保障。	旅游旺季时团队车票难以解决。
载客量大，能满足大型团队集体出行的需要。	铁路的修建受地理条件的限制较大，且造价高，工期长。
可观赏沿途风光。	—

课堂讨论

请阅读材料后讨论：高铁的出现和普及会给旅行社经营带来什么变化？

材料一：

我国城际铁路、高速铁路、客运专线从无到有，发展突飞猛进，取得了举世瞩目的成就。2019 年年底，全国铁路运营里程已达到 13.9 万千米，仅次于美国，居世界第二。其中，高铁运营里程已达到 3.5 万千米，占全球高铁总里程的三分之二以上。目前，中国已经成为世界上高速铁路发展最快、系统技术最全、集成能力最强、运营里程最长、运行速度最高、在建规模最大的国家。

材料二：

我国铁路旅客运输量持续增长，2012 年为 18.93 亿人次，2019 年达到了 36.6 亿人次，铁路旅客运输量约占各种运输方式完成旅客运输量的 20%。其中，2019 年包括高铁在内的动车组发送旅客 22.9 亿人次，占铁路旅客运输量的 62%。

（三）公路交通服务

公路交通也是最主要的旅游交通方式之一，是最重要的中短途客运方式。公路交通的优点和缺点如表 4-3 所示。

表 4-3　公路交通的优点和缺点

优点	缺点
灵活、方便、自由，基本上可以做到点对点，还能随自己意愿改变旅游线路。	速度慢，不够舒适，乘车过久易使人疲劳。
独立性强，基本可不借助别的交通工具。	易受天气和路面状况的影响，安全系数相对较低，事故率是几种交通运输方式中最高的。
可欣赏沿途风光。	运载量小，运输成本相对较高。
旅游大巴的载客量可满足大部分旅游团队的座位需要。	汽车尾气和噪声易带来环境污染，这使得许多景点已禁止外部汽车入内。

（四）水运交通服务

水运交通一般包括内河航运、沿海航运和国际航海运输等类型，其交通工具通常有普通客轮、豪华客轮、客货混装船和气垫船等。每种客轮又分别设有不同等级的舱位供不同需求的乘客选择。水运交通的优点和缺点如表 4-4 所示。

表 4-4　水运交通的优点和缺点

优点	缺点
客舱空间往往较大，生活设施齐全，尤其是一些大型的游船（又称邮轮），通常船体庞大，设备齐全，休闲娱乐设施完备。	速度太慢，时间长。
客运量大，价格较低。	受天气和水情的影响，准时性较差。
可欣赏沿途风光。	受航道的影响，灵活性差。
其独特的水上航行的方式，能给游客一定的新鲜感。	—

小思考

在讲究快节奏的今天，“速度慢”确实是水运交通的一大缺点，但对旅游交通来说，水运交通是不是一定会衰落呢？

分析：水运交通虽然速度慢，但它的舒适、悠闲、低价、可观水景等优点却是很多交通运输方式所不具备的，因此，在未来旅游业的发展中，水运交通未必一定会衰落。在一些特定的水域风光景区，如长江三峡、漓江山水、千岛湖等，水运交通仍是不可替代的。

（五）特种旅游交通服务

特种旅游交通是指除航空、铁路、公路、水运这些常规的交通方式外，为满足旅游者的某种特殊需要而产生的对旅游交通起补充作用的交通运输方式。这种交通方式往往既可满足游客实现位移的需要，又可起到观赏、游乐的作用，在多数情况下，特种旅游交通的旅游作用要大于其交通作用本身。

特种旅游交通的交通工具很多，一般有以下三种类型：

(1) 为规范景区车辆管理、满足景区环保的要求而安排的专门交通工具，如观光车、电瓶车、渡船等。

(2) 在景区的特殊地段，为节省游客的体力、保障游客安全而设置的交通工具，如缆车、索道等。

(3) 带有游览、体验、娱乐、探奇性质的交通工具，如直升机、热气球、游船、竹筏、快艇、气垫船、独木舟、橡皮艇、羊皮筏子、乌篷船、溜索、轿子、马车、马、骆驼、驴子、大象、雪橇等。

相关链接

依据旅游交通涉及的空间尺度和在旅游活动中承担的角色，旅游交通可分为三个层次：

(1) 大交通（或称外部交通）。它是指在旅游客源地的中心城市和旅游目的地的中心城市间往返的交通，一般是跨省（区、市）或跨国的交通。因距离较远，大交通的运输方式主要是铁路、民航和公路运输。

(2) 小交通（或称区间交通）。它是指由中心城市到风景区间的交通。小交通的一般距离较短，交通运输方式主要是公路、铁路和水路运输，有时也包括航空运输。

(3) 内部交通。它是指风景区内部的交通。内部交通的运输方式主要是汽车（观光车）和一些特殊交通运输方式，如索道、轿子、竹筏、马车、骑马、骑骆驼等。

例如，一个北京游客要去四川的九寨沟旅游，从北京到成都（飞机或火车）间的交通是大交通，从成都到九寨沟（汽车或飞机）是小交通，九寨沟景区内的环保车是内部交通。

二、旅游交通服务的采购

（一）票务工作的重要性

旅游交通是旅游产品的重要组成部分，对旅游交通服务的采购自然也就是计调人员的重要工作。由于采购旅游交通实际上就是获得各种旅游交通票据，所以，我们也把旅游交通的采购业务称为票务工作。

对旅行社而言，票务工作的重要性不言而喻。

首先，它是旅行社重要的利润来源。据统计，旅游交通的支出一般占旅游产品总支出的20%～50%。有的游客虽不购买旅行社的线路产品，但会要求旅行社代订车票。因此，旅游交通服务的采购和预订越来越成为旅行社最重要的业务和收入来源之一，不少旅行社以代客订购交通票据作为主营业务。

其次，快速、安全、舒适、方便的交通服务是旅行社产品不可或缺的组成部分，而票务工作则是实现交通服务的前提，是旅游活动顺畅进行的首要保证。

最后，随着散客旅游的增多，旅行社的票务工作也在发挥着日益重要的作用，票务工作往往成为旅行社对外宣传的一个重要窗口。

（二）机票的采购

机票的采购业务包括机票预订、机票购买、机票退订与退购等。

1. 机票预订

旅行社采购人员在预订机票前应先了解旅游者和航空公司的相关信息。旅游者的信息包括旅游者姓名、性别、年龄、国籍、家庭住址、联系电话、身份证号码（或护照号码）、护照及签证的有效期、同行的人数、有无儿童随行、旅行目的地、乘机日期和具体时间、支付方式、有无特殊要求等；航空公司方面的信息包括航空公司名称和航班号、飞机机型、客容量、机场地点、抵离时间、机票价格、折扣行情、订票的最后期限、退订或改订机票的手续费计算方法及机场税等。采购人员在了解上述信息后即可通过机票预订平台预订机票，或填写“机票预订单”，按航空公司规定的日期送到航空公司售票处。

相关链接

机票超售

航空公司在经营当中经常会遇到这种情况，旅客订票后并未购买，或购票后因各种原因放弃旅行，这样会造成航班座位虚耗。为了避免座位浪费，航空公司会在部分容易出现座位虚耗的航班上进行适当的超售，这是国际航空界的通行做法。

机票超售后，在绝大多数情况下，游客都能成行，但也会出现游客因座位已满而无法成行的情况。对未成行的旅客，航空公司会酌情采取弥补措施。

2. 机票购买

机票预订后，采购人员应在规定的时间内在平台付款购票，或到航空公司售票处购票。购票时，采购人应持乘机人的有效身份证件或旅行社出具的带有乘机人身份证号码或护照号码的乘机人名单，支付现金或转账。拿到机票后，采购人员应认真核对机票上的乘机人姓名、航班、起飞时间、票价金额、前往目的地等内容，若有错误应及时纠正。

相关链接

儿童机票

旅行社在机票购买过程中，儿童机票是容易带来争议的一个问题。

根据中国民用航空局的统一规定，已满2周岁未满12周岁的儿童按照同一航班成人普通票价的50%购买儿童票，提供座位。未满2周岁的婴儿按照同一航班成人普通票价的10%购买婴儿票，不提供座位；如需要单独占用座位时，应购买儿童票。购买儿童票时，应提供儿童、婴儿出生年月的有效证件，如出生证明、户口簿等。

现在很多成人机票可打折，且折扣很低。而儿童票是按“成人普通票价的50%”购买的，但这个“成人普通票价”是折前价还是折后价呢？关于这一点，在实践中争议很大。如果按折前价计算，当成人机票折扣很低时，必然造成儿童机票比成人机票贵的情况。作为折中的处理方式，在淡季，成人票价已经跌至2折、3折时，有的航空公司会允许儿童持成人票登机，同时规定燃油附加费按照成人旅客的50%收取。但这一“变通”方法并不可全面推行，因为大量儿童买成人票会引起飞机核定重量的误差，从而引发安全问题。

3. 机票退订与退购

旅行社采购人员在预订或购买机票以后，有时会遇到旅游团人数减少或旅游者取消旅行计划的情况，这时旅行社采购人员应及时办理机票的退订与退购手续，以减少损失。

退订机票的手续较为简单，一般按旅行社事先同有关航空公司达成的协议或口头谅解所规定的程序办理。旅行社退购飞机票，则应按民航部门的规定办理。

航班取消、提前、延误、航程改变或航空公司不能提供原定座位时，旅行社可要求退票，这种原因导致的退票不收退票费。

相关链接

机票的退票费

关于退票费，不同航空公司的规定不同。如有的航空公司规定，对购买了全价机票的旅客，在航班规定离站时间24小时（含）以前要求退票的，收取票面价10%的退票费；在航班规定离站时间前24小时以内到2小时（含）以前要求退票的，收取票面价20%的退票费；在航班规定离站时间前2小时以内要求退票，收取票面价30%的退票费；在航班规定离站时间以后要求退票的，收取票面价 50%的退票费。

此外，退票费的多少还受很多因素的影响。如机票的折扣率、距离起飞时间的长短、退票的理由、所退机票的数量、旅游的淡旺季等。一般在出票时，航空公司都会告知改退的规定，机票预订人员要事先知道这些规定。

（三）火车票的采购

1. 火车票的预订与购买

火车票是旅客乘车的凭证，分为客票和附加票两种，客票包括软座、硬座；附加票包括加快票、卧铺票、空调票。旅行社采购人员应根据旅游者的具体情况和需求制订购票计划，事先收集好游客的身份信息，在购票平台或车站售票处购票。

相关链接

火车关于儿童票的规定与航空运输关于儿童票的规定有很大的不同。根据 2010 年修订的《铁路旅客运输规程》的规定，随同成人旅行的身高 1.2～1.5 米的儿童，享受半价客票、加快票和空调票（简称儿童票）。超过 1.5 米时应买全价票。每一成人旅客可免费携带一名身高不足 1.2 米的儿童，超过一名时，超过的人数应买儿童票。

2. 退票

旅游者变更或取消旅游计划时，旅行社采购人员应按铁路部门的规定办理退票手续，交纳退票费。根据铁路部门的规定，退票应在开车前，特殊情况也可在开车后 2 小时内办理，但团体旅客必须在开车 48 小时以前办理。

3. 车票改签

旅游者不能按票面指定的日期、车次乘车时，旅行社可在票面指定的日期、车次开车前办理一次提前或推迟乘车签证手续，特殊情况经站长同意可在开车后 2 小时内办理。如果所购买的是动车组列车车票，改乘当日其他动车组列车时不受开车后 2 小时内限制。但如果整个旅游团都要办理车票改签，则不应晚于开车前 48 小时办理。

4. 旅游专列的采购

旅游专列是指在开行时间和线路上进行特别安排，以运送旅游团队为目的的专线列车（不包括常规运营的旅游列车）。由于旅游专列载客量大，又具有一定的舒适度，所以近年来发展很快。

尽管旅游专列有很大的优势，但要组织一趟旅游专列却受许多因素的制约，旅行社应充分考虑这些因素，在条件成熟时才能组织旅游专列。一般来说，要在同时满足下列条件的情况下，旅行社才能考虑组织旅游专列：

（1）足够的客源。旅游专列之所以成本低廉，主要是因为它载客量大。旅行社必须能组织到足够的客源，否则将得不偿失。目前开行的旅游专列多以大城市为始发站，其原因就是大城市客源丰富。有时为保证足够的客源，多家旅行社会联合起来，共同组织专列。

(2) 充足的假期。旅游专列出行的时间至少是 2 天以上，加上涉及的人多，因此，旅游专列应尽量选择节假日时间开行。

(3) 目的地为中长距离的旅游景区。由于旅游专列的组织协调工作较为复杂，组织成本较高，因此进行中长距离的旅游才较为合算，对游客的吸引力也大些。

(4) 组团社有较强的组织能力。要同时组织数百人甚至上千人的团队集体行动并不是一件容易的事，游客的食、住、行、游、购、娱等都要进行妥善安排，旅游过程中遇到突发事件要妥善处理，这些都要求组团社要有较强的组织能力，有一支优秀的导游队伍。

旅行社决定组织旅游专列后，就应派采购人员与铁路部门取得联系，通报乘客人数、日期、起止地点、线路等情况，并了解费用、车型等信息，双方一旦达成一致，即可签订合同，明确双方的权利义务关系。下列工作一般由铁路部门承担：协调运行线路、时间、停靠站点；保证列车正点运行、按计划停靠、如期到达；做好列车上的各项配套服务，如沿途供水、餐车保质保量供应价格合理的餐饮、适当照顾旅游者的特殊需要等。

(四) 旅游汽车服务的采购

旅行社采购旅游汽车服务包括两种：一种是为游客购买固定班次的汽车的汽车票；另一种是旅游包车。

旅行社在购买汽车票时，要了解汽车票的相关规定。根据相关规定，成人及身高超过 1.5 米的儿童乘车购买全票。身高 1.2 米以下、不单独占用座位的儿童乘车免票，身高 1.2～1.5 米的儿童乘车购买儿童票。儿童票按照具体执行票价的 50%计算。

旅行社采购旅游汽车服务更多表现为旅游包车。旅行社采购人员在联系旅游包车前，应对本地区提供公路交通服务的汽车公司做一些调查，了解公司拥有的车辆数目、车型、性能、驾驶员技术水平、公司的管理状况、租车的费用等，然后综合比较各方面情况，选择最满意的公司作为公路交通服务的长期采购对象，并签订合作协议。当旅行社有用车计划时，应提前向汽车公司提出用车要求，并通报旅游者或旅游团队的人数、旅游活动日程，以便使汽车公司在车型、驾驶员配备等方面做好准备。为做到万无一失，旅行社采购人员应在用车前 2～3 天内再次与汽车公司联系，落实车辆情况，了解车型、驾驶员姓名、联系电话等情况，并通报旅行社的接待部门。

(五) 水运交通服务的采购

旅行社采购人员在采购水运交通服务时，应根据旅游者或旅游团队的旅行计划和要求，在网上购票平台或向水运交通服务部门预订船票。采购人员在取票时，要认真核对船票的日期、离港时间、航次、航向、船票数量、船票金额等内容，以免出错。购票后，如果出现旅行计划取消或乘船人数改变等情况时，采购人员应及时办理退票或增购手续。

思考与练习

一、选择题 (有 1 个或 1 个以上的正确答案)

1. 旅行社的业务部门中，起核心作用的是（　　）。

A. 计调部　　B. 销售部　　C. 接待部　　D. 办公室

2. 按业务范围，计调业务可分为（　　）等类型。

A. 组团类计调　　B. 接待类计调　　C. 批发类计调　　D. 专项类计调

3. 旅行社采购的首要原则是（　　）。

A. 排斥竞争对手原则　　B. 保证安全原则

C. 成本最低原则　　D. 保证供应原则

4. 旅行社常用的采购策略有（　　）。

A. 委托采购策略　　B. 集中采购策略

C. 分散采购策略　　D. 建立采购协作网络

5. 旅行社对住宿的预订有（　　）等方式。

A. 自行预订　　B. 通过饭店预订中心预订

C. 通过地接社预订　　D. 通过饭店销售代表预订

二、名词解释

1. 计调业务
2. 旅行社采购
3. 旅行社接待服务采购

三、简答题

1. 计调业务主要包括哪些内容?
2. 计调工作的繁杂性体现在哪些方面?
3. 计调人员应具备哪些素质?
4. 接待类计调的基本操作流程是什么?
5. 什么情况下适合采用分散采购策略?
6. 旅行社为什么要建立采购协作网络?
7. 旅行社如何选择住宿服务企业作为合作对象?
8. 请比较几种主要的交通运输方式的优缺点。
9. 组团旅行社如何选择地接旅行社?
10. 旅游包车应注意哪些问题?

四、分析题

1. 有一种观点认为，计调人员实际上是旅行社落实各项旅游接待事宜的总调度、总指挥，你怎么看待这一观点?

2. 每年春节前后是海南省三亚市的旅游旺季。某旅行社估计届时能组织到足够的客源去三亚旅游，于是想事先在三亚市区预订宾馆，但谈了好几家宾馆，都因折扣问题而未达成协议。果然，这年冬天报名参加三亚游的人很多，但此时三亚的宾馆房间已很难订到了。由于不能得到足够的床位，该旅行社的接待能力受到很大影响。旺季过后，三亚某饭店推出了极优惠的团体预订价格，该旅行社吸取前次没有预订的教训，大量预订床位。虽然经过艰苦努力，床位都发挥了作用。但旅行社最终发现，与三亚其他宾馆在淡季时推出的价格相比，旅行社的团体预订价格并不算优惠。请问：该旅行社在住宿服务采购中存在哪些错误?

第五章

旅行社产品营销管理

本章导读

产品营销是旅行社利润的来源，是旅行社经营中唯一产生效益的因素。因此，旅行社产品营销状况的好坏决定着旅行社能否生存。本章依次介绍了旅行社产品营销过程中互相联系的几个方面，即旅行社产品价格的构成和分类、旅行社产品的价格策略、旅行社产品的销售渠道和流程、旅行社产品的市场促销，最后介绍了旅行社产品的售后服务。通过本章的学习，学生应了解产品营销的重要性和复杂性，掌握必备的定价策略和销售策略。

尽管有许多因素影响着旅行社经营的成败，但几乎所有成功的旅行社，无论大小，有一点是共同的——它们都非常重视营销，并在营销方面取得了成效。营销是一门科学，同时也是一门艺术。每一位旅行社管理人员和营销人员都应当具备相当水平的营销知识。

第一节　旅行社产品价格的构成和分类

旅行社产品的价格很大程度上影响着产品的营销。如果说产品营销是旅行社经营中唯一产生效益的因素，那么旅行社产品价格则是产品营销组合中唯一产生效益的因素。有专家认为，定价与价格竞争是营销管理人员所面临的头号问题。但是，在营销过程中，旅行社产品的定价却往往被忽视。很多旅行社在产品定价和价格调整上草率盲目、人云亦云，丧失了很多机会。最常见的错误是：定价过分注重成本导向，忽视了市场的变化，或者在定价时未能综合考虑各种定价因素，有针对性地调整价格。定价上的失误很可能导致经营上的失败，即使营销的其他方面都做得很完善，也可能会功败垂成。因此，在产品的销售策略中，产品的定价策略是很重要的组成部分。

一、旅行社产品价格的含义和特点

价格是商品价值的货币表现。旅行社产品的价格是旅行社所提供的产品价值的货币表现。旅行社产品价格虽然以价值为基础，但影响价格变动的因素多种多样，因此，价格常常与价值不一致，时而高于价值，时而低于价值，不停地围绕着价值上下波动。

旅行社产品价格具有两大特点：一是综合性。旅行社产品具有很强的综合性，既包括有形物品，也包括无形产品；既有劳动产品，也有自然物。因此，旅行社产品价格也具有综合性特点。二是季节性。一般情况下，同一个旅行社产品的价格在一年当中不会固定不变，这是因为，旅游者的旅游需求具有高度的季节性，不同的季节有不同的旅游需求；而旅行社产品具有不可转移、不可储存的特点，不会随着季节的变化而改变供给量。正是这一特点，要求旅行社产品的价格随着旅游需求的变化而变化，使旅行社能最大限度地获得利润，并求得旅游需求与供给的平衡。

二、旅行社产品价格的构成

与其他众多产品的价格一样，旅行社产品的价格由成本、税金和利润三部分构成。

（一）成本

成本是制定价格的底线。旅行社产品的成本主要包括旅游服务的采购费用、产品销售费用、产品开发费用、企业管理费用、员工工资和福利等。成本是可变的，旅行社加强管理就是为了降低成本，从而降低产品价格，增强市场竞争力。

（二）税金

税收是国家对收入进行再分配的一种重要形式，一般情况下，国家的税种和税率是相对固定的。

（三）利润

利润是产品价格减去全部成本和上缴税金后的余额。一般来说，一个行业的利润率是相对固定的。制定产品价格时，一般也是以全行业的平均利润水平为基础，而不是任意确定利润率，但这并不妨碍有的旅行社获得比其他旅行社更多的利润。由于国家税收基本是固定的，旅行社可以通过降低成本、减少费用、开发特色产品、扩大产品销售来增加利润。

相关链接

从整个行业来说，旅行社产品的价格总体上将是不断下降的（扣除物价上涨因素）。

首先，由于国家始终抱着对旅游业的支持态度，增加旅游业税收的可能性不大；其次，在一个充分竞争的市场体系内，整个行业的利润率是相对固定的，总会趋向于社会平均利润率，不仅如此，随着游客总量的增加，旅行社行业的平均利润率还有可能会下降；最后，随着科技的不断发展和管理水平的不断提高，构成价格最主要因素的成本将不断下降，多年来我国旅游业的发展已经证实了这一点，旅行社产品的价格相对于过去已经便宜了许多，越来越多的人开始有条件购买旅行社产品。

三、旅行社产品价格的分类

由于旅行社产品价格具有综合性特点，对其进行分类是很有必要的。目前比较流行的分类方式有下述几种。

（一）根据旅游者所购买的旅行社产品的内容划分

1. 全包价

全包价包含了一次旅游活动中各种相关旅游服务的费用，如住宿费、餐费、车费、翻译导游服务费、门票费等。这种价格的优点是能最大限度地方便旅游者，缺点是价格太高。

2. 半包价

半包价即在全包价的基础上扣除了中、晚餐的费用。这种价格形式既可以降低旅行社产品的总体报价，提高市场竞争力，又可满足不同旅游者的用餐需求。

3. 小包价

小包价包含接送、住宿和早餐费用，其他费用可由旅游者自行选择，可预付也可现付。

4. 零包价

零包价包含往返路费、代办旅游签证的费用等。在旅游目的地旅游者自行活动，费用自行支付。

5. 单项服务价格

单项服务价格是指旅行社按旅游者的要求提供的单项服务的价格，如导游服务价格、代办车票价格、代订客房价格等。

（二）根据旅游产品需求程度的差别划分

1. 基本旅游价格

这是指一项旅游活动中包含的基本服务的价格，这些旅游服务是旅游消费者在旅游活动中必不可少的，如住宿、餐饮、交通等。

2. 非基本旅游价格

这是旅游活动中并非每个旅游者都需要的旅游服务的价格，如购物服务价格、医疗服务价格、邮电服务价格等。这些旅游产品价格虽然不直接影响旅游活动的进行，但可满足一些特定旅游者的需求，且可提高旅游收入。

（三）根据经营者的不同划分

1. 旅游经营者价格

旅游经营者价格是指直接向旅游者销售旅游产品的价格。

2. 旅游目的地价格

旅游目的地价格是指一个国家或地区通过外国旅行社或其他旅游组织向旅游消费者销售的一次旅游活动中基本旅游产品的价格。

3. 外国旅行社价格

外国旅行社价格是指外国旅行社组织一次到旅游目的地国旅游活动所必需费用的市场销售价格。一般来说，这个价格高于旅游目的地价格，其差额部分就是外国旅行社的盈利。

四、影响旅行社产品价格的因素

同一件旅行社产品在不同的时期价格可能不同，有时差距还会很大，这并不奇怪，有很多因素在影响着旅行社产品的定价。

（一）内部因素

1. 营销目标

对同一项产品而言，不同的营销目标会有不同的价格。例如，同样是海南游，如果旅行社将团队性质定位为豪华团，其价格肯定要高于经济团。又比如，有的旅行社想尽快占领市场，那么，这一旅行社在定价时就会尽量压低价格。

2. 营销组合策略

定价只是旅行社借以实现营销目标的多种营销策略之一。因此，旅行社产品的定价不能是孤立的，必须与产品设计、分销、促销等多种营销策略相结合，做到相互协调。比如，有的旅行社计划通过批发商来销售其产品，那么旅行社在给产品定价时就应留出足够的利润空间，以便能给批发商较大的折扣。

3. 成本

成本是旅行社产品价格的最低限度，旅行社产品的定价必须高于成本，否则旅行社的经营将难以为继。旅行社成本分为固定成本和变动成本。固定成本指的是在一定范围和一定时间内总额不随着经营业务量的增减而变动的成本，如租金、利息、员工工资等；变动成本指的是随着旅行社产品销售量的变化其总额发生正比例变化的成本，如交通费、餐费、房费、导游费用等。任何一家旅行社都希望自己的产品成本最低，从而有更大的价格调整空间。

4. 旅行社产品的不可储存和转移的特性

旅行社产品主要是一种无形的服务，具有不可储存性和不可转移性。在市场供过于求时，旅行社无法将产品储存起来等行情好时再卖或运到有市场需求的地方去销售。这一特性决定了旅行社产品的价格不应是一成不变的，在必要时，旅行社应果断地降低产品价格以吸引旅游者。

（二）外部因素

1. 供求关系

在影响旅行社产品价格的诸因素中，供求关系可能是最显著的一个因素。

供求关系是产品的供给与产品的需求间的关系。供给指的是卖者或生产者在某一特定时间内在每一价格下对一种商品愿意而且能够提供出售的数量。需求指的是买者或者消费者在某一特定时间内在每一价格下对一种商品愿意而且能够购买的数量。旅行社产品的价格与产品的供求关系间存在着内在联系。供求关系影响着价格的制定，同时，价格又是平衡供求关系的重要工具。

旅游需求是经常变化的因素，如季节的转暖、旅游者收入的提高、闲暇时间的增多等，都有可能带来旅游需求的增加，此时如果旅游供给还维持原样，就会带来供给的紧张，为维持供给与需求的平衡，旅游产品的价格将会上涨，而旅游产品价格的上涨一方面会刺激旅游供给单位增加旅游供给，另一方面旅游者会减少对旅游产品的需求，使旅游供给与旅游需求趋于平衡。同样，当一些特定的因素使旅游需求减少时，如果旅游供给还维持原样，就会带来供给的过剩，为维持供给与需求的平衡，旅游产品的价格将会下降，而旅游产品价格的下降一方面会刺激旅游者对旅游产品的需求，另一方面会促使旅游供给单位减少旅游供给，使旅游供给与旅游需求趋于平衡。但是，这两种情况下的平衡只是暂时的，市场上总会有新的因素打破这种平衡，从而影响到旅行社产品的价格。供求关系影响旅游产品价格的过程如图 5-1 所示。

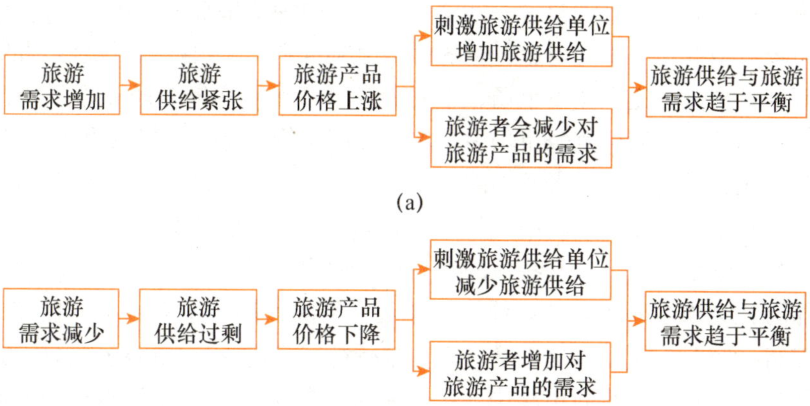

(b)

图 5-1 供求关系影响旅游产品价格的过程

供求关系影响旅行社产品价格的典型例子如“十一”黄金周期间，旅游需求明显增加，并明显快于旅游供给的增加，打破了供需平衡，旅行社产品价格普遍上涨。

2. 协作部门价格调整

旅行社的销售收入中有相当一部分要支付给协作单位，因此，协作部门的价格调整对旅行社的经营会带来很大的影响，旅行社产品的定价不能不考虑这些影响。此外，旅行社产品的销售是一种预约性交易，从报价到成交付款再到旅游开始有一个时间差，有时这个时间差还很长。根据国际惯例，旅行社产品的价格一经报出，在执行年度内要保持相对稳定，这是维护旅行社声誉的必要条件。因此，旅行社在对外报价时应充分考虑可能的成本变动因素。旅行社在因非预料的原因发生成本变动时一般有五种可能的选择：

（1）全部转嫁。即旅行社把新产生的全部附加费用转嫁到旅游者头上。采取这一做法的前提是旅行社必须事先有说明，否则很容易引起纠纷。

（2）全部承担。即旅行社把新产生的全部附加费用承担下来，不对旅游者增收任何费用。这种做法对旅游者有利，但增加了旅行社的风险。

（3）有条件地转嫁。即旅行社事先声明新产生的全部附加费用将由旅游者承担，但如果附加费用超出一定比例，旅行社允许旅游者取消预订。

（4）有条件地承担。旅行社对可能产生的附加费用进行分配，在一定额度内由旅游者承担，超出额度的部分由旅行社承担。

（5）提前付款免收附加费。即旅游者在旅行社规定的时间内预付旅游费，在这种情况下如果发生附加费用，旅行社将全部承担。

3. 市场竞争状况

市场竞争状况对旅行社产品定价的影响主要表现在以下两个方面：

（1）竞争者的价格对本企业产品的价格具有约束力。市场营销理论认为，产品的最低价格取决于该产品的成本费用，最高价格取决于该产品的市场需求，在最低价格与最高价格之间，企业产品的价格则取决于竞争者的价格水平。对某一旅行社来说，其产品的价格应与竞争者的产品价格相适应，若价格过高，则该旅行社可能失去一部分市场；若价格过低，则该旅行社可能失去一部分利润。这两种结果都是旅行社不愿意看到的。

（2）市场竞争程度的不同对旅行社的价格影响也不同。根据西方经济学的观点，市场按竞争程度不同分为完全竞争市场、不完全竞争市场（垄断竞争市场）、寡头市场和完全垄断市场四种。在完全竞争市场中，旅行社产品价格是在多次的市场交易中自然形成的，无论是旅行社还是旅游者都不能左右产品价格，双方只是被动地接受市场竞争中形成的价格；在不完全竞争市场中，旅行社既具有一定程度的垄断性，同时又具有一定程度的竞争性，这使得旅行社有特色的产品在短期内可以定高价，获得超额利润，但与之竞争的旅行社会随之介入，产品价格又会随之下降，回归正常水平；在寡头市场中，少数大的旅行社完全控制了某地市场，其他旅行社很难进入这一市场，这使得产品价格较高而且较稳定；在完全垄断市场中，某一旅游目的地只有一家旅行社经营旅游产品，该旅行社可以控制产品价格。值得注意的是，在实际生活中，完全竞争市场和完全垄断市场在旅行社行业中非常少见，比较常见的是不完全竞争市场（垄断竞争市场）和寡头市场。

4. 消费者对价格与价值的认知

一个产品的价格是否合适最终还是由消费者来判定的。旅行社产品的价格也是如此。不同的消费者对旅行社产品价格的认知会不同。有的消费者看重的是低价，同样的产品，谁的价格低选谁的；有的消费者则拒绝选择低价，认为低价肯定没有质量，因为“一分价钱一分货”；有的消费者则看重品牌，只选择信誉好的旅行社的产品，对价格倒不是很敏感。就总体来说，现阶段我国的旅游消费者对价格的敏感甚于对质量的敏感。但随着人民生活水平的提高和旅游经验的增多，这种情况也正在发生着变化。旅行社在制定价格策略时必须时时考虑到这些变化。

5. 汇率变动

汇率是一个国家的货币兑换其他国家的货币的比例。对国内旅游来说，汇率变动对价格基本上没有什么影响。但对入境、出境游来说，旅行社在制定价格时就必须考虑汇率变动的因素。我国旅行社一般采取人民币对外报价，在人民币贬值时，外国货币币值上升，虽然这可能会吸引更多的外国游客，但因为价格太低也可能会给旅行社带来利润的损失，旅行社可视情况提高产品售价；在人民币升值时，外国货币币值下降，以人民币对外报价的旅游产品实际上是涨价了，为避免失去客源，旅行社可视情况降低售价。

小思考

1个月前，一家旅行社收取了36名游客每人1万元团费，准备赴某国旅游。但在出国前的这1个月中，人民币升值了。请问，这种情况对旅行社有利还是不利?

分析：旅行社的报价1个月前就定了，且已预收了游客的全部费用。当人民币升值时，旅行社兑换同额外币时需要支付的人民币变少了，但旅行社在国外支付的外币数额显然没有变化，因此，这种情况当然对旅行社是有利的。

6. 法律和政策

旅行社产品的价格虽然主要受市场的影响，但旅行社在制定产品价格时也要遵守国家有关法律法规和政策。1989年以前，我国旅行社产品的价格一直是由国家统一制定的，旅行社没有自主定价的权利。从1989年开始，国家对旅行社产品价格的管制逐步放松，到如今，国家全面放开了旅行社对外报价及对内结算的一切标准、方法和内容，旅行社有了充分的价格决策权。

课堂讨论

《旅行社条例》第27条规定："旅行社不得以低于旅游成本的报价招徕旅游者。"第34条规定："旅行社不得要求导游人员和领队人员接待不支付接待和服务费用或者支付的费用低于接待和服务成本的旅游团队，不得要求导游人员和领队人员承担接待旅游团队的相关费用。"第37条规定："旅行社将旅游业务委托给其他旅行社的，应当向接受委托的旅行社支付不低于接待和服务成本的费用；接受委托的旅行社不得接待不支付或者不足额支付接待和服务费用的旅游团队。"

上述规定是否会影响旅行社产品价格？属于哪一种影响因素?

第二节　旅行社产品的价格策略

一、旅行社产品的定价目标

旅行社产品的定价目标指的是旅行社通过特定水平价格的制定或调整所要达到的预期目标。这一目标应符合旅行社总的营销目标，并与其他营销目标相协调。不同的旅行社在同一个时间段里会有不同的定价目标，同一个旅行社在不同的时间段中其定价目标也会有所差别。旅行社可选择的定价目标主要有下述几种。

（一）当前利润最大化

当前利润最大化即旅行社利用自身在某些方面的优势，制定较高的产品价格，以迅速获取最大的销售利润。这种定价目标追求的是当前利润最大化，而不是企业长远的业绩。选择这种定价目标的旅行社大体应满足以下两个条件：

（1）产品有新颖性或独特性，在市场上处于一定的垄断地位，即使价格高一些，旅游者也别无选择。

（2）旅游者对该产品有较强需求，但以此为定价目标的旅行社也应注意兼顾长期利润目标，如果一味追求眼前的高额利润，必然使旅行社形象、信誉受损，不利于企业的长远发展。

（二）维持或提高市场份额

市场占有率的高低关系到企业的发展机会和利润。通常来说，市场份额越高，旅行社产品的平均成本越低。为维持或提高市场占有率，旅行社一般采取低价策略。在创业初期，很多旅行社就通过这种低价策略，很快占领了市场，赢得了声誉，从而创造了需求。而随着需求的增加，旅行社产品价格也逐渐得以提升。需要注意的是，价格太低必然会影响旅行社的利益，因此，低价也要适度。一般来说，选择这种定价目标的旅行社应具备以下两个条件：

（1）该旅行社尚未达到规模经济，增加客源能显著降低成本。

（2）该旅行社的产品比同类产品成本要低。

（三）产品质量领先

产品质量是企业的生命，但即使每一个旅行社的管理者都这么认为，其具体的做法也会不同。在实际经营当中，有的旅行社面对激烈的市场竞争极力降低产品价格，而为维持一定的利润，又不得不降低产品品质。但也有一些旅行社把产品质量放在第一位，无论出现什么情况也不降低产品品质。要做到这一点，旅行社产品的价格往往要维持在一个比较高的水平。这种定价目标与当前利润最大化的定价目标正好相反，它不是追求企业一时的利润，而是企业的长远业绩。

（四）稳定市场价格

同一旅游产品在供求关系比较正常的情况下应尽量保持价格的稳定。稳定的价格能使旅行社获得稳定的收益。价格变动过于频繁，既容易导致恶性价格竞争，也会给旅游者带来不稳定的感觉，影响旅游者购买旅游产品的积极性。现在多数旅行社已经意识到这一点，尽量不去打破价格的相对均衡。

（五）应付与防止竞争

这是指旅行社根据市场竞争的需要来制定旅游产品的价格。比如，实力雄厚、旅游产品质量占绝对优势的旅行社，可以制定高于竞争对手的价格出售产品；有一定实力、急于提高市场占有率的旅行社可以制定低于竞争对手的价格出售产品；实力较弱的旅行社可以制定与竞争者价格相同或略低于竞争者的价格出售产品。

二、旅行社产品的定价方法

几乎所有的旅行社可能都面临着这样的两难选择：产品价格低了没钱可赚，产品价格高了无人购买。但是高明的旅行社总是能在这两者之间找到最适当的价格水平。

旅行社产品的定价方法主要有三种，即成本导向定价法、需求导向定价法和竞争导向定价法。这三种定价方法各有优点，也各有不足之处，很少有哪一家旅行社会单纯地采用一种定价方法而忽视其他定价方法。一般情况下，旅行社会综合采用各种定价方法，但其中可能会有所侧重。

（一）成本导向定价法

在产品成本的基础上加上一定的利润来制定产品价格的方法即成本导向定价法。比如，某旅游产品的各项成本是 1 000 元，而旅行社以 1 200 元对外报价，这等于该旅行社在产品成本的基础上加上了 20%的利润。采取这种定价方式要求旅行社对产品成本有准确的认识，同时，还要注意一定的灵活性，避免对任何产品都加上一个同样的利润比例。比如，高成本高价格的产品和低成本低价格的产品所附加的利润比例就不一定要一样。一件成本为 4 000 元的产品，即使加上 10%的利润，也比一件成本为 1 000 元、利润率为 20%的产品的利润要多一倍。此外降低利润率还可能带来更多的顾客。

成本导向定价法是一种最简便易行的定价方法，也是旅行社行业比较常用的一种定价方法。但这种方法不尽合理，因为这种方法依据的是卖方的意图，强调的是成本的补偿，而忽略了市场需求和竞争对手的价格。因此，较为科学的做法是将这种定价方法作为一种基础定价方法确定产品的初始价格，然后根据其他定价方法对价格进行调整。

正常情况下，旅行社产品的价格不能低于成本，否则旅行社难以为继。但现实生活中，经常出现旅行社产品价格低于成本的情况，除了极少数是为了临时促销、推广以外，多数情况下是为了以低价招揽游客，并通过安排购物或者另行付费旅游项目的方式获取回扣等不正当利益，我国的法律和法规明确禁止这一行为。

相关链接

根据《国家旅游局关于打击组织“不合理低价游”的意见》（旅发〔2015〕218 号），有下列行为之一的，可被认定为“不合理低价”：一是旅行社的旅游产品价格低于当地旅游部门或旅游行业协会公布的诚信旅游指导价 30%以上的；二是组团社将业务委托给地接社履行，不向地接社支付费用或者支付的费用低于接待和服务成本的；三是地接社接待不支付接待和服务费用或者支付的费用低于接待和服务成本的旅游团队的；四是旅行社安排导游领队为团队旅游提供服务，要求导游领队垫付或者向导游领队收取费用的；五是法律、法规规定的旅行社损害旅游者合法权益的其他“不合理低价”行为。

《国家旅游局关于打击组织“不合理低价游”的意见》还规定，各级旅游部门按以下标准依法对“不合理低价游”行为进行处罚处理：

（1）对旅行社的处罚处理：一是没收违法所得，责令停业整顿三个月，情节严重的，吊销旅行社业务经营许可证；二是处三十万元罚款，违法所得三十万元以上的，处违法所得五倍罚款；三是列入旅游经营服务不良信息，并转入旅游经营服务信用档案，向社会予以公布。

(2) 对旅行社相关责任人的处罚处理：一是对直接负责主管人员和其他直接责任人员，没收违法所得，处二万元罚款；二是被吊销旅行社业务经营许可证的旅行社法人代表和主要管理人员，自处罚之日起未逾三年的，不得从事旅行社业务；三是列入旅游经营服务不良信息，并转入旅游经营服务信用档案，向社会予以公布。

（二）需求导向定价法

根据旅游者对旅行社产品的需求强度来制定产品价格的方法即需求导向定价法。这种定价方法将旅游者对产品价值的认知而不是将产品成本作为定价的关键因素。旅行社创立产品的目的还是销售，如果旅行社产品的价格不能被旅游者认可，产品的销售就难以实现，该产品就会出现“有价无市”的局面。因此，旅行社产品价格是否合理，最有发言权的还是旅游消费者。受到旅游者广泛欢迎的旅游产品，即使价格高一点也会有人购买；不受欢迎的旅游产品，即使价格再低也可能应者寥寥。正因为此，需求导向定价法正为越来越多的旅行社所接受。

需求导向定价法的应用前提是旅行社对产品的市场需求有准确的了解，这需要旅行社在市场调查和研究方面做大量的工作。

（三）竞争导向定价法

竞争导向定价法是指旅行社以市场上相互竞争的同类产品的价格为基本依据确定产品价格，并根据市场竞争状况的变化不断调整价格水平的定价方法。这种定价方法强调的是竞争对手的价格，不太考虑产品的成本和市场需求。如果竞争对手的价格变了，即使成本未变，该旅行社的产品价格也会跟着改变；如果成本出现变化，但竞争对手价格未变，该旅行社的产品价格也不变。这种定价方法并不一定要求产品价格与竞争对手的价格相同，有的旅行社的产品价格可能比竞争对手高一点或低一点，但高低价差却应保持不变。

三、旅行社产品的定价策略

旅行社产品价格的制定是一件非常细致的工作，不仅要考虑旅行社产品价格的构成，还要考虑影响旅行社产品价格变动的各种因素，以保证价格制定的科学性。

（一）新产品定价策略

在产品的不同生命周期当中，定价策略往往是不同的。对一件新产品来说，定价尤其具有挑战性。旅行社新产品投放市场时，常见的是两种对立的定价策略，即撇脂定价策略和渗透定价策略，另有一种介于二者之间的中位定价策略，还有一种是不太被应用，但有时很管用的需求定价策略。

1. 撇脂定价策略

“撇脂”的原意是指从鲜奶中撇取乳酪。撇脂定价策略指的是旅行社在推出新产品时，利用新产品的市场需求弹性小，几乎没有竞争者的优势，给新产品定较高的价格，以获得较高利润，随着旅游产品生命周期的推移和产品销售量的增加，旅行社再逐步降低新产品价格，以吸引更广泛的消费者。采用这一策略的好处是，在销售前期，能树立新产品高品质的形象，旅行社也能较快收回开发成本。同时，还可使新产品有较大的价格调整空间，增强竞争优势。其缺点是很有可能曲高和寡，游客无人响应。即使能吸引很多顾客，也必将会吸引别的旅行社推出同样的产品，招致激烈的竞争。因此，在像旅行社这样的进入比较容易的接待服务领域中，长期使用这种定价策略几乎是不可能的。

2. 渗透定价策略

这一定价策略指的是旅行社在推出新产品时制定较低的价格，迅速而深入地渗透到市场当中，吸引更多的顾客，以便赢得更大的市场份额。这一策略的优点是薄利多销，产品很容易被旅游经销商和旅游消费者接受，从而迅速打开销路，使成本随着销售的增加而下降。此外，这一策略能够有效地排斥竞争者的介入，有很强的市场竞争力。其缺点是投资回收期长，且以后提价较难。

渗透定价策略并不是在所有情况下都适合的。要采用这一策略，最好符合下面的条件：

（1）市场对价格高度敏感，这样，低价才可能吸引大量顾客。比如说，某一产品是专门针对商务旅游者开发的，而商务旅游者对价格普遍不敏感，这时采用低价渗透是不明智的。

（2）必须存在规模经济，即随着游客增多，平均的利润率会随之提高，否则，低价渗透毫无意义。

（3）低价必须有助于抵御竞争。

3. 中位定价策略

中位定价策略指的是将新产品价格定在低价和高价之间，这是介于撇脂定价策略和渗透定价策略之间的一种折中策略。这一策略既兼顾了各方利益，又能使旅行社获得一定的利润。其缺点是兼顾太多，有可能会失去很多机会。

4. 需求定价策略

需求定价策略指的是旅行社根据游客对某一产品的价格承受力来设计产品并制定价格。其基本程序是：旅行社通过市场调查，了解游客对某一产品愿意支付多少，然后在该价格范围内进行该产品的具体设计，并制定出产品价格。如果在该价格范围内旅行社无利可图，则放弃该产品。

（二）心理定价策略

心理定价策略是指根据旅游消费者的消费心理来制定产品价格的策略。它看重的是游客对价格的心理作用，而不是简单的价格计算。可以采取的心理定价策略有下述几种。

1. 整数定价策略

整数定价策略是指旅行社在制定产品价格时，将产品的价格定成整数形式。整数定价策略可以提高旅行社产品的身价，满足旅游者追求高消费和注重高品质的心理需求。

2. 尾数定价策略

尾数定价策略是指旅行社在制定产品价格时，以有零头的数代替整数的定价策略。

这种定价策略有下面几种优势：首先，消费者会认为有零头的数比整数便宜得多，如998 元和 1 000 元实际上差不多，但 998 元给人的感觉要便宜很多，这可激发旅游者购买旅游产品的愿望；其次，有零头的数给人以精确的感觉，而整数给人不精确的感觉，所以，尾数定价策略有时还能提升旅游者对旅行社的信任度；最后，有的旅游者对数字有着特别的偏好或忌讳，尾数定价策略可以针对旅游者的特点灵活制定价格。

3. 声望定价策略

有些旅游者认为，高价旅游产品同时意味着高品质的产品和服务，消费高质量的旅游产品可以显示和提高其身份、地位和名望。为吸引这一类旅游者并创造一种排他性的形象，旅行社可以采取声望定价策略，对在旅游者心目中有较高信誉的产品制定较高的价格，既保障了旅行社的利润，也有利于旅行社有更多的财力去维护这一产品的品质。

4. 系列定价

系列定价指的是旅行社推出一系列功能相近但档次不同、价格不同的产品，如针对同一条线路同时推出豪华型、标准型、经济型三种不同档次的产品，交由旅游者选择。旅游者在比较当中，可加深对产品的认同，同时也满足了旅游者“选购”的愿望。

5. 组合定价策略

组合定价策略指的是旅行社降低某综合产品中一种或几种产品价格，吸引旅游消费者来购买，从而把综合产品中其他的旅游产品也一并推销出去。在这个过程中，旅行社看似损失了一部分利润，但却获得了更多利润。旅行社在执行组合定价策略时，应注意选择购买人数少但旅游者又比较敏感的产品来降价，以免对旅行社的利润冲击太大。

6. 习惯定价

某一产品的市场价格已被大家熟知，购买者已习惯了这一价格，这时旅行社就不要轻易改变价格，以免受到消费者抵触。如果遇到成本上扬，可通过改变产品内容和质量的方法弥补利润的损失。

（三）折扣定价策略

折扣定价策略指的是旅行社在确定产品基本标价的基础上，根据交易条件、交易方式、交易数量和交易时间等的不同，对旅游消费者实行一定幅度的价格减让的定价策略。这一策略能稳住老客户，吸引新客户，是旅行社提高产品销量、扩大市场份额的有效方法。常见的折扣方式有下述几种。

1. 数量折扣

数量折扣是根据购买数量或金额而给予的折扣，实行数量折扣的目的是鼓励消费者多购买旅游产品，一般是购买数量或金额越多，折扣越多。数量折扣可分为累计数量折扣和一次性数量折扣两种。累计数量折扣指的是旅行社根据旅游消费者在一定时期内购买的旅游产品的总数量或金额的大小而给予的折扣；一次性数量折扣指的是旅行社根据旅游消费者每次购买旅游产品的数量或金额而给予的折扣。数量折扣可以在某一段时间内实行，也可以在全年实行。

2. 季节性折扣

季节性折扣是指旅行社在旅游淡季的时候对购买旅行社产品的游客给予的折扣。旅游业是季节性很强的行业，这一定价策略有助于旅行社在一年中维持较稳定的客源。

3. 时间性折扣

时间性折扣是指旅行社在特定时间段中给予消费者的折扣。这一点虽然与季节性折扣类似，但与季节性折扣还是有较大差别。时间性折扣不拘泥于旅游淡季，它可能在任何一个合适的时间段内适用。比如，对同一个“一日游”旅游产品，旅行社可以对早晨5点出发的旅游团成员给予优惠，因为多数游客不愿意太早出行，也正因为如此，早一点出行的话，旅行社更容易安排各项旅游服务项目，甚至能得到旅游服务供应部门的优惠。再比如，同一个旅游产品，周六发团与周一发团的价格可能不一样，这也是时间性折扣的体现。

4. 同业折扣

同业折扣是指旅行社给予各类中间商的折扣。一般来说，给予批发商的折扣较大，给予零售商的折扣较小。这一类折扣有利于刺激旅游中间商充分发挥各自的能动性，扩大产品销量。

5. 现金折扣

现金折扣是指旅行社对按约定日期付款或提前付款的旅游者提供的折扣，又称付款期限折扣。现金折扣有助于旅行社尽快收回货款，减少因赊欠造成的利息损失和坏账损失。有时现金折扣也能使旅游者早下决心，起到稳住客源的作用。

(四) 促销定价策略

有的旅行社将该社的某一产品定很低的价格，有时这一做法会起到意想不到的效果。游客可能会因此认为，该旅行社的所有产品价格都是很低的，都是值得购买的。此外，低价产品在吸引大量游客的同时，也将旅行社的服务和名气推销了出去，能增强游客对旅行社的认同感，从而有利于旅行社其他产品的销售。旅行社采用这一策略时要注意选择游客熟知的、有价格参照系的产品降价。

(五) 分级定价策略

分级定价策略指的是旅行社根据不同层次的旅游者的消费能力，将同一旅游产品分为几个不同档次，每个档次制定一个价格，以满足不同旅游者的需求。

(六) 差别定价策略

差别定价策略指的是旅行社根据不同细分市场的差异调整产品价格，使同一产品有两种甚至有更多的价格，并力图使不同的群体享用不同的价格。比如，对同一产品，旅行社可以对提前20天预订的游客定较低的价格，而对其他游客定较高的价格。这一定价策略有两大好处：一是旅行社有充足的时间进行准备，甚至有机会获得旅游服务供应部门的更多的优惠；二是既满足了要求低价的旅游者的需要，又排除了一些有支付能力的旅游者享受低价旅游。比如，一些休闲度假旅游者对时间不敏感但对价格敏感，他们可以选择提前20天预订；一些商务旅游者不太可能提前20天预订旅游产品，也就无法享受低价旅游，但他们对价格不敏感，贵一点并不影响他们的旅游愿望，他们可能以高价购买同一旅游产品。

小思考

现在有的旅行社根据旅游者的年龄段甚至职业来对同一旅游产品制定不同的价格，如老年人一个价，年轻人一个价。这也是一种差别定价方法吗？

分析：这种定价方法缺乏合法依据，是一种歧视性的定价，不是我们所说的差别定价。

四、旅行社产品的价格调整

旅行社产品价格确定之后，面对瞬息万变的市场，管理者经常要面临的问题是：要不要降价？要不要提价？什么时候降价或提价？

（一）发动降价

在旅游服务行业发动降价是需要慎重考虑的，因为降价往往会引起同行的连锁反应，甚至引起恶性价格竞争。但这并不表示旅行社产品不能降价，只要时机成熟，降价也会带来利润。

在以下几种情况下旅行社可以考虑降价。

1. 生产能力过剩

在某一时期，旅行社的人员、设施、设备、所采购的旅游服务项目都能为更多的旅游者提供服务，而旅行社又不能通过加大促销力度、改进产品或其他措施来增加销售量，这时，旅行社可以考虑采取主动降价的策略来刺激销售量的增加。

2. 降价能大幅提高销售量

有的产品，稍微降价就能大幅提高销量。如一个产品降价1%，很可能使销量增加10%，这时旅行社可以考虑降价销售，通过销量的增加弥补价格上的损失。一般情况下，降价与提高销量是成正比的。但也有的产品降价并不会提高销量，有的产品降价只会让销量提高一点点，甚至不能弥补因降价带来的损失，这时降价就没有意义。

3. 成本下降

采购到更加优惠的旅游服务项目、加强内部管理、减少浪费等都能使旅行社降低经营成本。这时旅行社的一种选择是维持价格不变，利润自然增加；旅行社还有一种选择是适当降价，让利于游客，以赢得游客的信任，并且增加销售量。

（二）发动提价

与上述情况相反，有时旅行社可以考虑提高价格。虽然提价会招致游客、经销商的不满，但成功的提价能减少损失，有时还能极大地促进利润的增加。有的提价甚至能带来意想不到的收获。如有的游客可能会认为，提价的产品肯定是受欢迎的产品，因此是值得购买的产品。

旅行社在以下一些情况下可以考虑提价。

1. 成本上涨

在旅行社的成本中，有的是旅行社可以控制的，有的是旅行社无法控制的，如机票上涨、住宿价格上扬、景点涨价、汇率的不利变化等，这些涨价因素必然会带来旅行社成本的增加，为维持经营，旅行社不得不提价。这是一种被动提价，其目的是减少损失。由于成本上涨的因素难以预测，所以旅行社应尽量避免与游客或经销商达成长期的价格协议。

2. 产品供给不足

当旅行社的某一旅游产品的需求大量增加，而旅行社在短时间内又无法增加供给时，旅行社可以考虑提价，以求得供给与需求的平衡，并在现有的供给水平下获得最大的利润。

3. 产品无可替代

如果旅行社的某一产品比较有特色，游客在市场上一时找不到可替代品，旅行社对产品进行轻微提价并不会影响销量，这时旅行社可考虑适当提价以增加利润。

相关链接

需要指出的是，提价毕竟要增加游客的负担，为减轻游客的反感，旅行社应注意提价时机的选择。比如，当游客已经注意到机票涨价的时候，旅行社产品涨价也就顺理成章了。同时，涨价前旅行社应制订一个详细的沟通计划，让游客知道涨价的理由。

第三节　旅行社产品的销售渠道和流程

一件产品从旅行社到消费者手中有两种渠道：一种是直接销售渠道，即旅行社直接将产品销售给最终消费者，其间没有任何中间环节介入；另一种是间接销售渠道，即旅行社通过一个或多个中间环节（代理商、批发商、零售商等）将产品销售给最终消费者。根据中间环节的数量，间接销售渠道又可分为单环节销售渠道、双环节销售渠道和多环节销售渠道。在现代的竞争环境中，企业仅仅依靠自己的销售力量往往是不够的，因此，间接销售渠道正越来越受到重视。

一、旅行社产品的直接销售

旅行社产品的直接销售主要有三种途径：一是通过设立门市部等服务网点向顾客直接销售产品；二是通过互联网、电话、传真、信件、微信、QQ等直接销售产品；三是旅行社直接上门销售。具体如图5-2所示。

旅行社产品的直接销售→旅行社→门市部等服务网点→旅游者
旅行社产品的直接销售→旅行社→互联网等→旅游者
旅行社产品的直接销售→旅行社直接上门销售

图5-2　旅行社产品直接销售的途径

小思考

直接销售有什么优点和缺点？

分析：直接销售直接面对消费群体，能及时了解顾客需求，销售手续简便、灵活、及时，因没有中间环节，可减少费用支出。但直接销售使销售渠道受限，影响销售量的增加。

（一）通过门市直接销售

通过设立门市部向顾客直接销售产品是旅行社常用的传统销售方式。因门市销售要直接面对最终消费者，为了给消费者留下良好的印象，顺利销售出产品，旅行社需要在门市部的选址、布局、装饰及销售工作规范等方面尽量做到完美。

1. 门市部的选址

对一个接待企业来说，做好销售的一个重要方面是门市部的选址。门市部位置的好坏直接关系到旅行社业务量的大小，甚至关系到旅行社的生存。门市部的选址主要应注意以下几个方面：靠近旅行社所定位的目标市场（见表 5－1）；顾客能方便地进出；容易被顾客看到。

表 5－1　旅行社的目标市场及门市部可考虑的设立地点

主要目标市场	门市部相应的设立地点
过往客人	航空港、火车站、码头、长途汽车站
商务旅游者	商务饭店及其附近地区
当地居民	人口稠密的居民区
大、中学校师生	在学校集中的地区
厂矿工人	在厂矿集中的地区

不同的旅行社应根据自身的特点，做出符合自己需要的选择。对一个信誉好、名气大的旅行社来说，有时深藏于陋巷也未必是一个坏的选择；而对一个刚进入市场、经验和名气都很缺乏的旅行社来说，将门市部设在旅行社相对集中的地区则是一个更有利的选择。

小思考

旅行社的选址能否做到面面俱到？

分析：旅行社在选址时，如果能做到面面俱到、集各种优势于一身当然是好事，但这并不现实，因为好的位置必然租金高昂，经营风险也会增加。

2. 门市部的布局

门市部在布局上一般可分为三个区域：门市入口及等候区、接待与咨询服务区、后勤工作区。

（1）门市入口及等候区。这是顾客走进旅行社门市部后所见的第一个区域，直接影响旅行社的形象。因此，这个区的布局应尽量做到简洁、合理，保持进出通道的畅通。等候区应有座椅或沙发，并配备饮水设施，最好还应有本社宣传资料等可供旅游者等候时看的材料。

（2）接待与咨询服务区。这是旅行社门市部的核心区域，其布局设计应有利于提高员工的工作效率，同时能使来访者感到心情愉快。比如，尽量使每一位员工有一小块自己使用的工作区域，各工作区域间最好有隔板隔开；尽量使每一位员工在自己的座位上都能看到来访者。

（3）后勤工作区。这个区域除特殊情况外，不应对外开放，包括部门经理办公室、库房、卫生间等。

3. 门市部的装饰和陈列

门市部的内外装饰和陈列直接影响来门市部咨询的顾客的人数和洽谈业务者的心态。

（1）门市部外观装饰设计。重点是对店面大门、招牌和橱窗等的设计。大门以通透的玻璃门为宜，并始终保持干净。招牌应做到“三易”：易见、易理解、易记忆。橱窗陈列应醒目，并根据季节、节日的变化经常更新。

（2）门市部的内部装饰。应重点考虑采光、声音、色调、家具与设备等因素的搭配与协调。在采光方面，门市部内应保证有充足的自然光线，如果自然光线不够，应有灯光作为弥补。灯光当然应该明亮，但也应尽量柔和、温馨，以利于人们消除疲劳。为避免室内声音过于嘈杂，可以采取铺地毯、摆放木制家具和安装布幔等措施来弥补，还可以适当放一些轻音乐。在色调上，应以中性色调为主，如乳白色、米黄色等，这些色调给人明快、温馨的感觉，易拉近人与人之间的距离。

（3）销售资料的陈列。门市部销售资料的陈列也要讲究技巧，这样可提升销售额。所陈列的资料应分类清晰，取阅方便，同时要有足够的资料供陈列，使货架充实，给旅游者以产品丰富的印象。

4. 门市部销售人员的选择

门市部是旅行社销售的窗口，销售人员的素质直接影响旅游产品的销售，旅游者往往是通过门市部的销售人员建立起对旅行社的第一印象的，因此，销售人员的选择也是旅行社销售策略中很重要的内容。门市部在选择销售人员时，除了要求他们应具备其他岗位上工作人员一样的职业素质外，还要具备下列素质：

（1）精通旅游产品知识。门市部销售人员不仅应精通本旅行社的产品，知道产品的价格组成、服务内容，也应对其他旅行社的流行产品有所了解，知道二者之间的区别，并充分了解本旅行社产品的特色和优势。

（2）理解顾客的需求。门市部的销售人员应有敏锐的眼光，深刻洞察顾客的内心世界，通过一两句对话就能了解顾客的内心需求，这样推销产品时才能做到有的放矢。

（3）有良好的语言交际能力。在接待过程中，门市部销售人员要对产品进行介绍，要回答顾客提出的各种问题并提供咨询意见和建议，因此，销售人员的语言功底如何，直接关系到顾客对产品的印象。良好的语言交际能力能帮助销售人员与顾客之间建立起互相信任的关系，有利于产品的推销。

（4）较高的文字水平。在门市部接待过程中，要填写各种表格和起草各种业务文件，因此，文字水平也应是门市部销售人员综合素质的重要方面。

5. 门市部销售工作的基本流程

门市部直接销售产品时，应遵循下列工作流程：

（1）微笑迎客。当顾客进门后，工作人员应微笑迎客，热情问候，邀请顾客入座。

（2）主动搭话。工作人员应主动寻找搭话机会，这样可大大增加交易的可能性，同时可显示自己热情服务的愿望，避免顾客有被冷落的感觉。

小思考

如果你是旅行社门市部工作人员的话，会如何与顾客搭话？

分析：搭话确实要把握好时机，比如，当顾客较长时间凝视某一线路的宣传时，较细心地查看某张图片时，反复看某一张宣传资料时，都是工作人员搭话的好时机。这时，工作人员可上前去直截了当地说“请允许我来为您介绍一下”。相对而言，“需要我为您介绍一下吗？”这样的选择性语言更容易被拒绝。

（3）展示产品。当确知顾客对某一产品感兴趣时，工作人员应立即取出该产品的宣传资料进行介绍，重点展示产品优势和特色，同时可通过查看网友评论等方法，消除顾客的疑惑。介绍产品时，工作人员应尽量显现出自信和权威，不失时机地给顾客介绍一些高层次的业务知识。要给顾客这样一种印象：本旅行社的产品是最好的，本旅行社的工作人员是很专业的。如果暂时没有能满足顾客需求的旅游产品，可尝试向顾客介绍相类似的产品或提出向顾客定制旅游产品，并及时向顾客提供定制产品的方案和报价。

相关链接

交谈礼节

与顾客交谈是一门艺术，下面这些交谈礼节是工作人员应掌握的：

（1）语速适中，不快不慢，应给对方以品味和思考的时间。语调应柔和、悦耳，做到轻重适宜，高低有度，快慢有节。与老年人交谈应放慢语速，加大声音；与年幼者交谈应语调柔和。

（2）注意对方反应。当发现对方对自己的话可能没有理解时，应采取补救措施。当发现对方对自己的话不理不睬或避而不答时，应该打住或转移话题。

（3）不谈个人隐私。不问顾客的简历、工资收入、家庭财产和个人生活方面的事情，尤其不打听女顾客的年龄、婚姻状况。

（4）交谈时与顾客保持一定的距离，不能离得太近。

（4）签订合同。顾客确定购买某一产品时，工作人员应不失时机地与顾客签订合同，并要求顾客如实填写报名表，工作人员应认真解释合同相关条款。

（5）收款。合同签订后，应向顾客收取旅游费用并向顾客开具发票。从表面上看，这是一项很简单的工作，却需要很细心地做好。收款时应尽量做到的“三唱一复”，即唱价（确认价格）、唱收（确认顾客所付的金额）、唱付（确认找钱的金额）、一复（确认顾客所选产品的价格与所收费用相符），这样才能很大程度上避免出现差错。现在，顾客更多地倾向于使用手机付款（微信或支付宝等），这使得错收款的可能性大大降低，即使出错也易于发现和纠正。

（6）收尾工作。上述工作完成后，在顾客离开门市之前，工作人员应提示顾客自行购买旅游意外保险等，还应告知顾客团队出发的时间、地点、注意事项、联系方式等，并预祝顾客旅途愉快。如果顾客还没有决定购买旅游产品，工作人员应向顾客提供宣传资料，提供电话或邮箱等联系方式，表达期待顾客进一步联络的愿望。

（7）手续交接。顾客报名完成后，门市工作人员应将报名表等相关资料提供给计调人员，妥善保管好顾客提交的办理签证和相关证件的资料，并及时提供给相关部门办理。

相关链接

降价不是万能的

门市销售不可避免地要与顾客谈价。作为一个有经验的销售人员，应尽量避免与顾客过早地进入“价格谈判”阶段，而是要巧妙地把顾客的注意力引导到产品品质上，即先提起顾客的购买欲望，这样，价格就会成为顾客考虑的次要因素了。在谈价时，不能一味打降价牌，要知道，无论产品价格多低，顾客还会认为旅行社有钱赚，当别的旅行社报出更低价格时，顾客就会改变选择。

（二）通过互联网直接销售

企业已越来越离不开互联网，旅行社同样如此。具备联网条件，不仅是旅行社设立的基本前提之一，也是其开展业务的必备条件。几乎所有的旅行社都在使用互联网获取与发布信息，销售产品，开展交流沟通，进行内部管理。

在产品营销领域，互联网有着独特的优势，发挥着日益重要的作用。旅行社通过互联网开展网上销售和采购业务，运用移动端进行企业营销推广，可取得良好的经济效益。尽管与其他商务类应用相比，我国旅行预订的普及率还相对较低，但增长速度很快。目前，网民的旅游需求仍处于快速增长阶段，随着电子商务的发展，未来旅游电子商务将会有更大的发展空间。

相关链接

中国互联网络信息中心2019年8月发布的《第44次中国互联网络发展状况统计报告》显示，截至2019年6月，中国网民规模达8.54亿，较2018年年底增长2 598万人，互联网普及率为61.2%（2015年年底为50.3%）。其中，中国手机网民规模达8.47亿，较2018年年底增加2 984万人。网民中使用手机上网人群占比由2015年的90.1%提升至99.1%，使用电视上网的比例达到33.1%，使用台式电脑上网、笔记本电脑上网和平板电脑上网的比例分别达到46.2%、36.1%和28.3%。

1. 利用互联网销售产品的优势

旅行社利用互联网销售产品，至少能获得以下几项优势：

（1）节省成本。在互联网上销售产品可节省门市销售中的房租、人工、水电等的开支，而网络内容的更新、维护又相对容易，可大大节省旅行社的支出。

（2）方便顾客浏览、购买产品。通过互联网，顾客可以在能上网的任何地方、在任何时间浏览旅行社的产品，还可在网上对旅游目的地进行虚拟游览和体验，并实现对产品的网上预订和快速结算，方便了顾客，自然也就增加了产品的销售机会。

（3）有利于旅行社产品的宣传，扩大旅行社的影响。互联网传递的信息丰富多彩，可以是文字、图片、声音，也可以是电影、动画，内容可多可少，可长可短，旅行社可以充分利用互联网的这一功能，全面地介绍旅行社及其推出的产品，而这些是传统的印刷品宣传资料难以比拟的。

（4）便于旅行社了解顾客的需求。通过互联网，旅行社可以了解顾客对自己所提供信息的使用情况，通过互动平台，旅行社甚至能得到顾客的一些意见和建议。

尽管利用互联网销售产品优势明显，但也面临许多问题，如有的顾客会认为网上交易安全度不高，缺乏保障；网上提供的产品往往“老少皆宜”，缺乏特色；网上交易无法为顾客提供更多的产品细节；等等。因此，网上销售产品不能作为旅行社产品的唯一交易方式。

2. 利用互联网销售产品的方式

旅行社通过互联网销售产品有以下两种方式：

（1）建立自己的网站。这种方式对旅行社宣传自己的产品非常有利，但需要花费人力、财力去建立网站、维护网站。如果网站知名度不高的话，很可能会因为缺乏浏览者而形同虚设。

（2）利用他人网站发布信息。旅行社可以在一些有影响力的旅游网站或其他网站上发布产品信息、制作链接、开展网上预订。这种方式既免除了旅行社建立、维护网站的麻烦，又可利用现有网站的点击率提高旅行社的影响力。但旅行社可能因此要支付一些费用（也有的网站为扩大影响，会为旅行社免费提供一些网络空间），且旅行社无法像在自己的网站上那样全面详细地宣传自己。

3. 利用互联网销售产品应注意的事项

近年来，网络销售在我国发展非常迅猛，已造成了对传统营销模式的强烈冲击。对旅行社来说，网络销售已成为一种不可忽视的销售方式。但旅行社在使用互联网作为销售手段时，应注意下面一些问题：

（1）在网上发布的信息应丰富、形象、生动，充分发挥网络的视听效果，如果仅是将纸质宣传品上的文本信息搬上网络，网络的优势就得不到充分发挥。

（2）既要充分利用网络的多种表现手段，又不能仅仅停留于此，因为，最终说服游客的还是产品的实质内容。

（3）网上销售的目的是方便游客，因此，旅行社不仅要在网上提供预订方式，还要尽量简化预订手续，并努力使预订手续简明易懂。

（4）重视网络移动端在互联网营销中的作用。近年来，网络移动端的使用越来越广泛，移动营销成为企业营销推广的重要渠道。据统计，在开展过移动营销的企业中，微信营销推广使用率在 2015 年就达到了 75.3%，这说明，微信已成为最受企业欢迎的移动营销推广方式。

课堂讨论

比较表 5－2 和表 5－3 中各类网络应用使用率的变化，讨论这些变化对旅行社的网上销售有何启示。

表 5－2　2010—2011 年各类网络应用使用率

应用	2010 年		2011 年		年增长率
	用户规模（万）	使用率	用户规模（万）	使用率	
即时通信	35 258	77.1%	41 510	80.9%	17.7%
搜索引擎	37 453	81.9%	40 740	79.4%	8.8%
网络音乐	36 218	79.2%	38 585	75.2%	6.5%
网络新闻	35 304	77.2%	36 687	71.5%	3.9%
网络视频	28 398	62.1%	32 531	63.4%	14.6%
网络游戏	30 410	66.5%	32 428	63.2%	6.6%
博客/个人空间	29 450	64.4%	31 864	62.1%	8.2%
微博	6 311	13.8%	24 988	48.7%	296.0%
电子邮件	24 969	54.6%	24 577	47.9%	−1.6%
社交网站	23 505	51.4%	24 424	47.6%	3.9%
网络文学	19 481	42.6%	20 267	39.5%	4.0%
网络购物	16 051	35.1%	19 395	37.8%	20.8%
网上支付	13 719	30.0%	16 676	32.5%	21.6%
网上银行	13 948	30.5%	16 624	32.4%	19.2%

续表

应用	2010年		2011年		年增长率
	用户规模（万）	使用率	用户规模（万）	使用率	
论坛/BBS	14 817	32.4%	14 469	28.2%	−2.3%
团购	1 875	4.1%	6 465	12.6%	244.8%
旅行预订	3 613	7.9%	4 207	8.2%	16.5%
网络炒股	7 088	15.5%	4 002	7.8%	−43.5%

注：数据来自中国互联网络信息中心《第29次中国互联网络发展状况统计报告》。

表5-3　2018年12月—2019年6月各类网络应用使用率

应用	2018年12月		2019年6月		半年增长率
	用户规模（万）	网民使用率	用户规模（万）	网民使用率	
即时通信	79 172	95.6%	82 470	96.5%	4.2%
搜索引擎	68 132	82.2%	69 470	81.3%	2.0%
网络新闻	67 473	81.4%	68 587	80.3%	1.7%
网络视频（含短视频）	72 486	87.5%	75 877	88.8%	4.7%
网络购物	61 011	73.6%	63 882	74.8%	4.7%
网络支付	60 040	72.5%	63 305	74.1%	5.4%
网络音乐	57 560	69.5%	60 789	71.1%	5.6%
网络游戏	48 384	58.4%	49 356	57.8%	2.0%
网络文学	43 201	52.1%	45 454	53.2%	5.2%
旅行预订	41 001	49.5%	41 815	48.9%	2.0%
网上订外卖	40 601	49.0%	42 118	49.3%	3.7%
网络直播	39 676	47.9%	43 322	50.7%	9.2%
网约专车或快车	33 282	40.2%	33 915	39.7%	1.9%
网约出租车	32 988	39.8%	33 658	39.4%	2.0%
在线教育	20 123	24.3%	23 246	27.2%	15.5%

注：数据来自中国互联网络信息中心《第44次中国互联网络发展状况统计报告》。

二、旅行社产品的间接销售

对旅行社来讲，把每一件产品都直接销售给最终消费者是不现实的，这不仅是因为旅行社自身实力有限，还因为旅行社产品的销售与普通产品销售不同，不是把产品卖出去了就行了，还要完成接待，也就是等旅游者旅游完毕了，旅行社产品才算真正销售成功。正因为如此，旅行社产品的销售更多依赖的是间接销售。

（一）间接销售的方式

旅行社产品的间接销售主要有线下和线上两种方式。过去，旅行社产品的间接销售主要依靠线下的旅游代理商、批发商、零售商等中介机构来完成。现在，随着电子商务的发展，通过专业旅游营销网站提供的在线销售平台间接销售产品，已成为旅行社重要的产品销售方式。目前，这些专业化的旅游营销网站越来越多，这些网站，有的直接面向旅游者销售产品和服务，有的则面向旅游同行销售。旅行社可根据自己的需要进行选择。

（二）间接销售策略

旅行社间接销售产品需要通过中间商这一媒介。在经营过程中，主要是因为旅行社对中间商的选择策略存在差异，形成了旅行社不同的间接销售策略。

1. 广泛性销售策略

这一策略指的是旅行社广泛委托各旅游批发商、零售商，以最大限度地销售产品、招徕客源。

2. 选择性销售策略

这一策略指的是旅行社只与少数几家中间商发展稳定的合作关系。这些中间商一般都是经过旅行社精心挑选的，既适合自己的产品销售特点，又有较好的信誉和较强的推销能力。

3. 专营性销售策略

这一策略是指旅行社在某一市场只选取一家中间商作为自己的合作伙伴。一般情况下，这一中间商不能同时代销其他竞争对手的产品。

每一种间接销售策略都各有其优点和缺点（如表 5-4 所示），旅行社应根据自身情况做出选择。

表 5-4　间接销售策略的优点和缺点

间接销售策略	优点	缺点
广泛性销售策略	（1）能广泛选择批发商和零售商，抓住尽可能多的机会销售产品，提高产品销量；（2）布点广泛全面，方便旅游者购买；（3）有利于旅行社发现理想的合作伙伴。	增加管理上的难度，增加销售成本。
选择性销售策略	既能保持较稳定的业务关系，又能降低成本。	可能失去一些潜在的市场机会。
专营性销售策略	（1）降低销售成本和沟通成本；（2）有助于提高中间商的积极性和工作效率；（3）旅行社与中间商的利益一致性使双方能团结一致。	（1）销量可能要受到限制；（2）风险增大，万一中间商选择不当或中间商出现工作失误，旅行社在当地的市场可能全部丧失。

小思考

某旅行社刚刚进入某一市场，应选择哪一种间接销售策略更适当？

分析： 某旅行社刚刚进入某一市场，意味着该旅行社产品还不为大家所知，对合作伙伴还不熟悉，还需要进行了解，因此，选择广泛性销售策略更适当。

（三）旅游中间商的选择

旅行社无论选择哪一种间接销售渠道策略，都必须首先做好旅游中间商的选择，这一工作的好坏直接关系到间接销售的成败。这里说的旅游中间商，不单指帮助旅行社销售产品的企业，还包括帮助旅行社完成接待任务的企业，如地接旅行社，还包括专业旅游营销网站。

在选择中间商之前，旅行社要对自己的目标市场和产品状况有清晰的了解，同时，也要尽可能通过咨询同行，查阅有关专业网站、专业出版物，参加旅游博览会，派遣考察团，寄发信件资料等形式了解潜在的中间商的情况，以便权衡利弊，做出恰当的选择。一般来讲，旅行社选择中间商时应主要考虑下列因素。

1. 经营实力和服务质量

旅行社选择的中间商有的需要承担实际的接待工作，其经营实力和服务质量至关重要。一个无接待能力、服务质量差的中间商最终可能使旅行社名誉扫地。

2. 中间商的目标群体

中间商一般都有自己的目标群体，旅行社所选择的中间商的目标群体应与旅行社的目标市场相一致，这样才能有助于旅行社产品的推销。

3. 中间商的信誉度

旅行社与中间商之间经常会发生债权债务关系，因此，中间商是否讲求信誉直接关系到旅行社的利益。旅行社为了交易安全，应选择那些信誉度高的中间商。

4. 中间商对旅行社的业务依赖性

不同的中间商因其业务范围、合作伙伴的不同，其对旅行社的业务依赖程度也不同。依赖度越大，其工作的努力程度也相应更高。在可能的情况下，这也应该成为旅行社考虑的因素之一。

5. 中间商的合作愿望

在符合条件的中间商中，旅行社应选择那些与旅行社有强烈合作愿望的中间商，共同的愿望必能促进双方事业的发展。应尽量避免选择态度冷淡、合作愿望不强的中间商。

相关链接

旅行社在委托旅游中间商时，还要遵守法律的相关规定。如《旅游法》第 60 条规定：旅行社委托其他旅行社代理销售包价旅游产品并与旅游者订立包价旅游合同的，应当在包价旅游合同中载明委托社和代理社的基本信息。旅行社依照本法规定将包价旅游合同中的接待业务委托给地接社履行的，应当在包价旅游合同中载明地接社的基本信息。《旅游法》第 69 条规定：经旅游者同意，旅行社将包价旅游合同中的接待业务委托给其他具有相应资质的地接社履行的，应当与地接社订立书面委托合同，约定双方的权利和义务，向地接社提供与旅游者订立的包价旅游合同的副本，并向地接社支付不低于接待和服务成本的费用。地接社应当按照包价旅游合同和委托合同提供服务。

（四）旅游中间商的管理

旅行社选定中间商后，在日常工作中还应加强对中间商的管理，主要包括下述四个方面。

1. 建立中间商档案

建立中间商档案一方面能使旅行社全面掌握中间商的情况，另一方面也能方便旅行社实现规范管理，不至于因旅行社的人员变动而影响工作的连续性。中间商档案应包括两部分内容：一是中间商的基本情况。可以采取填表的形式，表格可以根据需要自己设计，其基本格式如表5-5所示。二是旅行社与中间商的合作记录及合作评价。旅行社与旅游中间商合作情况登记表的格式如表5-6所示。

表5-5　旅游中间商基本情况登记表

<table>
<tr><td>中间商名称</td><td colspan="4"></td><td>注册国别</td><td colspan="2"></td></tr>
<tr><td>法人代表</td><td colspan="2"></td><td colspan="2">营业执照编号</td><td></td><td>业务联系人</td><td></td></tr>
<tr><td>营业地址</td><td colspan="4"></td><td>邮政编码</td><td colspan="2"></td></tr>
<tr><td>联系电话</td><td></td><td colspan="2">传真</td><td></td><td>电子信箱</td><td colspan="2"></td></tr>
<tr><td>银行账号</td><td></td><td colspan="6"></td></tr>
<tr><td colspan="2">建立业务关系的时间和途径</td><td colspan="6"></td></tr>
<tr><td colspan="2">我社联系部门及联系人</td><td colspan="6"></td></tr>
<tr><td>中间商概况</td><td colspan="7"></td></tr>
<tr><td>备注</td><td colspan="7"></td></tr>
</table>

表5-6　旅行社与旅游中间商合作情况登记表

中间商名称	
合作年度	
合作情况	
合作评价	
备注	

2. 及时沟通信息

旅行社与中间商的合作关系是建立在信息沟通的基础上的。一方面，旅行社要及时向中间商通报产品信息，这是中间商进行有效推销的前提；另一方面，中间商要及时向旅行社通报销售状况，以便旅行社进行产品改造和开发。

3. 实行优惠和奖励

当中间商的销售量超过定额时，旅行社可以采用提高佣金的办法提高中间商的积极性，也可采用其他方法，如减收或免收预订金、组织奖励旅游、组织中间商考察旅行、实行领队优惠、联合进行推销和广告宣传等给予中间商优惠和奖励。

4. 视情况调整中间商队伍

旅行社选择的中间商应该始终符合旅行社的实际需要。当以下情况发生时，旅行社就应考虑是否需要调整中间商队伍：

（1）旅行社的产品种类和档次发生变化。如某旅行社过去以接待会议旅游团为主，现在则以接待度假旅游团为主，这说明其产品类型发生了变化，其合作伙伴也可能面临调整。

（2）旅游市场发生变化。如某旅游地过去以接待入境游客为主，现在，来该地的入境游客逐年减少，但国内游客大为增加，这种变化自然会影响旅行社的经营方向，也会影响旅行社对中间商的选择。

（3）中间商的经营状况或信用情况发生变化。如某中间商服务质量不高，信用不佳，经常拖欠应付的费用，面对这些情况，旅行社可逐步减少向该中间商输送游客，必要时可停止与其合作以避免更大的损失。

第四节　旅行社产品的市场促销

促销就是促进销售的简称，旅行社产品的市场促销指的是旅行社用特定的方式传达产品信息，以激起旅游者的购买欲望。没有哪家企业不希望自己的产品畅销市场，对旅行社来说，其营销策略的核心，除了价格策略外，还包括促销策略。

旅行社产品具有无形性、季节性和异地消费的特点，旅游者不仅看不到产品实物，也很难了解其他旅游者使用产品的状况。旅行社的促销活动应尽量打消旅游者对旅行社产品的顾虑，树立旅行社产品的良好形象，从而增加产品的销售量。

一、市场促销的步骤

与产品定价一样，产品的促销也是一件极复杂的工作。一次成功的促销活动往往要凝聚很多营销人员的辛勤劳动。一般来说，市场促销要遵循下述一些步骤。

（一）确定目标人群

目标人群影响着产品促销的内容，因此，确定目标人群是促销的前提。目标人群可以是老顾客，也可以是潜在的顾客；可以是购买行为的决定者，也可以是这一行为的影响者；可以是单一的群体，也可以是多个群体。

（二）确定目标人群对促销的反应

确定目标人群后，营销人员接着要确定目标人群对促销活动有什么样的反应。一般来说，在促销活动后，顾客对产品的反应不外乎六种：认识、熟悉、喜爱、偏好、确定和购买。

1. 认识

营销人员首先要知道目标人群对旅行社本身及产品的知晓程度，如果目标人群中的多数人对旅行社及其产品一无所知，营销人员就要努力让目标人群都了解旅行社名称及产品。如有的旅行社将自己的名称或标志写到公路广告牌上，有的旅行社统一工作人员的服装，这些促销手段都有利于让目标人群知晓旅行社名称及产品。

2. 熟悉

目标人群可能已经知道旅行社或其产品，但所知甚少，这时营销人员就要想办法让目标人群了解旅行社及其产品的详细情况，比如历史、业绩、服务理念，旅行社产品的内容、价格等，使目标人群熟悉旅行社及其产品。

3. 喜爱

目标人群熟悉了产品之后，他们对产品的态度不外乎有下面几种：非常不喜爱、有点不喜爱、一般、喜爱、非常喜爱。营销人员这时可根据目标人群的反应及时与他们沟通，消除他们的疑虑，必要时还要对促销策略和产品进行调整。

4. 偏好

有时目标人群可能喜爱某一产品，但没有将其列为首选，这时营销人员的促销工作就应该是使这些人产生对本企业产品的偏好，如努力宣传本企业产品的质量、价值、特色和优势等。

5. 确定

目标人群可能对产品已形成了偏好，但并没有确定立即交易，营销人员的工作则是让目标人群确定下来，只有这样才可能最终形成购买。

6. 购买

目标人群即使已确定了某一产品，但也可能对何时购买犹豫不决，有的顾客还可能会等待进一步的信息或计划，这时，营销人员就要引导顾客下最后的决心，比如提供优惠、给予奖励、允许延迟付款等。

当然，每次促销活动的最终目的是让顾客购买，但购买只是消费决策这个长期过程的结果，在这一结果产生之前，顾客都会经历一些复杂的心理过程。事实上，很多促销活动并不能产生购买的结果，或者只在未来不确定的时间里产生这一结果，但这样的促销活动并不一定是没有效果的，这时营销人员需要了解的是每次促销活动后，目标人群对产品及其发展方向所持的态度，以便下次促销活动的开展。

（三）确定有效信息

在明确了希望顾客做出的反应之后，营销人员就要开始确定有效信息。这些信息，或能使顾客注意到旅行社的产品，或能引发顾客的兴趣，或能直接促使顾客下决心购买产品。

确定有效信息时要考虑下述四个方面的内容。

1. 信息源的权威性

由可信度强、声誉好的信息源来传递信息总是更有说服力。如有的企业用名人的评价来介绍产品，有的旅行社用在行业中的业绩来推荐自己。信息源应注意专业性、权威性和有亲和力。

2. 信息的内容合乎主题

信息的内容要符合产品的主题，有利于体现目标人群的需求和产品的特色。

3. 信息的表述恰当

对同样的信息，不同的人对它的表述会有不同，其效果也会有差异。在表述信息时，一般要考虑以下几个方面：

（1）是在信息中给出结论还是由顾客自己得出结论。

（2）是在信息中给出单方面对己有利的观点还是列出双方观点。

（3）是将最有力的表述置于最前还是最后。

（4）要不要标题，标题如何确定。

4. 信息的宣传形式有利

信息的表达有多种形式，营销人员要善于根据产品的特点选择有利的宣传形式。

（四）选择促销方式

确定了促销的内容后，旅行社就要考虑通过什么方式促销。旅行社可选择的促销方式很多，如广告、旅游公共关系营销、人员推销、邮寄资料、销售推广，等等。旅行社应根据自身的特点选择不同的促销方式。

（五）收集反馈信息

促销信息发出后，促销工作并没有结束，营销人员还要收集反馈信息，了解促销的实际效果。具体内容包括：目标人群是否记住了信息，目标人群浏览信息的频率，目标人群对信息的评价，目标人群对产品的看法，目标人群中有多少人购买了产品，目标人群中有多少人光顾了旅行社，等等。

二、促销预算

对企业来说，在产品促销方面最难做出的决策可能就是在促销方面投入多少。投入少了达不到促销效果，投入多了企业难以承担，即使提高了销量，也可能使旅行社得不偿失。旅行社的促销预算通常可以通过下述四种方法来确定。

（一）量力而行法

量力而行法即根据旅行社的实力大小，确定一个旅行社能支付得起的促销预算，即“有多少钱办多少事”。这种方法的缺点是可能导致每年的促销预算不确定，且可能会事实上造成促销投入的不足。

（二）销售百分比法

销售百分比法即把促销预算设定为当前销售额或预期销售额的一定的百分比，或将其设定为产品销售价格的百分比。这种方法简便易行，且能促使管理人员考虑促销支出与销售价格、企业利润间的联系。但这种方法同样可能导致每年的促销预算不确定。当旅行社在某些时期需要特别增加促销投入时，这种方法可能会成为阻碍。

（三）竞争均势法

竞争均势法即旅行社通过观察其他竞争对手的促销情况，或者通过出版物或行业协会获得整个行业的促销支出的大致水平，估算本企业的促销支出，使本企业的促销支出与竞争对手保持同样的水平。这种方法既借助了他人的智慧，又减少了促销战的可能性，但问题是，旅行社一般很难得到其他企业真实的促销预算。

（四）目标任务法

目标任务法即旅行社首先明确自身的销售目标，然后确定为实现这一目标所要做的促销工作，并估算出开支，这就是促销的投入。这种计算方法看起来最符合逻辑，但运用起来却不容易，因为事实上很难确定为完成一项销售任务要做哪些促销工作。

以上四种方法各有优缺点，很难说旅行社应完全套用哪一种方法，旅行社在确定促销预算时不妨综合考虑各种方法，以便找到最适合本旅行社的方法。

三、市场促销方式

总的来说，旅行社产品的市场促销方式主要有下述几种。

（一）广告促销

广告促销是指广告主通过媒体向公众传达产品的特征及获得商品后消费者所能得到的利益等信息，以激起消费者的注意和兴趣，促进商品的销售。在当今信息高度发达的社会，广告可以说无孔不入，生活中消费者都难免接触广告，在消费时也很难不受广告的影响。因此，广告促销是旅行社产品促销的一个极其重要的手段。

1. 选择广告媒介

广告的传播需要一定的媒介，这些媒介包括报纸、电视、杂志、广播、户外广告、网站、宣传单等，不同的媒介有不同的优缺点，具体见表 5-7。

表 5-7　不同广告媒介优缺点比较

媒介	优点	缺点
报纸	影响面广，及时灵活，容易传阅和反复查阅，费用低廉。	时效短，感染力差。
电视	覆盖面广，表现手段灵活多样，易吸引观众注意力，及时，地域可选择。	费用高，不能保存，时效短。
杂志	针对性较强，阅读和保存时间长，印刷质量好。	时效性差，发行少，价格高。
广播	迅速及时，覆盖面广，地域可选择，价格低。	表现力差，易遗忘，不能长久保存。
户外广告	可直接面对目标市场，醒目，展示时间长。	费用高，无法选择受众，信息简单，不利于详细介绍产品特点。
网站	覆盖面广，传播快，表现力强，信息可及时反馈，费用低。	受网站访问人数的限制，广告点击率低。
宣传单	可直接面对消费者，阅读和保存时间长，印刷内容和质量可自己把握，费用低。	覆盖面小，需要自己发放，费时费力。
车身广告	地域可选择，直观，触及面广。	无法选择受众，表现内容有限。
新媒体（微信、QQ微博、手机报、手机快讯、App客户端等）	迅速及时，图文并茂，广泛生动，迎合时尚，成本低廉。	受制于“粉丝”数量，影响力有限；新媒体种类多，分散了广告受众。

旅行社应根据自己的旅游产品的实际情况和广告预算，选择合适的广告媒介和广告时间段。一般来说，覆盖面越广的广告媒介越好，但覆盖面广一般费用也高，中小旅行社难以承受。因此，对旅行社来说，较好的解决办法是选择那些针对性强的媒介。比如，本社的某一旅游产品主要针对中老年人，就可选择以中老年人为主的媒介，或以中老年人为主要观众的节目来做广告。在做广告的时机上，也要避免平均用力，如在旅游

旺季即将到来时可以加强广告攻势，这样可以起到事半功倍的效果。

2. 注重广告创意

有时，大量的广告投入也未必能确保广告的成功。两家花同样多的钱做广告的企业可能会得到不同的效果。事实证明，好的广告创意往往比广告经费更重要。有创意的广告能很快引起人们的注意，起到良好的沟通效果。

相关链接

世界上最好的工作

澳大利亚昆士兰旅游局于2009年1月通过互联网发布招聘广告，招聘昆士兰附近的大堡礁的岛屿看护员。其主要工作内容是探索大堡礁的群岛，并通过更新博客和网上相册、上传视频、接受媒体采访等方式，向外界报告自己的探奇历程。被录取者不仅可享受碧海银沙的梦幻生活，而且6个月合约的薪金可达15万澳元（约合10.5万美元），并能免费居住海岛别墅以及享受免费往返机票。

这项工作被媒体称为“世界上最好的工作”，吸引了来自全球200个国家和地区的近3.5万人竞聘，包括515名中国人。2009年5月6日，来自英国的一名应聘者最终入选，获得了这份“世界上最好的工作”。

人们很难把这一案例与广告宣传联系起来，但事实上，这一招聘过程经过世界上多家媒体报道后，澳大利亚的大堡礁受到了更多人的关注，不仅大堡礁的旅游由此受益，甚至整个澳大利亚的旅游业都由此受益。

3. 尊重事实

旅行社在进行广告促销时应把握好一个“度”，切忌胡编乱造、弄虚作假、夸大事实。游客是讲实际的，夸大事实的宣传不仅难以收到预期效果，还有可能弄巧成拙，使游客认为旅行社缺乏诚信，从而对旅行社产生不信任感。

4. 广告评估

广告发布之后，营销人员要对广告的效果进行评估。比如可以请接触过广告的人回忆广告的内容，看广告引起注意和让人记住的力度有多大；也可以拿一定时期的产品的销量和广告支出进行比较，以检验广告的效果。

相关链接

什么是广告?

1932年，美国专业广告杂志《广告时代》公开向社会征求广告的定义，得票最多的入选定义是：由广告主支付费用，通过印刷、书写、口述或图画等，公开表现有关个人、商品、劳务或运动等讯息，用以达到影响并促进销售、使用、投票或赞同的目的。

1948 年，美国营销协会的定义委员会为广告做了定义，在 1963 年等年份又做了几次修改，形成了迄今为止影响较大的广告定义：广告是由可确认的广告主，以任何方式付款，对其观念、商品或服务所做的非人员性的陈述和推广。

美国广告协会（American Association of Advertising Agencies）对广告的定义是：广告是付费的大众传播，其最终目的是传递信息，改变人们对于所广告的商品的态度，诱发其行动而使广告主获得利益。

《现代汉语词典（第 7 版）》对于广告的定义是：广告是向公众介绍商品、服务内容或文娱体育节目的一种宣传方式，一般通过报刊、电视、广播、网络、招贴等形式进行。

关于广告的定义还有很多种，我们无法一一列举。从这些不同的定义中，可以整理出一些现代广告的重要特征：(1) 必须有可确认的“广告主”；(2) 广告是一种付费的促销形式；(3) 广告通过向公众传递有关信息，力求影响公众的行为；(4) 广告是一种非人员性的促销活动，它通过有关媒介传递信息；(5) 广告宣传的对象包括产品、服务甚至是某些意见和想法。

旅游广告和一般的广告并没有本质的不同，一般广告所具备的特征同样适用于旅游广告。

（二）直接营销

直接营销是一种直接面对潜在购买者的营销方式。这里的潜在购买者，既包括潜在的旅游消费者，也包括旅游中间商。这种营销方式的好处是：多数情况下可以直接感受销售对象的反应；容易与顾客建立一种良好的关系；具有隐蔽性，能避开竞争对手的注意。其主要形式有四种，即人员推销、直接邮寄、电话营销、网络和新媒体营销。

1. 人员推销

人员推销是指旅行社的销售人员直接向旅游者或中间商推销旅游产品。其形式多种多样，比如营销人员可以在门市部向顾客推销，可以上门推销；可以召开有关会议进行会议促销，也可以举办一些特定讲座进行讲座促销。人员推销这种双向沟通的方式有较强的针对性和灵活性，能给游客较多的亲切感和信任感，成功率较高，也有利于旅行社的信息反馈。但人员推销的成本较高，影响范围有限。

开展人员推销工作时要注意以下几个方面：

(1) 推销人员要对推销的旅游产品有足够的了解，能准确而详细地介绍产品的内容、特色及优势。

(2) 做好预案，对顾客可能提出的问题、己方可以采取的谈判策略、进退幅度等事先做出安排。

(3) 恰当运用推销技巧，如等待的技巧、拒绝的技巧、沉默的技巧，等等，在推销时还要注意了解对方的真实需求，有针对性地给予答复。

2. 直接邮寄

直接邮寄是指旅行社通过邮局直接向旅游者或中间商邮寄产品目录或宣传资料以推销旅游产品。采取这一方式的前提是推销的旅游产品本身有特定的消费群体，且旅行社掌握了这一群体中大批潜在购买者的详细地址。这种营销方式针对性强，且内容可以固定下来，可详可略；缺点是影响范围非常有限，反馈率低，邮寄成本也是一项不小的开支。

3. 电话营销

电话营销有两种形式：一是旅行社向社会公布专门的销售电话或免费电话，吸引购买者使用电话进行咨询或预订产品；二是旅行社销售人员通过电话主动向潜在购买者推销其产品。电话营销要注意打电话的时间，还要对有必要进行回访的电话做好记录。电话营销简便易行、成本低廉；缺点是不够直观，营销内容不能固定，可能对营销对象形成干扰，引起营销对象的反感。

4. 网络和新媒体营销

随着时代的发展，网络的应用得到普及，新媒体（如微信、QQ、微博、手机报、手机快讯、App 客户端等）不断涌现，为旅行社的直接营销增添了新的方式。网络和新媒体使用普遍，表现力强，受众多，影响大，操作便捷，在旅游产品营销过程中发挥了越来越大的作用。

课堂讨论

某企业准备组织员工赴九寨沟旅游，时间为 4 天。经营同一条旅游线的旅行社很多，该企业决定向多家旅行社询价。有两家旅行社得知消息后，派出了业务员去上门推销。

A 旅行社的业务员来推销时一再强调本旅行社产品一定是价格最低的，但对具体的行程安排却支支吾吾；B 旅行社的业务员对产品很熟悉，但当该企业提出对线路想做一些调整时，业务员直接拒绝了企业的要求。

这两家旅行社采取的是什么营销方式？存在哪些问题？

（三）销售推广

销售推广也称销售促进，指的是旅行社为迅速刺激对特定产品的需求和消费而采取的带有馈赠与奖励性质的促销方法。销售推广的对象主要有三类，即旅游消费者、旅游中间商和推销人员。

1. 针对旅游消费者的销售推广

旅游者是旅游产品的最终消费者，针对旅游者的销售推广是一种直接的推广方式，成效如何很快就能看到。其具体方式有很多，如进行各种各样的价格折扣、向旅游者赠送纪念品、在价格不变的前提下增加旅游项目或新的旅游景点等。应注意的是，旅行社在进行这一推广时，应注意与相关广告的配合，即事先应让消费者知道折扣或优惠的存在，这样，推广的效果才可能明显。

2. 针对旅游中间商的销售推广

针对旅游中间商进行销售推广是目前旅行社中发展迅速的一种促销手段。其具体方法有考察旅行、交易折扣、联合开展广告活动、提供广告津贴、销售竞赛、销售奖励、提供宣传品等。其中，邀请中间商进行考察旅行是目前国际上常用的推销手段。这一形式虽然费用较高，但旅游中间商可以通过旅游考察切实了解旅游产品和旅游目的地的情况，能对产品形成感性认识，因此往往能取得比较好的推销效果。

由于考察旅行实际上起着一个示范的作用，其成功与否不仅直接影响中间商的工作积极性，而且考察旅行成本高昂，因此旅行社在筹划的时候应非常慎重。一方面要正确选择中间商，因为考察旅行人数是有限的，为取得最好效果，应尽量选择与旅行社目标市场一致的中间商；另一方面要制订周密的旅行计划，体现旅游产品的全部优点，让中间商有一次愉快的考察。同时，旅行中要尽量创造融洽的气氛，与中间商建立良好的关系，以方便未来的合作。

3. 针对推销人员的销售推广

推销人员在市场销售的一线工作，其工作成效直接影响旅行社产品的销售状况。为充分调动销售人员的积极性，旅行社可以采取奖励旅游、销售提成、销售竞赛、推销培训等形式鼓励销售人员销售产品。

（四）旅游公共关系营销

公共关系的作用是沟通信息、协调关系、扫除障碍、谋求合作。旅行社建立良好的社会公共关系有助于旅行社树立良好的企业形象，营造有利于企业的经营环境，同时也有助于增进社会公众对旅行社产品的认识、理解与支持，提高销售量。因此，营造良好的社会公共关系也是旅行社促销活动的一个重要组成部分。

旅行社要面对的公共关系是多层次的、全面的。比如，可以通过定期向新闻界提供稿件、邀请记者进行全程报道、召开记者招待会等形式主动吸引新闻界的注意，使自己成为新闻界争相报道的对象；可以通过召开同业经验交流会与研讨会、参与和赞助社会活动、资助社会公益事业等方式融洽与相关企业、社区、公众的关系，提升旅行社的影响力，增加潜在的消费群体。

（五）现场传播

现场传播是指旅行社通过营造良好的营业环境达到旅游产品促销的目的。如旅行社可以通过营业场所的装饰、布局、宣传品的陈列等向旅游者传递企业和产品信息，增强旅游者购买产品的信心。

（六）品牌营销

品牌是产品及其名称与消费者各种关系的总和。它既是一种标志和符号，也是消费者使用某种产品的体验和感受。品牌既依赖产品和服务而存在，同时又必须超越这种产品和服务而具有相对独立性。

品牌对旅行社产品销售的重要作用是毋庸置疑的。旅行社产品具有综合性和无形性的特点，这使得科学地评价旅行社产品的质量变得更为复杂。对旅游者来说，他们往往只能按照以前的消费经验来评价一种旅行社产品，这种评价同样具有不确定性和随意性的特点，任何一种信息都可能左右他们的评价，旅行社品牌就是这样一种信息。由于旅行社品牌是依靠长期稳定的质量和广泛的宣传树立起来的，很容易获得旅游者的信任，从而左右旅游者的选择。

旅行社品牌的创立是一个漫长的、系统的工程。一个优良的品牌往往是旅行社在产品创新、宣传推广、专业服务以及与旅游者形成良好关系等方面日积月累的结果。而准确的品牌定位、明晰的品牌理念又是品牌营销的基础。如深圳国旅曾推出“新景界”品牌，将该品牌定位为“新时代、人性化的专业旅游”，并进一步推出该品牌之下的子品牌，如“寻源香格里拉”“深圳情侣，阳朔有约”等产品。

相关链接

企业名称对旅行社的品牌策略无疑有着重要影响。为便于品牌树立和传播，旅行社在命名时应注意以下几点：

（1）名称应具有特色和个性。这样的名称易于与竞争对手的名称区别开来，易于树立自己独特的品牌形象。

（2）名称应容易记忆。旅行社的名称应容易理解和记忆，晦涩难懂或过长的名称是难以被旅游者接受的。

（3）名称应具有灵活性。旅行社在命名时应避免出现对经营范围、经营地点的描述词语，因为这有可能会给以后的策略调整带来不便。

（七）联合促销

联合促销是指两家或两家以上的旅行社为了共同利益而在产品销售方面采取的统一行动。联合促销是市场竞争激烈化程度的一个表现。联合促销只是纯粹的业务上的联合，但这种联合很可能成为旅行社从“散、小、弱、差”走向集团化、规模化的起点。

小思考

旅行社的联合促销有何意义？

分析：旅行社联合促销的意义在于：

（1）降低成本。联合体成员在产品开发、销售方面采取共同行动，能实现规模效益，有助于降低成本，增加利润。

（2）资源共享。联合体中各旅行社的优势和长处可以成为所有成员共享的资源。

（3）提高市场占有率。旅行社实行联合促销后，实力增强，知名度增加，必然会吸引更多的旅游者，从而增加旅行社的市场占有率。

（4）优化产品、规范市场，提高竞争的层次。实现联合促销的旅行社，更容易在产品价格方面获得优势，其服务质量也更有保证。而其他经营劣质产品的旅行社在竞争中将逐步被淘汰，从而净化和规范了市场，提高了竞争层次。

第五节 旅行社产品的售后服务

一、旅行社产品售后服务的内涵和作用

旅行社产品的售后服务是指旅游者结束旅游后，旅行社主动与旅游者保持联系，提供后续服务，以树立旅行社良好的形象，增加市场机会。售后服务的内容主要包括旅游投诉的处理、售后信息的反馈、对新产品的推介、对老顾客的问候等。

旅行社产品的售后服务成本低，但效果却很好，尤其在目前旅行社间的市场竞争日益激烈、旅行社利润微薄的情况下，拥有良好售后服务的旅行社将拥有更多的竞争优势。这主要表现在以下三方面：

（1）有助于树立旅行社的良好社会形象，培育旅行社品牌。

（2）有助于旅行社了解顾客的需求，了解自己工作的不足，便于以后改进工作。

（3）有助于旅行社赢得老顾客的信任，增加更多的回头客，同时有利于旅行社开拓新的客源市场，因为回头客的存在本身就是一种无言的广告。

相关链接

据美国《旅游代理人》杂志统计，不再光顾原旅行社的顾客中有2/3以上是由于旅行社不重视售后服务和不积极争取回头客等原因（见表5-8）造成的。因此，在很多旅行社不太重视售后服务的情况下，在售后服务方面表现突出的旅行社将更容易受到顾客的欢迎。

表5-8 顾客不再光顾原旅行社的原因

不再光顾原旅行社的原因	所占比例（%）
顾客投诉没有得到处理或没有得到令人满意的处理。	14
其他旅行社提供了价格更低、服务更好的旅游。	9
经朋友建议，转而订购了其他旅行社组织的旅游。	5
搬到别处去居住了。	3
由于年老多病、丧偶等原因而放弃旅游。	1
旅行社缺乏售后服务，顾客觉得是否继续订购该旅行社的旅行对旅行社来说是无所谓的。	68

二、旅行社产品售后服务的方式

（一）认真处理旅游投诉

旅行社在提供旅游服务的过程中，免不了会因各种主客观因素招致旅游者的投诉，

这是所有旅行社都不愿意看到的。但从另一个角度来说，投诉的问题可能正是旅行社服务的薄弱环节，旅行社如果能充分重视这些投诉，妥善处理，坏事也可能变为好事。面对投诉，旅行社的明智选择应是把处理旅客投诉的机会变成一个改善工作的机会，变成一个宣传自己的机会。

（二）进行客户回访

在旅行结束后的第二天，旅行社应主动进行客户回访。这种回访好处很多：首先，回访会使游客感到旅行社很关心他们，自然会对旅行社有一个好的印象，游客会认为旅行社工作态度很认真，不是完成任务就了事，而是切实地关注旅游质量，关注旅游者的感受；其次，旅行社通过回访可以了解这次旅游中存在的不足，便于以后改进工作；最后，通过回访，旅行社可以及时了解到旅游者可能提出的投诉，便于旅行社及早做工作，化干戈为玉帛。

实践证明，主动而有效的回访是旅行社吸引回头客的一个非常好的方式。无论旅游者对本次旅游的感受如何，回访有百利而无一害。如果旅游者在本次旅游中感到满意，回访将增强其满意度；如果旅游者对本次旅游感到不满，回访能消除或减轻其不满。精明的管理者会充分利用这一简单便捷且低成本的售后服务方式。

客户回访不一定要对游客一一登门拜访，旅行社通常可采取三种方式进行回访：打电话、发短信（微信）、寄送意见征询单。

1. 电话回访

电话是最直接、最便捷的回访方式。旅行社很快就能了解游客的语气和态度，了解游客对行程的满意程度，旅行社也能通过电话与游客进行及时沟通，解答游客的疑问。但电话回访要求回访人员有较好的电话沟通能力，并注意拨打电话的时间和方式。

相关链接

通用电话礼节

打电话的礼节：（1）选择合适的时间。打单位电话应避开刚上班和准备下班的这段时间，打住宅电话应避开对方吃饭、午休、早晨7点前和晚上10点以后的时间。（2）通话前做好准备。想好通话的内容，调整好个人情绪。（3）通话要有礼貌。先问候对方（“您好”“早上好”等），再自报家门，然后告诉对方要找的人。若接听电话的是熟人，还可寒暄几句，再进入正题。（4）通话简明扼要，一般以不超过3分钟为宜。（5）拨错号码应致歉。（6）用“谢谢”“再见”等词语结束通话，挂断电话不能太匆忙，挂机声音不能太响。如果对方是长辈或上级，应在对方挂机后再挂机。

接电话的礼节：（1）及时接听。一般应在铃响三声之内接听，不能及时接听时也应向对方致歉。（2）先说问候语（若在单位还应自报家门）。切忌拿起听筒就问：“你是谁？”“找谁？”（3）礼貌倾听，不时用“是”“嗯”等反馈。

使用手机的礼节：在讲话、开会、参加仪式、观看演出等场合，最好将手机关闭，或设置在震动状态，不在这些场合打电话，实在要打，也要暂时告退，找一个无人的僻静场所再打电话，不应干扰他人；在禁用手机的场合（如汽车加油站、飞机上等）不用手机。

2. 短信回访

这里说的短信回访包括手机短信、微信或QQ留言等。短信或留言的内容应简明扼要，可采取让游客对服务打分的方式进行简要回复，也可让游客进行文字回复。如果有顾客回复的分值很低，旅行社应派人专门致电，了解原因，以便改善工作。

小思考

编辑一条回访的短信，请游客对旅行社的服务进行打分。

参考答案：尊敬的游客您好！旅途辛苦了！感谢您选择××旅行社，请对我们的服务进行评价，非常满意5分，比较满意4分，感觉一般3分，不满意2分，非常不满意1分。直接回复分值即可，谢谢！

3. 寄送意见征询单回访

旅行社还可通过向旅游者寄送意见征询单的方式回访。一方面向旅游者表示感谢和慰问，另一方面让他们对此次旅游发表意见，提出改进措施。意见征询单的优点是比较正式，而且内容可繁可简，便于整理和保存。为方便旅游者填写，意见征询单应尽量采取选择性的题目，并留有足够多的让旅游者自由发表意见的空白。为提高回收率，应尽量附上回寄信封。

但是，寄送意见征询单也有不足的地方，如需事先了解游客的邮寄地址、回收周期较长、回收率难保证等，旅行社也可通过电子邮箱、微信、QQ等方式把电子版的意见征询单发送给游客，请游客填写后再传回。

（三）寄送宣传资料

旅行社可向老顾客寄送旅行社的一些宣传资料，包括产品介绍、企业活动介绍等。有条件的旅行社还可以定期或不定期编辑一期旅行社的小报寄送给老顾客。小报上的内容可以是最新的旅游动态、本旅行社的新旅游产品信息、本旅行社老顾客参加旅游的感受文章，也可以是旅游小知识。这种小报可以提升旅行社的形象，加强旅行社与旅游者的沟通和联络，同时也能起到宣传和广告的作用。当然，旅行社也可把宣传资料拍成照片或制作成电子版的宣传资料，通过电子邮箱、微信、QQ等方式即时传递给老顾客。

（四）短信（书信）往来

对一些常客或比较重要的顾客，旅行社可以经常与之保持短信（微信、QQ）联系，有的甚至可通过书信（包括电子邮件）、明信片的方式进行联络。书信、明信片能给人郑重之感，顾客接到旅行社寄来的书信或明信片时，会感到自己受到特别关注，从而会增强对旅行社的亲近感。旅行社也可向老顾客寄送一些带有促销性质的明信片。比如，旅行社工作人员在某旅游胜地考察或带团，即可购买当地的风光明信片寄给熟悉的顾客，这样做一方面保持了与顾客的联系，另一方面也是在为旅行社产品做广告。

（五）节日、生日祝福

节日是旅行社加强与旅游者联系的理想时机。旅行社的一个问候电话、一条短信都将使旅游者感到亲切。同时，如果旅行社能记住旅游者的生日，并及时表达祝福，也能让旅游者感到惊喜。旅行社及时地表达节日祝福、生日祝福，能增强旅游者对旅行社的认同感，使他们乐意购买旅行社的产品。

（六）举办以旅游者为主体的聚会

旅行社可以通过举办以旅游者为主体的招待会、旅游线路咨询会、旅游者野餐会、舞会等形式加强与旅游者的面对面接触。举办这些活动的好处在于：首先，这些接触能融洽旅行社与旅游者的关系，而这种融洽关系将使旅行社成为该旅游者下次出游的首选旅行社；其次，这些活动通过媒体的报道后，显然能提升旅行社的形象，提高旅行社的社会影响力；再次，这些活动能使旅行社及时了解旅游者的想法，以便对市场策略及时做出调整；最后，这些活动也能使旅游者之间相互熟悉，增加共同出游的愿望，同时也增加了旅行社产品销售的机会。

（七）组织旅行社开放日活动

为推介产品、密切与顾客的联系，旅行社可尝试举办旅行社开放日活动。在这一天，旅行社可以有针对性地邀请一些顾客到旅行社参观和座谈，向他们介绍旅行社的设备、产品、服务规程，使顾客亲身体会旅行社的接待能力，坚信旅行社的服务质量。

思考与练习

一、选择题（有1个或1个以上的正确答案）

1. 旅行社产品的价格由（　　）构成。

A. 产品成本　　B. 员工福利　　C. 利润　　D. 税金

2. 下列选项中，可构成旅行社产品成本的是（　　）。

A. 旅游服务的采购费用　　B. 产品销售费用

C. 企业管理费用　　D. 员工工资

3. （　　）包含了一次旅游活动中各种相关旅游服务的费用。

A. 零包价　　B. 单项服务价格

C. 小包价　　D. 全包价

4. 基本旅游价格是指一项旅游活动中包含的基本服务的价格，包括（　　）。

A. 住宿价格　　B. 餐饮价格

C. 旅游交通价格　　D. 购物服务价格

5. 根据旅游者对旅行社产品的需求强度来制定产品价格的方法是（　　）。

A. 供给导向定价法　　B. 需求导向定价法

C. 成本导向定价法　　D. 竞争导向定价法

6. 直接营销包括（　　）。

A. 现场传播　　B. 人员推销　　C. 直接邮寄　　D. 电话营销

7. 旅行社在选择中间商时应主要考虑（　　）等因素。

A. 经营实力和服务质量　　B. 中间商的目标群体

C. 中间商的信誉度　　D. 中间商的合作愿望

二、名词解释

1. 旅行社产品的市场促销
2. 直接营销
3. 销售推广
4. 旅行社产品的售后服务

三、简答题

1. 旅行社产品价格为什么会有季节性?
2. 旅行社产品的价格是如何分类的?
3. 影响旅行社产品价格的因素有哪些?
4. 供求关系的变化如何影响旅行社产品的价格?
5. 旅行社可选择的定价目标主要有哪些?
6. 旅行社产品有哪些主要的定价方法?
7. 旅行社推出一项新产品时可选择哪些定价策略?
8. 旅行社产品的促销方式有哪些?
9. 如何做好旅行社产品的售后服务工作?

四、分析题

1. 某旅行社推出一种新的报价方法，即所谓的“透明价”，从交通、餐饮、住宿、门票到导游服务，每项服务都单独标出了实价，然后加上一个毛利率，这两项之和为这条线路的报价。不同产品的毛利率是不一样的，一般在2%～10%浮动，价格高的长线产品毛利率低，价格低的短线产品毛利率高。这种做法很受旅游者欢迎，旅行社的效益也有所增加。

请问：

(1) 本例属于哪一种定价方法?

(2) 你怎样看待“透明价”?

2. 在“3·15”到来之际，某旅行社特意拿出自己的精品旅游线路——“魅力邮轮”开展酬宾行动，价格从原来的6 380元/人降到5 580元/人，若多人一起报名，在同舱位的情况下，第三、第四位游客还有更多优惠。同时，该旅行社表示此次降价是为了在“3·15”期间答谢消费者，仅适用于3月22日、3月29日两期，此后价格恢复正常，并且随着旅游旺季的到来，价格还将有所提升。请从价格策略上分析该旅行社的此次降价行为。

3. 某旅行社推出“海南双飞五日游”这一产品，报价是1 500元。据悉，当地至海南三亚的双飞最低折扣价是1 600元，海南地接费用大概是1 400元左右。请问：这家旅行社的报价合理吗?

4. 一般来说，旅行社组织的旅游活动完成后，对旅游活动不满意的游客当中，只有极少数会对旅行社进行投诉，而大多数不会选择主动投诉，但是他们可能不会再购买该旅行社的产品，并可能会在多种场合传播对旅行社的不满，这种情形可称为游客的隐性投诉。显然，隐性投诉对旅行社存在很大的破坏力，会影响旅行社的形象。请问：可以采取什么方式消除隐性投诉或者减少隐性投诉的破坏力？

第六章

旅行社接待服务管理

本章导读

接待工作历来是旅行社最重要的工作之一，它不仅影响旅行社的声誉，而且影响旅行社的客源，最终影响旅行社的生存和发展。旅行社的接待工作分为接待前的准备阶段、实际接待阶段和接待后的总结阶段三个阶段。在接待过程中，旅行社和导游可能会面临游客的投诉，也可能会遇到各种旅游故障，旅行社和导游要积极应对这些投诉和旅游故障。导游服务是旅游接待服务中最具代表性的服务，导游人员是导游服务的直接提供者，处在旅游接待工作的第一线，因此应加强对导游人员的管理。

第一节　旅行社接待过程的管理

旅行社接待服务是指旅行社为已经购买了旅行社产品的旅游者提供相应的旅游服务的一项综合性工作。旅行社的接待工作基本上由接待部（导游部）负责，它与计调部、销售部共同构成了旅行社业务工作的整体。旅行社的接待过程一般可分为三个阶段，即接待前的准备阶段、实际接待阶段和接待后的总结阶段。这三个阶段密切相关，缺一不可，共同构成了旅行社的整个接待过程。

一、准备阶段的管理

从接待部门接到旅行社下发的接待计划开始，到导游前往接站地点之前，均为准备阶段。在这一阶段，接待部门要做好如下工作。

（一）分析接待计划

接待部门拿到计调部门送来的接待计划后，应对接待计划进行详细的分析和研究，发现问题及时提出，如有不解之处也要及时向计调部门询问。在分析原有接待计划的基础上，接待部门或接待人员应根据旅游团队的基本情况和要求，制订有针对性的接待计划。

（二）安排合适的接待人员

接待部门应根据旅游团队的特点和要求，选择合适的接待人员（主要是导游人员）。在选择导游时，要综合考虑旅游团队的年龄、文化背景、职业和特殊要求，安排知识水平、兴趣专长、身体条件等方面较为契合的导游提供接待服务。

（三）熟悉接待计划

接待部门应向导游下发接待计划书或接待通知单（见表6-1），并督促导游在接团前就熟悉接待计划，重点熟悉接待计划的下列内容：

（1）旅游团名称、代号、组团社名称、组团社联系人姓名及联系方式、旅游团国别及使用语言、收费标准（豪华型、标准型、经济型）。

（2）旅游团成员基本情况，包括团队人数（单男单女、夫妇）、年龄（最大、最小及平均年龄）、姓名、职业、宗教信仰等；如果旅游团中有小孩，还应了解小孩是否收费、收费标准如何。

（3）旅游团来访目的、全程旅游线路、入出境地点。

（4）所乘交通工具情况：抵、离本地时所乘交通工具的班次、时间和乘坐地点。

（5）交通票据情况：下一站的交通票据是否办妥、有无返程票、有无国内段国际机票等。

（6）特殊要求和禁忌：该团在参观、游览、住房、饮食、用车等方面有无特殊要求，如是否要求单间、是否有饮食禁忌等；该团是否要求有关方面负责人出面迎送、会见、宴请等；该团是否有老弱病残等需要特别照顾的客人；该团有没有在需要办理旅行证的地方进行参观的游览项目。

表6-1　接待通知单

<table>
<tr><td rowspan="4">客情简况</td><td>团号</td><td></td><td>组团单位</td></tr>
<tr><td colspan="2" rowspan="3">人数：　人　　其中2岁～12岁　人
2岁　人
男：　人　　女：　人</td><td></td></tr>
<tr><td>全陪姓名</td></tr>
<tr><td></td></tr>
<tr><td>抵、离时间地点</td><td colspan="3">月　日乘　　抵
月　日乘　　离　赴</td></tr>
</table>

续表

<table>
<tr><td>旅行等级</td><td colspan="2"></td><td>收费办法</td><td></td></tr>
<tr><td>饭店住房</td><td>自订</td><td colspan="3">客人：套房　间，双人房　间，单人房　间，　床
陪同：套房　间，双人房　间，单人房　间，　床</td></tr>
<tr><td>市内用车</td><td colspan="4"></td></tr>
<tr><td rowspan="7">用餐</td><td colspan="2">时间</td><td>标准</td><td>地点</td></tr>
<tr><td colspan="2"></td><td></td><td></td></tr>
<tr><td colspan="2"></td><td></td><td></td></tr>
<tr><td colspan="2"></td><td></td><td></td></tr>
<tr><td colspan="2"></td><td></td><td></td></tr>
<tr><td colspan="2"></td><td></td><td></td></tr>
<tr><td colspan="2"></td><td></td><td></td></tr>
<tr><td>行　程</td><td colspan="4"></td></tr>
<tr><td>备　注</td><td colspan="4"></td></tr>
</table>

接待部门：　　　　　　　　导游：　　　　　　　　联系电话：

（四）拟订具体接待方案

在分析并熟悉接待计划后，接待部门和导游应着手拟订旅游团在本地的活动日程，即具体的接待方案。一份详细的活动日程表应包括旅游团的团名、团号、所住饭店、叫早时间、用餐时间、集合出发时间、地点、游览点、购物点、出行李时间及旅游团离开当地的时间和安排等。

在拟订活动日程时，应注意以下几方面。

1. 多从游客的角度考虑问题

导游应本着“宾客至上”的原则，多从游客的角度考虑问题，切忌主观、片面，反对将自己的个人兴趣爱好强加于游客，更反对为达到个人目的而安排游客去一些接待计划以外的购物及娱乐场所。

2. 避免旅游活动项目雷同

旅游活动是一种“求新、求异、求奇、求乐”的审美活动，因此，导游在安排旅游项目时，要尽量做到丰富多彩，如人文景观与自然景观的游览交叉进行，游览与休闲相结合，使游客始终有“新”“异”的感觉，始终保持高昂的游兴。

3. 突出重点，点面结合

在安排游览项目时，导游要做到突出重点，点面结合。既要让游客对当地的名胜古迹、风土人情等有一个基本的了解，同时又要突出重点，对当地有代表性的景点进行重点安排，留出足够多的游览时间。

4. 针对游客特点安排游览项目

有经验的导游都知道，不同的旅游团对游览项目的“胃口”是不一样的。如日本和东南亚的游客对古迹、寺庙感兴趣；英国、法国等西欧游客对古迹和艺术感兴趣；而美国游客对风景名胜和家庭访问感兴趣。导游如果能真正做到针对游客特点安排游览项目，就为整个旅游过程的顺利进行打下了一个良好的基础。

5. 活动日程要留有余地

有一句话叫作“计划赶不上变化”，而这常常是导游所面临的问题。因此，在安排活动日程时注意不能太满，要留有一定余地。一般来说，写进了日程表的项目是不能取消的，除非紧急而特殊的情况出现。但未写进日程表而临时增加的游览项目，则会使游客感到惊喜。因此，制订日程活动表时不要包罗万象，有些次要活动可以不必列入表中，这样安排活动就有主动权。

（五）知识准备

接待服务工作既是体力劳动，也是复杂的脑力劳动，涉及大量的知识。接待人员平时的知识积累自然重要，但同时，接待人员在接团前针对旅游团特点而进行的知识准备也不能忽视。接团前，导游着重要巩固的知识包括：

（1）日程安排中所涉及的参观项目的知识，包括年代、数据、事件等，有记不清楚的地方应及时查阅资料。

（2）游客的相关知识，包括客源地的知识。

（3）当地的最新变化、当前的热门话题、国内外重大新闻等。

（六）物品准备

接待准备阶段要准备好接待服务必备的一些物品，主要包括：接待通知单或接待计划书、导游证（导游身份标识，并开启导游执业相关应用软件使电子导游证随时能被查阅）、身份证、接待社社旗（团队 10 人以上必须有接待社社旗）、接站牌、游客意见反馈表、扩音器、记事本（接待日志）、手机充电器（充电宝）、返程车票、旅游交通图、结算单、入场券等。这些物品准备起来很琐碎，但对保障旅游的顺利进行很重要，接待人员应耐心细致地加以准备。此外，导游接团前还要准备合适的衣物，以保证接团时做到仪表、着装整洁。

为方便以后的工作，旅行社最好为每位游客准备一份日程表，写上每日的活动内容、导游姓名及手机号码、司机姓名及汽车车号等，这样既方便游客掌握行程，也能为导游省去不少麻烦。

相关链接

导游有一件关键东西是少不了要带在身边的，那就是记事本。本子上应记载一些重要事项和关键电话，如旅行社各部门、餐厅、饭店、车队、景点、组团人员、其他导游的电话等，以便遇到突发情况时能及时拨打。

有人会说，现在重要信息都可记在手机上，带记事本纯属多余。这一说法其实是不对的。一些重要信息当然可以记在手机上，但这还不够。一旦遇到手机故障、手机遗失、手机不在身边（如被要求寄存）、手机无信号、手机电量不足等情况，或者在一些必须关闭手机的场合，将无法查阅这些信息和电话号码。因此，记事本其实是一个重要备份。此外，记事本在许多场合更适合记录和翻阅，这也能提高导游的工作效率。

（七）心理准备

旅游服务涉及的游客多，过程长，项目多，因此，各种不确定因素也很多。有时候，无论做了多么充分的准备，也有可能会出现预料不到的突发事件，影响旅游进程；有些时候，尽管接待人员已尽其所能、热情周到地为旅游团服务，但仍然不被其中一些游客理解，甚至遭到无端投诉。正因为这些情况极可能出现，就要求接待人员事先要有面临艰难复杂情况的心理准备，当真正的困难到来之时，才能沉着应对，以平和的心态面对暂时的不公，从而保证接待任务的顺利完成。

（八）落实好各项接待事宜

旅游接待涉及众多人和事。由于工作紧张、个人琐事、对业务的不熟悉以及受个人责任心不强的影响，接待中的差错时有出现。作为接待人员，不能期望所有的人都能做到准确无误，因此，在旅游团抵达的前一天，接待人员对交通、食宿等事宜再进行一次确认是很有必要的。这一工作可以最大限度地减少工作中的失误，从而使接待工作更为主动。

接待人员应主要落实下列接待事宜。

1. 车辆的落实

与车队或旅游汽车公司联系，确认为该团在本地提供交通服务的车辆的车型、车号及司机姓名。了解车辆的内部设施情况，如座位数、有无空调及扩音设备等。事先与司机联系，确定与司机的接头地点并告知活动日程和具体时间。

2. 接待饭店的落实

与接待饭店联系，核实客人所住房间的数目、级别是否相符。了解房间的楼层、房间号码、房内设施。有条件的话，还应在客人到达前检查一下房间，并与楼层服务员取得联系，介绍旅游团客人的特点，共同配合做好接待工作。如果是首次入住的饭店，还应事先了解饭店的地理位置、环境、服务项目、电话总机以及饭店内部的餐厅、商店、酒吧、理发室等的营业时间。

3. 落实用餐

与各有关餐厅联系，确认旅游团日程表上的每一次用餐情况，包括团号、人数、餐饮标准、日期、特殊要求等。

4. 掌握不熟悉的景点的情况

对新的旅游景点或不太熟悉的景点，接待人员应事先了解其情况，如景点开放时间、最佳行车路线或游览路线、游览方式、厕所位置、休息场所、停车场位置、注意事项等。

二、实际接待阶段的管理

实际接待阶段是指旅游团抵达本地开始旅游，到旅游完毕离开本地为止的阶段。在这一阶段，导游承担着主要的接待工作，有很强的独立性，旅行社既要保障导游人员工作的充分自主性，同时也要加强管理，确保接待工作的顺利完成。

（一）接待服务的规范化管理

旅游接待是一项综合性的复杂工作，往往涉及游客的吃、住、行、游、购、娱等各个环节，并且涉及旅行社、住宿、餐饮、交通、景区景点、商店、游乐场等众多部门。在实际接待过程中，团队的行程安排一环扣一环，容不得半点拖拉，但行程中却难以避免会发生各种突发事件，使得行程被打乱。面对这些情况，接待人员的规范化服务非常重要，这是接待工作得以顺利进行的保障。

接待服务的规范化主要包括服务的程序化和标准化两个方面。

1. 程序化

首先，接待服务应做到程序化。一个完整的旅游接待服务一般包括下面一些程序：接站服务程序、入住饭店服务程序、参观游览服务程序、其他服务程序、送站服务程序。每一项服务程序又包括许多更具体的程序，如表 6－2 所示。

表 6－2　实际接待阶段的一般服务程序

接站服务程序	旅游团抵达前	确认旅游团所乘交通工具抵达的准确时间、地点。
		提前抵达接站地点。
		在醒目位置迎候旅游团。
	旅游团抵达后	主动认找旅游团。
		核实人数。
		集中清点行李。
		带游客上车。
		清点人数。
	前往饭店途中	致欢迎词。
		首次沿途导游。
		介绍旅游团所下榻的饭店。
入住饭店程序	办理入住手续	办理住店登记手续，登记房号。
	介绍饭店设施及注意事项	如餐厅、健身娱乐设施、商品部、外币兑换处、公共洗手间的位置，房间电话的使用，房间内免费用品和需要付费的消费品等。
	照顾行李进房	核对行李，并送到游客的房间。
	提供游客入住后的服务	解答游客对房间内的设施、物品的使用等的疑问和要求。
	带领旅游团用好第一餐	巡视旅游团用餐情况，解答游客在用餐中提出的问题，监督餐厅是否按订餐标准提供服务。
	宣布当日或次日的行程安排	包括叫早时间、用餐时间及地点，集合出发时间、地点，行程和注意事项等。
	核对、商定旅游日程	地陪、全陪、领队手中的旅游日程有无出入；每天日程安排的具体内容；特殊活动的安排情况；向领队征求对地接社安排的详细日程的意见；离开本地时的交通工具、航班（车次）及时间；领队、全陪有无新的要求；征求领队对自费项目的安排意见。

续表

<table>
<tr><td rowspan="24">参观游览程序</td><td rowspan="6">出发前的准备</td><td>准备好导游证、正式接待计划、接待社社旗、话筒、必要的票证（如门票结算单）等。</td></tr>
<tr><td>落实用餐。</td></tr>
<tr><td>提前 10 分钟到达出发集合的地点。</td></tr>
<tr><td>提醒有关注意事项。</td></tr>
<tr><td>集合登车、清点人数。</td></tr>
<tr><td>重申当日行程安排。</td></tr>
<tr><td rowspan="4">途中导游</td><td>报告国内外重大新闻。</td></tr>
<tr><td>沿途风光介绍。</td></tr>
<tr><td>游览点概况介绍。</td></tr>
<tr><td>活跃气氛。</td></tr>
<tr><td rowspan="3">景点导游、讲解</td><td>说明游览注意事项。</td></tr>
<tr><td>景点导游讲解。</td></tr>
<tr><td>密切注意游客的动向。</td></tr>
<tr><td>参观服务</td><td>事先联系落实；做好翻译或语言信息的传递。</td></tr>
<tr><td rowspan="4">就餐服务</td><td>提前预订并告知用餐要求。</td></tr>
<tr><td>引导游客到餐厅入座。</td></tr>
<tr><td>征询游客对餐食的意见。</td></tr>
<tr><td>与餐厅结账。</td></tr>
<tr><td rowspan="4">返程服务</td><td>回顾当天行程。</td></tr>
<tr><td>沿途景观介绍。</td></tr>
<tr><td>调节气氛。</td></tr>
<tr><td>宣布次日行程安排。</td></tr>
<tr><td rowspan="7">其他服务程序</td><td rowspan="4">购物服务程序</td><td>介绍商品的特色和购买商品时应注意的事项。</td></tr>
<tr><td>讲清停车地点和停留时间。</td></tr>
<tr><td>当好游客购物顾问。</td></tr>
<tr><td>随时提供游客购物时所需的服务。</td></tr>
<tr><td>风味餐服务</td><td>加以必要的介绍；计划外风味餐应先收取费用，然后向餐馆预订。</td></tr>
<tr><td>参加文娱活动的服务</td><td>进行必要的介绍；计划外的文娱活动应收取费用；提醒游客注意安全，不要走散。</td></tr>
<tr><td>市容游览服务</td><td>选择最能代表当地特色的地方；告知旅游车的停车方位，集合时间；提醒游客注意安全。</td></tr>
</table>

续表

送站服务程序	送站前的准备工作	核实交通票据。
		商定集合及出发时间。
		出行李。
		商定叫早和早餐时间。
		协助饭店办理与游客的结账手续。
		与全陪按规定办理好结账手续。
		请全陪、领队、游客填写意见反馈表。
	离店服务程序	办理退房手续。
		集合登车。
	送行服务程序	送站途中的讲解（行程回顾、致欢送词）。
		移交行李。
		协助办理登机（车、船）手续。
		送别。

2. 标准化

接待服务的标准化是指接待人员按照一定的标准向旅游团提供旅游过程中的相关服务。《旅行社条例》和《导游人员管理条例》（国务院 1999 年 5 月 14 日颁布，1999 年 10 月 1 日起施行，2017 年 10 月 7 日修正）等法规对导游人员的服务标准都有相应规定。如《导游人员管理条例》规定，导游人员进行导游活动时，应当佩戴导游证；导游人员应当严格按照旅行社确定的接待计划，安排旅游者的旅行、游览活动，不得擅自增加、减少旅游项目或者中止导游活动；导游人员进行导游活动，不得向旅游者兜售物品或者购买旅游者的物品，不得以明示或者暗示的方式向旅游者索要小费。

相关链接

导游的工作是一项标准化的工作，就拿点人数来说，就要按一定的标准来点。清点人数的办法有三种：一是下到车座走廊一一点数；二是站在前头一一点数；三是专点空座位数，一般旅游车的空座位数大大少于客人座位数。但不管使用哪种办法，都应注意礼貌点数，采用默数或颔首数的方式，而不应用指头一个一个点着数。

此外，导游接待服务的时间要求也很严格，表 6－3 是对地陪导游服务工作的时间要求。

表 6－3 地陪导游服务的时间要求

服务内容	时间要求	具体工作	
接站	提前 1 小时～2 小时。	与交通站取得联系，确认旅游团到达本站的时间。	
带游客乘交通工具	提前 30 分钟。	到达交通站。	
带游客游览	提前 10 分钟。	到达出发集合地点。	
旅游团离站	提前 1 天。	核实交通工具、时间、地点。	
送国内航班	提前 1.5 小时（或更长时间）。	到机场	飞机起飞后方可离开。

续表

服务内容	时间要求	具体工作	
送国际航班	提前 2 小时（有的机场要求提前 3 小时或更长时间）。	到机场	旅游团进入海关后就可离开。
送火车、轮船	提前 1 小时。	到车站、码头	火车、轮船启动后方可离开。

小思考

旅游团为什么要提前 1.5～2 小时到机场？

分析：一个旅游团队往往数十人，有的人可能会忘带证件，需要家人送过来；有的人可能会走错机场或走错航站楼，需要时间赶过来；去机场的路可能堵车；机场很可能人多，办登机牌、托运行李、过安检都要排长队；还有一种可能，乘坐的航班已超额售票，登机牌先到先得，迟来的话很可能飞不了。因此，旅游团至少要提前 1.5～2 小时到达机场。为更加保险起见，导游甚至可要求旅游团提前 3 小时到达机场。现在机场的候机环境都比较不错，饮食、购物都不成问题，多数候机楼都有 Wi-Fi。

（二）保持与接待人员的顺畅沟通

在接待过程中，担任接待工作的导游人员往往单独带领旅游团队活动，旅行社很难做到对导游人员的实时监控。但是，为保证接待质量，旅行社应建立相应的请示汇报制度，要求接待人员在遇到重大变化或发生事故时，一定要及时请示旅行社，以便接待人员获得更好的处理问题的方式，并得到必要的帮助。在旅游接待过程中，旅行社要始终保持通信的畅通，随时与导游、游客、地接社、酒店、景区（点）保持联系，发现问题时及时处理。

（三）做好后勤保障

为提高接待质量，旅行社应尽量动员一切部门为旅游团队服务，为导游减轻工作压力。如在交通票据、门票、用车、用房、用餐等方面，尽量做出周到的安排。当接待方案发生变化时，及时帮助导游做出变更。

（四）现场检查与监督

现场检查与监督能让旅行社获得接待工作质量的第一手资料，有利于接待质量的改进与提高。但接待工作的流动性使得旅行社不可能对每一项接待工作都进行现场检查，为此，旅行社可进行一些现场抽查，在事先不打招呼的情况下，有选择性地抽查一些团队的接待情况，通过与游客直接问话或书面问卷等方式，了解他们对接待服务的看法和感受。

三、总结阶段的管理

总结阶段是指旅游团旅游结束、接待人员送走旅游团后，旅行社完成接待收尾工作的阶段。这一阶段的主要工作有下面三项。

（一）督促接待人员完成后续工作

送走团队后，旅行社应督促接待人员妥善处理好旅游团在当地旅游期间的遗留问题，按有关规定办理好游客委托的各项事宜，并督促接待人员做好团队离开后的收尾工作：

（1）及时归还所借的旅行社物品。

（2）整理、归档旅游团有关资料，包括接待日志和接待记录等。

（3）整理有关接待账单，尽快去财物部门报账。

（二）进行接待总结

进行接待总结是为了更好地吸取经验，总结教训。每一次接待业务完成后，旅行社应要求接待人员对接待过程中发生的各种事故和问题、处理的方法和结果、游客的反应等进行总结，以提高接待人员的认识水平和业务水平，不断改进工作，提高接待服务质量。

1. 写好接待工作小结

接待工作结束后，旅行社应要求接待人员写好工作小结。这样做，一方面可以总结工作中的得失，另一方面小结材料也可作为旅行社的档案材料，供日后查用。注意，如果有重大事情发生，如伤亡、走失、疾病、被盗、被抢等事件，一定要注意收集足够的证据材料，在遇到投诉或有关机关的调查时，这些证据将是非常有用的。

相关链接

接待工作小结应包括下列内容：

（1）旅游团名称、人数、抵离时间、旅游线路等。

（2）旅游团成员的基本情况，在旅游期间的表现。

（3）各项服务的落实安排情况，有无出现意外及失误。

（4）接待过程中发生的重大事情及处理办法。

（5）游客对本人接待工作的看法。

（6）本人对这次接待工作的体会及今后做好工作的建议。

2. 知识补课

每一次接待结束后，旅行社应督促接待人员及时回忆接待过程中所存在的问题和知识盲点，如讲解不清楚的地方、回答可能不准确的地方、回答不出的地方等，并根据这些弱点有针对性地补课，不断提高接待服务水平。

3. 总结经验教训

接待工作复杂而琐碎，接待人员在工作中出现一些失误在所难免，重要的是不能重复同样的失误。旅行社应督促、组织接待人员在事后认真总结成功的经验和失败的教训，以使今后的接待工作更加完善、接待水平不断提高。

（三）处理游客的表扬和投诉

一次接待结束后，游客在当时或在事后有可能会提出对接待人员的表扬或投诉，这时旅行社不应置之不理，而应把这些表扬和投诉变成提高服务质量的机会。表扬是游客对接待人员工作的肯定，旅行社通过宣传接待人员的事迹，既可进一步鼓励接待人员，也可在全社树立好的榜样，激励其他员工的工作。对待投诉，旅行社也应认真处理，这既是对游客负责的表现，也是对接待人员的严格要求，可最大限度避免此类投诉的再次发生，提高旅行社的接待质量。

第二节　旅游投诉及故障处理

一、旅游投诉的处理

在接待过程中，难免会遇到旅游投诉。旅游投诉是指游客认为旅游经营者损害其合法权益，请求旅游行政管理部门、旅游质量监督管理机构或者旅游执法机构，对双方发生的民事争议进行处理的行为。

无论游客的投诉有没有道理，一旦出现投诉，对旅行社和导游都是不利的。但游客在向旅游行政管理部门提出投诉前，往往会先向接待人员进行口头投诉。接待人员应该了解游客投诉的原因，妥善地处理游客的投诉，尽量不使事态扩大，确保旅游活动顺利进行。接待人员处理投诉时应注意：

（1）主动沟通。一旦有游客向接待人员投诉或表现出不满情绪，接待人员应主动与其沟通，这有助于矛盾的解决。

（2）个别交流。沟通时尽量避免别的游客参与进来，人一多，容易造成局面失控，双方无法平心静气地交谈，不利于解决矛盾。

（3）头脑冷静、避免争执。与游客沟通时，接待人员要面带微笑，认真地倾听投诉者投诉。即使游客有过激言论，接待人员也应保持头脑冷静，不要急于辩解或马上否定，更不得与投诉者发生争执。要知道，游客的叙述本身就说明游客有化解矛盾的愿望，且游客的叙述有利于缓和游客的激动心情，有利于接待人员了解投诉原因。

（4）调查分析，慎重表态。听完游客叙述后，接待人员要认真分析投诉内容，了解游客的投诉目的，提出解决问题的方案，但不要轻易表态和下结论，因为投诉往往涉及多个接待部门和接待人员，有些细节还需要核实。若接待人员没有确定的把握，可以给予如下答复，如“请给我们一点时间了解一下”“让我先和有关部门联系一下”“请放心，我会尽快给大家一个答复”，等等。

（5）认真答复。接待人员应立即对投诉内容进行核实，并迅速将投诉的内容反馈给被投诉部门。对于游客的投诉，接待人员必须给一个完整的答复。答复的方法有三种：一是由接待人员直接答复投诉者；二是由被投诉者或单位出面答复；三是由投诉者、被投诉者、接待人员三方在一起协商解决。需要注意的是：接待人员绝不可将答复的内容轻易由第三者或其他没有关系的游客转达，更不可与投诉者一起埋怨被投诉单位、部门。

（6）积极弥补、继续服务。若投诉的内容有根有据，接待人员或被投诉者应向游客道歉，对服务缺陷迅速进行弥补或改正，必要时适当补偿，最大限度地尽快消除投诉者的不满与对抗。如投诉与事实不符，甚至是无理时，接待人员应向投诉者做认真解释，并指出其要求的不合理性。

相关链接

游客投诉的原因

一般来说，游客投诉有三种心理情况：一是要求得到尊重；二是要求补偿；三是需要发泄。接待人员事先了解了投诉者的心理状态，有利于提出有针对性的处理方案。但无论接待怎样处理投诉，都应体现下面一些原则：高度重视；尊重投诉者；态度诚恳；积极改正。

二、旅游故障的处理

旅游故障是旅游过程中各种阻碍旅游活动正常进行并有可能造成损害的倾向、问题和事故，如日程变更、行李丢失、财物被盗、游客患病、交通事故等。由于旅游活动具有流动性和异地性等特点，使得旅游活动时常伴随着风险，许多旅游故障的出现即来源于旅游风险。旅行社和接待人员（主要是导游）应充分认识旅游风险和旅游故障对旅游活动的顺利进行和对游客的生命财产及旅游感受所带来的危害，采取积极有效的应对措施，妥善地进行处理。

相关链接

风险是指尚未发生而可能发生的危险。旅游活动时常伴随着风险。由于旅游的异地性、流动性、敏感性、综合性、依赖性等特点，使得旅游风险相对而言还比较大。比如，地震、海啸、泥石流、风暴等自然灾害的发生，疾病的流行，经济的衰退，政治动乱，国家关系的变化等都会给旅游活动带来风险；游客出门在外，面临着吃、住、行、游、购、娱等各种需要，而在解决这些需求时也面临着各种风险，比如食物中毒、交通事故、游览设施出故障导致安全事故、随身财物被盗、被歹徒抢劫，以及由于游客自身不慎而坠落及溺水等。

（一）变更旅游计划和日程的处理

旅游计划或活动日程一般不得轻易改动，但有时各种客观因素和不可预料的突发事件，如自然灾害、社会动乱、传染病、游客突然伤病、交通受阻等，会迫使接待人员不得不更改行程。相应的处理方法是：

（1）报告旅行社。遇到突发事件，接待人员应立即报告旅行社，寻求旅行社的帮助。

（2）制订应变计划。接待人员应认真分析问题的性质和可能的后果，分析游客因情况变化可能出现的情绪，按照旅行社的要求，制订应变计划。

（3）做好说服游客的工作。接待人员应先召集全陪、领队、司机等进行协商，取得一致意见。最好先做通旅游团中有影响的成员的工作，然后分头做其他游客的工作。需要注意的是：先道歉，再实事求是地说明困难，最后介绍应变计划。

（4）通知一切相关接待单位，及时办理吃、住、行等的变更。

（5）贯彻不能让游客有损失的原则：无法安排的景点由别的景点替代，或退还部分费用；即使缩短在景点的时间，也尽量不要减少计划中的景点；尽量以更为周到的服务补偿游客；适当地辅以物质补偿，如加餐、加菜、加酒、赠送小纪念品等。必要时，旅行社领导应出面向游客表示歉意。

（6）因不可抗力因素产生的追加费用，旅行社不承担。

参考案例

一旅游团在某地游览，计划晚餐后乘20:00的始发列车去广州，次日早上8:00到达广州，在广州游览一天，然后去海口。导游看新闻得知，因连日大雨，京九铁路广东段部分铁路路基受损，正组织抢修，部分去广州的火车因此受影响。导游急忙打电话给火车站，证实他们将要搭乘的列车已停运。面对这一情况，如果你是这个团的导游，你将如何处置？

分析：本案例属于因自然灾害发生而不得不更改行程的情况。导游可采取如下措施：

（1）报告旅行社，寻求旅行社的帮助。

（2）与游客协商，制订应变计划，如改乘其他交通工具（飞机、汽车）、改变线路（如先去海口）、增加在本站逗留的天数等。

（3）做好说服游客的工作。

（4）通知下一站接待单位，及时办理吃、住、行等的变更。

（二）接站、送站事故的处理

1. 漏接的处理

漏接是指游客抵达某站后，无接待人员迎接的现象。无论是客观原因还是主观原因造成了漏接，旅行社都应及时进行处理：

（1）实事求是讲明漏接原因，向游客诚恳地赔礼道歉，求得谅解。必要时，接待社领导可出面赔礼道歉。

（2）尽量采取弥补措施，将游客的损失减少到最低限度。

（3）提供更加热情周到的服务。

（4）主动赔付游客因漏接而产生的费用，必要时酌情给游客一定的物质补偿。

（5）游客最后离开本地时，应再次表示歉意。

2. 错接的处理

错接是指接待人员在接站时未认真核实，接了不应由自己接的游客。错接事故的处理方法有：

（1）错接若发生在同一旅行社的两个旅游团之间，经请示旅行社领导后，可将错就错，接待人员交换接待计划就可继续陪团。

（2）错接若发生在不同旅行社之间，接待人员必须设法找到自己的旅游团，并实事求是地向游客说明情况，诚恳道歉。

（3）若发现非法导游人员将游客带走的情况，接待人员应马上向旅游管理部门报告。

3. 误机（车、船）的处理

误机（车、船）是指游客因故没有按原定航班（车次、船次）离开本站而导致暂时滞留。误机（车、船）事故的处理方法有：

（1）立即向旅行社报告。

（2）尽快与机场（车站、码头）联系，争取让游客尽快改乘后续班次的交通工具离开本站，或采取包机（车、船）形式尽快前往下一站，或改乘其他交通工具。

（3）稳定游客的情绪，妥善安排滞留期间的食宿、参观等事宜。

（4）及时通知下一站，对日程安排做出调整。

（5）向游客赔礼道歉。

（6）查出事故的原因和责任，写出事故报告。

（三）游客丢失证件、钱物、行李的处理

1. 丢失证件的处理

（1）协助寻找证件。导游应请失主冷静回忆证件丢失的经过，尽可能找到线索，找回证件。

（2）若证件确已丢失，无法找回，应马上报告旅行社领导、公安部门。

（3）请失主准备彩色照片。

（4）由接待社开具遗失证明。

（5）由失主持遗失证明到当地公安机关报失，并由公安机关开具报失证明。

（6）协助失主办理补办证件的手续，所需费用由失主自理。

2. 丢失钱物的处理

（1）详细了解钱物数量、形状、价值，以及丢失的经过，判断是遗忘还是被盗。

（2）尽可能协助游客寻找被遗忘的物品。

（3）若是贵重物品被盗，导游应立即向公安部门和保险公司报案，协助破案。

（4）若丢失的是进关时登记并须复带出境的或已投保的贵重物品，接待旅行社要出具证明，失主持证明到当地公安机关开具遗失证明，以便出关时查验或向保险公司

索赔。

（5）提供热情周到的服务，对失主表示同情和安慰，稳定失主情绪。

3. 丢失行李的处理

（1）冷静分析情况，找到出错环节。

（2）帮助解决游客因丢失行李带来的生活方面的困难。

（3）经常与有关方面联系，询问查找进展情况。

（4）若行李确实已丢失，则应由旅行社领导出面向失主说明情况并致歉意。

（5）帮助失主根据规定向有关部门索赔。若旅行社方面存在责任，应按有关规定对游客进行赔偿。

（6）事后写出书面报告，写清行李丢失经过、查找过程、失主及其他旅游者的反应等情况。

（四）游客走失的处理

（1）应立即了解情况，组织寻找。与住宿宾馆取得联系，了解走失的游客是否已回宾馆。

（2）向游览地派出所和管理部门求助。

（3）向旅行社领导汇报，必要时向公安机关报案。

（4）做好善后工作。找到游客后，如果游客走失有导游的责任，导游应向游客道歉；如果责任在走失者，导游也不要指责或训斥对方，而应对其进行安慰，并晓以利害。

（5）写出事故报告。详细记录游客走失经过、寻找过程、善后处理情况及游客的反应等。

（五）旅游安全事故的处理

旅游安全事故是指涉及游客人身、财产安全的事故，主要包括交通事故、治安事故、火灾、食物中毒等。

1. 交通事故的处理

（1）要求司机立即停车，保护现场。

（2）造成人身伤亡的，应当立即抢救受伤人员，因抢救受伤人员变动现场的，应当标明位置。

（3）迅速报告执勤的交通警察或交通管理部门。

（4）报告旅行社。

（5）做好其他游客的安抚工作，力争按计划继续进行游览参观活动。

（6）请医院对受伤游客开出医疗诊断证明书，请交通管理部门开具交通事故认定书，以便向保险公司索赔。

（7）交通事故处理结束后，导游人员应写出书面报告，内容包括：发生事故的原因和经过、抢救经过、治疗情况、事故责任和对责任者的处理、游客的情绪及对处理的反应。

2. 治安事故的处理

（1）保护游客的人身、财产安全。在旅游活动中，遇到歹徒行凶、抢劫、诈骗、偷窃，导游人员应毫不犹豫地挺身而出，保护游客。

（2）立即报警。治安事故发生后，导游人员应立即向公安机关报案并积极协助公安机关破案。

（3）及时向旅行社领导报告。情况严重时请旅行社领导前来处理。

（4）妥善处理善后事宜。治安事故发生后，导游人员要采取必要措施稳定游客情绪，尽力使旅游活动继续进行。准备好必要的证明材料，协助处理好受害者的补偿、索赔等事宜。

（5）就事故经过写出详细的书面报告。

3. 火灾事故的处理

水火无情，为保障游客安全，导游要事先对游客入住的饭店进行了解，熟悉饭店周围环境，了解安全通道的位置。一旦发生火灾，导游可采取如下措施：

（1）立即报警并叫醒全团。

（2）通知游客走安全通道迅速撤离。

（3）判断火情，引导自救。如果情况危急，不能马上离开火灾现场或被困，导游人员应引导游客自救：告诫游客不可搭乘电梯或从高层跳楼；必须通过浓烟时，用浸湿的衣物披裹身体，用湿毛巾捂住口、鼻，身体贴近地面顺墙爬行；若身上着火，可就地打滚，将火苗压灭，或用厚重衣物压灭火苗；大火封门无法逃脱时，可用浸湿的衣物、被褥将房门封堵严实，避免有害气体进入，若有水源，可对门进行泼水降温，等待救援；摇动色彩鲜艳的衣物呼唤救援人员；若迫不得已必须往下跳，可将被单撕成长条，连接成一条长绳顺着滑下。

（4）协助处理善后事宜。游客得救后，导游人员应配合救援人员抢救伤员，将重伤者立即送往医院；采取各种措施，稳定游客的情绪；设法解决游客因火灾所造成的生活上的各种困难；尽可能使旅游活动继续进行。

（5）协助索赔。

（6）就火灾事故的全过程写出书面报告。

4. 食物中毒的处理

食物中毒，是指食用了被有毒有害物质污染的食品或者食用了含有毒有害物质的食品后出现的急性、亚急性疾病。其特点是许多人同时发病，病状相似（如呕吐、腹痛等），病情急，进展快，有食用同一种食物的历史。一般处理程序如下：

（1）拨打 120 急救电话或迅速送往医院抢救。

（2）迅速报告旅行社领导。

（3）指导游客自救：将手指伸入患者口中，刺激患者喉部以便催吐；多喝水以加速排泄，缓解毒性；用毛毯盖着患者保温，让患者侧卧。

（4）设法保留证据，并请医院开具诊断证明。

（5）追究供餐单位的责任，协助游客索赔。

（六）游客患病的处理

（1）劝其及早就医，严禁导游人员擅自给游客用药。

（2）必要时，导游人员可陪同患者前往医院就医，但应向患者讲清楚，所需费用自理，提醒其保存好诊断证明和医疗费用收据。

（3）劝其多休息，不要强行游览。

（4）关心照顾病人。让其坐在较舒服的座位上，或在饭店休息，但一定要通知饭店给予关照，必要时通知餐厅为其提供送餐服务。

三、对游客所提要求的处理

在旅游活动中，游客难免会提出一些个人要求，有合理的，也有不合理的，有难办到的，也有容易办到的。无论游客提出什么样的要求，旅行社接待人员都应予以充分重视，并正确及时、合情合理地予以解决。

（一）游客要求变更计划和日程的处理

在旅游过程中，旅行社接待人员经常会遇到游客要求变更计划或活动日程的情况。对此，接待人员原则上应按合同执行，婉言拒绝游客的要求。如果情况特殊，接待人员也不能自作主张，而应上报旅行社，如果旅行社同意了游客的要求，接待人员应做下面几件事：

（1）提醒游客，因游客变更行程所产生的损失和新增加的费用由游客负担。

（2）变更后的行程应由每一位游客签字认可。

（3）做好相应的变更安排，并及时通知下一站。

（二）游客生活方面个别要求的处理

游客所提要求中，生活方面要求较多。对此，接待人员应热心、耐心、认真地加以解决。

1. 餐饮方面的个别要求

游客有时会因宗教信仰、个人生活习惯、身体状况等方面原因，提出一些特殊的饮食要求，如不吃肉食、食物要全熟或半熟、不吃辣等，对这些特殊要求的处理如下：

（1）如在旅游协议中有明文规定，接待人员应严格按规定执行。

（2）如是游客临时提出，接待人员应与餐厅联系，尽可能满足游客要求。如餐厅确有困难，要向游客解释清楚。

（3）可协助游客自己想办法解决。

在旅游接待过程中，游客也可能提出换餐要求，如把中餐换成西餐、便餐换成风味餐、更换用餐地点、改变餐饮标准等，对这方面要求的处理如下：

（1）若在用餐前 3 小时提出的，接待人员可尽量满足游客的要求，但事先要说明由此造成的损失或差价费用由游客自己承担。

（2）接近用餐时间才提出换餐的，接待人员一般应婉言拒绝，并做好解释工作。

（3）若游客坚持换餐，导游可建议游客自己点菜，费用自理。

（4）游客要求加菜、加饮料等，可予以满足，但费用自理。

2. 住宿方面的个别要求

在接待过程中，如果游客所住客房低于合同所规定的标准，游客要求调换房间的，接待人员应予以调换。确有困难的，应向游客致歉，请求谅解，并提出补偿条件。

如果游客由于房间不干净、用具破损、空调效果差、隔音效果不好及客房内发现蟑螂、臭虫、老鼠等原因不愿入住，要求换房的，接待人员应要求酒店换房，尽量维护游客的利益。

如果游客因为朝向不好、观景角度不佳、楼层不理想等原因要求调换房间的，若酒店有空房且不存在档次差别，在与酒店商量并得到同意后，可满足游客要求，或请领队出面在游客中互相调剂。实在无法满足的，应向游客致歉，请其谅解。

3. 购物方面的个别要求

游客要求导游人员帮助退换所购物品的，导游人员应积极协助，必要时陪同前往。

如果游客当时没有买到某种商品，想委托导游人员代为购买并托运的，导游人员一般应婉言拒绝。如果实在推托不掉，应请示旅行社有关领导决定。

一旦接受游客的委托，导游就应认真办好：收取足够的钱款（包括货款、托运费、手续费）；余额交旅行社退还委托者；发票、托运单及托运费收据寄给委托人，复印件由旅行社保存以备查验。

（三）游客要求自由活动的处理

（1）游客不愿随团活动，而其要求又不影响整个旅游团队活动时，导游可以满足其条件并提供必要的协助，如提醒其带上酒店的房卡和写有酒店地址、电话的酒店名片，告知旅游团详细的日程安排等。

（2）在某一游览点，个别游客不愿按规定线路游览而希望自由游览、摄影，若此时游览点人不太多，秩序又不乱，导游可以允许游客自由游览。但要提醒其团队集合时间、地点及团队旅游车的车号。必要时留一字条，写上集合时间、地点、车号以及酒店的名称、电话号码，以备急用。

（3）晚上如无活动安排，游客要求自由活动，导游应建议其不要走得太远、不要去秩序乱的场所、不要太晚回酒店等。

（4）在旅游团即将离开本地或当地治安情况不是很理想的情况下，导游应劝阻游客自由活动。

（5）对游客的下列行为，导游应予以劝阻：游客想去情况复杂、混乱的地方自由活动；游客想去非游泳区游泳或去危险水域划船；要求去不对外开放地区、机构参观游览等。

（6）游客由于特殊原因（患病、家中有事、单位有事等）要求中止旅游活动，提前离团时，导游经与接待社协商后可以满足游客的要求，未享受的综合服务费视情况部分退还或不予退还。

第三节　导游人员的管理

导游服务具有独立性强、脑体高度结合、知识性强、复杂多变等特点，是一种高智能、高技能的服务工作，是旅游接待服务中最具代表性的服务，在旅游接待服务中处于核心和纽带的地位。导游人员是导游服务的直接提供者，处在旅游接待工作的第一线，因此，加强对导游人员的管理，提高导游人员的素质对提升旅行社的整体接待质量有着直接的影响。

一、导游人员的概念和分类

（一）导游人员的概念

人们通常理解的“导游”就是从事向导、讲解的人员，其实这只说对了一半。根据《导游人员管理条例》的规定，导游人员是指按规定取得导游证，接受旅行社委派，为旅游者提供向导、讲解及相关旅游服务的人员。这一概念包含三层含义：

（1）取得导游证是导游人员从事导游工作的前提，没有取得导游证不能从事导游活动。

而要取得导游证，必须参加导游人员资格考试，取得导游资格证。导游人员资格证书由国务院旅游主管部门统一制证，统一编号，终身有效。目前，“导游资格”与“教师资格”“法律职业资格”一样，已列入《国家职业资格目录》，并被归入“专业技术人员职业资格”一类。这一类包括准入类和水平评价类。导游资格属于准入类。

具备下列条件的人员方可参加导游资格考试：①是中华人民共和国公民。我国《宪法》规定，凡具有中华人民共和国国籍的人都是中华人民共和国公民。外国人、无国籍的人不得参加我国的导游资格考试。②具有高级中学、中等专业学校或者以上学历。③身体健康。④具有适应导游需要的基本知识和语言表达能力。

相关链接

《导游管理办法》（国家旅游局于2017年11月1日公布，2018年1月1日起施行）规定：导游证采用电子证件形式，由国家旅游局制定格式标准，由各级旅游主管部门通过全国旅游监管服务信息系统实施管理；电子导游证申领成功后，以电子数据形式保存于导游个人移动电话等移动终端设备中；导游在执业过程中，电子导游证应当能够随时被查阅；同时，导游还应佩戴导游身份标识，并开启导游执业相关应用软件。

（2）导游人员从事导游业务须接受旅行社委派，不得私自承揽导游业务。

（3）导游人员的主要工作是为旅游者提供向导、讲解及相关旅游服务。“向导”是指为旅游者引路、带路；“讲解”是指为旅游者介绍旅游地点的人文和自然情况；“相关旅游服务”是指为旅游者代办旅行证件、代购交通票据、安排吃住等与旅游相关的各种服务。

（二）导游人员的分类

从不同的角度可以对导游人员进行不同的分类。

1. 按导游的职业性质分类

按导游的职业性质，导游人员可分为专职导游人员和兼职导游人员。

专职导游人员是指以导游工作为其主要职业的人员；兼职导游人员是指不以导游工作为其主要职业，而利用业余时间从事导游工作的人员，也称业余导游人员。

2. 按导游的业务范围分类

按导游的业务范围，可将导游人员分为地陪、全陪和领队。

（1）地陪。地陪的全称是地方陪同导游人员，指的是受接待社委派，代表接待社实施接待计划，为旅游团（者）提供当地旅游活动安排、讲解或翻译等服务的导游人员。

（2）全陪。全陪的全称是全程陪同导游人员，是受组团旅行社委派，作为组团社的代表，在领队和地方陪同导游人员的配合下实施接待计划，为旅游团提供全程陪同服务的导游人员。全陪作为组团社的代表，应自始至终参与旅游团的全部旅游活动，负责旅游团移动中各环节的衔接，监督接待计划的实施，协调领队、地陪、司机等旅游接待人员之间的关系。全陪服务是保证旅游团的各项旅游活动按计划实施，保证旅游活动顺畅、安全的重要因素之一。

（3）领队。领队全称“出境旅游领队”，他们接受取得出境旅游业务经营许可的旅行社的委派，从事出境旅游领队业务，包括：旅途全程陪同，协助游客办理出入境手续，协调、监督境外负责接待的旅行社及从业人员履行合同，协调处理旅游过程中的相关事务等。

领队也是导游，需要取得导游证。《旅游法》第 39 条规定，从事领队业务，应当取得导游证，具有相应的学历、语言能力和旅游从业经历，并与委派其从事领队业务的取得出境旅游业务经营许可的旅行社订立劳动合同。

相关链接

过去，从事领队业务的人员不用取得导游证，但必须取得领队证。现在，领队从业不再需要取得领队证，但需要取得导游证，并具有相应的学历、语言能力和旅游从业经历。

根据《国家旅游局关于执行〈旅游法〉有关规定的通知》（旅发〔2013〕280 号）和《国家旅游局办公室关于领队管理工作有关事宜的通知》（2017 年 8 月 14 日发布），从事领队业务的导游须具备下列学历、语言和从业经历条件：

（1）大专以上学历。包括普通高校、成考、自考及国家承认的其他形式的具有大专及以上的同等学历。

（2）具备与出境旅游目的地国家（地区）相对应的语言能力。具体来说，符合下列情形之一均可：①通过外语语种导游资格考试；②取得国家级发证机构颁发的或国际认证的、出境旅游目的地国家（地区）对应语种语言水平测试的相应等级证书。

（3）2 年以上旅行社相关岗位从业经历。具体来说，符合下列情形之一均可：①2 年以上旅行社业务经营经历；②2 年以上旅行社管理经历；③2 年以上导游从业经历。

3. 按导游使用的语言分类

按导游使用的语言，导游人员分为中文导游人员和外语导游人员。

中文导游人员是指能熟练地使用普通话、地方话或少数民族语言从事导游业务的人员。

外语导游人员是指能熟练地使用外语从事导游业务的人。

4. 按技术等级分类

按技术等级，导游人员可分为初级导游人员、中级导游人员、高级导游人员和特级导游人员。

相关链接

导游人员可以自主决定是否参加较高一级的等级考核。导游人员申报等级时，由低到高，逐级递升，不能跨级申报。经考核评定合格者，颁发相应的导游人员等级证书。初级导游和中级导游考核由省级旅游行政管理部门或其委托的地市级旅游行政管理部门组织评定；高级导游和特级导游由国务院旅游行政管理部门组织评定。

参加省部级以上单位组织的导游技能大赛获得最佳名次的导游人员，报全国导游人员等级考核评定委员会批准后，可晋升一级导游人员等级。一人多次获奖只能晋升一次，晋升的最高等级为高级。

二、导游人员的选择和培养

（一）导游接待服务的基本特点

导游接待服务指的是导游人员为旅游者安排旅行和游览，提供向导、讲解和旅途照料等接待工作的总称。导游接待服务是旅游生产和旅游消费的中介，有如下基本特点。

1. 工作量大

导游接待服务以旅游者的实际需求为工作的出发点，涉及旅游者的食、住、行、游、购、娱等诸方面，这些内容哪一项都不简单。加上旅游团队动辄数十人，有的还扶老携幼，而导游人员往往就是一两个人，要照顾每个旅游者的方方面面，工作量非常大，导游人员也非常辛苦。

2. 涉及面广

导游接待服务所涉及的食、住、行、游、购、娱等诸方面内容都分散在旅游各职能部门中，一次成功的旅游活动有赖于各部门的积极参与和配合。导游人员在从事接待服务的过程中免不了要与各部门打交道。

3. 对知识和技能的要求高

导游接待服务不是一般的简单操作，而是导游人员借助自己的知识和技能为旅游者提供旅游便利的一种高智能的复杂工作。有人曾把导游接待服务归纳为八项内容：语言翻译、参观导游、生活服务、政策宣传、对外调查、安全保卫、座谈报告和财务统计。这些内容每一项都要求导游人员拥有丰富的知识和高超的技能。导游接待过程中各种难以预料的突发性事件时有发生，再加上导游接待服务的对象是旅游者，他们的文化程度、欣赏水平、年龄、职业等存在差异，对导游接待服务的要求也不同，这些因素的存在都对导游人员知识和技能方面提出了更高要求。

（二）导游人员的选择和培养

由于导游接待服务是由导游人员来完成的，在选择和培训导游人员时，就必须考虑导游接待服务的上述基本特点，根据导游人员的工作性质选择和培训导游人员。一般来说，在选择和培训导游人员时，应着重从以下三个方面进行。

1. 导游职业道德

导游职业道德规范既是导游人员在职业活动中应遵循的行为准则，也是人们评价和判断导游人员职业道德行为的标准。概括说来，导游人员的职业道德规范主要有以下几条：

（1）爱国爱企，自尊自强。导游人员在业务工作中应有强烈的爱国热忱，坚持祖国利益高于一切，时时以国家、人民的利益为重，为国家、为企业多做贡献。导游人员在沿途讲解的过程中，应有意增强讲解的思想性，增强文化内涵，体现爱祖国、爱人民、爱家乡的美好情感，维护国家和民族的尊严。导游人员也应该具有自强不息的精神，勇于开拓，不断进取，树立崇高的职业理想，把自己的工作作为向国内外旅游者展示祖国大好河山、介绍我国悠久历史文化、宣传我国良好形象的重要窗口。

（2）立足本职，敬业爱岗。导游服务工作既是一项艰苦复杂的脑力劳动，又是一项繁重的体力劳动，尤其是旅游旺季，导游人员往往无法保证正常休息。这就要求导游人员热爱本职工作，乐于为广大旅游者服务，以做好本职工作作为人生的乐趣，有一种职业幸福感和荣誉感。只有这样，导游人员才能适应繁重的导游工作。

（3）热情友好，宾客至上。热情好客是我国的传统美德，而在国际上，许多学者都把“好客”视为旅游业的重要资源。游客是服务行业存在和发展的基本保证，导游服务行业也不例外，没有旅游者，导游人员的服务价值就无从体现，导游服务也就失去了存在的必要。导游人员在接待过程中，应发扬中华礼仪之邦的好客传统，做到微笑服务、热情服务、周到服务，把旅游者放在首位，一切为旅游者着想，努力满足旅游者的合理、正当要求，避免冷淡、粗暴、懒散等违反旅游职业道德的不良行为。

相关链接

微笑是热情友好的外在表现之一。作为导游，应学会微笑地面对旅游者。因为微笑能表达导游对远方客人的欢迎、对旅游者的关爱，同时也能反映导游对自身职业的热爱、对工作的责任感和对做好工作的充分的自信。因此，微笑对导游来说不是单纯的礼貌问题，还涉及导游的职业道德和服务技能。换句话来说，导游的服务应是一种微笑服务。

（4）遵纪守法，克勤克俭。由于旅游活动接触面广、流动性大、享受性强、消费档次高，加上导游人员工作的独立性强，经常要经手大量钱物，因此，在实际工作当中，导游人员面临着各种各样的诱惑。在这样一种环境下，导游人员更应培养遵纪守法的意识及克勤克俭的生活作风，这不仅是塑造导游人员形象的重要内容，同时也是衡量一个导游是否合格的重要标准。作为导游，应树立高度的法纪观念，自觉遵守国家的法律法规，严格执行导游服务质量标准，自觉抵制拿回扣、索要小费、索取礼品等不正之风。

（5）公平守信，真诚善良。首先，导游应做到公平。导游面对众多的旅游者，有的显得友好，有的可能爱“挑刺”，有的和你谈得来，有的和你谈不来，但无论对谁，导游都应当做到一视同仁，不能让旅游者有“厚此薄彼”的感觉。比如，导游只记住了重要旅游者的姓名，只对部分旅游者微笑，只和部分旅游者说话，等等，这都是不公平的表现。公平的另一个表现是，旅游者提出的任何一个要求，无论合理还是不合理，导游都应当一视同仁，对一切合理、合法的要求，导游应尽量满足；对无法满足或不能予以满足的不合理、不合法的要求，导游也应细致地说明或提出好的建议，不能简单地挡回，更不能冷语相向。其次，导游要做到守信。导游应该严格遵守合同的规定，认真履行合同，将当地最真实、最有价值、最美的一面展示给游客。不欺骗、刁难旅游者，不降低服务水平和食宿标准。在旅途中，导游还应做到言而有信，说到做到，不讲空话。对旅游者的要求，能做到的就一定做到，不能做到的就不要答应下来。最后，导游应该是一个真诚善良的人。真诚善良是人与人交往的基本准则，导游与旅游者打交道，自然应做到真诚与善良。导游的服务是否真诚，导游为人是否善良，旅游者很容易就能感觉到。一位真诚善良的导游，很容易打动旅游者，吸引旅游者，即使工作中有些失误，也容易得到旅游者的谅解。

（6）团结友爱，相互协作。旅游业是一个综合性的行业，涉及相关的多个行业，每个行业又涉及许多企业。旅行社或导游要想完成自己的工作，必须与各行业和企业密切协作，否则寸步难行。同时，在整个旅游接待中，导游处于核心的地位，发挥着主导的作用。因此，导游更应当发挥团结友爱的精神，正确处理同事之间、部门之间、企业之间、行业之间的关系，尊重他人的劳动，不盛气凌人，不动辄训人，坚决杜绝本位主义、以邻为壑等不良倾向。

2. 导游应具备的知识

导游应该具有广博的知识，其知识结构至少应涵盖以下几个方面：

（1）语言知识。语言是人们交流的工具，导游的工作性质决定了导游必须是掌握了语言并且能恰当地使用语言的人。硬性要求导游掌握多少种语言或多少种方言不一定合适，但导游必须精通接待对象所使用的语言和方言，并能很好地运用，如有意增强语言的生动性、形象性，增强幽默感，等等。

（2）历史文化知识。历史文化知识包括中外历史知识、文物知识、古建筑与园林知识以及民情风俗、文化艺术、饮食风味等方面的知识。

（3）地理知识。地理知识包括中国的疆域和行政区划、中国的地形特点及气候特点、中国的物产、中国旅游资源的分布及特点、中国旅游区的划分、地理环境对旅游业的影响、地理因素对客源的影响、旅游交通和旅游线路等知识。

（4）旅游学知识。导游是旅游业的从业人员，必须了解旅游学的一些基本知识，如现代旅游的性质、特点、种类，旅游者的类型、特点，旅游资源的开发利用，旅游线路的设计、旅游业的构成及发展状况等。

（5）法律知识。掌握必要的法律知识能帮助导游自觉地运用法律武器维护旅游者和旅行社的合法权益，避免因不懂法律而造成的侵权行为的发生。这些法律知识包括宪法知识、民事法律知识、消费者权益保护方面的知识、出入境方面的知识以及与旅游接待业务直接有关的专业法律法规，如旅行社、导游人员、旅游饭店、旅游资源及旅游投诉等方面的法律法规。

（6）旅游客源地和旅游目的地知识。旅游客源地和旅游目的地知识包括客源地居民的文化传统、风俗习惯、思维方式、价值观念等，也包括旅游目的地的经济发展状况、旅游设施的情况、景区景点的情况以及当地有关旅游业的一些政策规定等。

（7）生活常识。旅游是人们生活的一部分，掌握必要的生活常识能给导游工作带来很大便利，这些知识包括交通、通信、卫生保健、海关、货币、保险、急救、护理等方面的知识，也包括待人接物、礼貌礼仪、选购商品等方面的知识。

（8）美学知识。旅游活动从本质上说是一种寻找美和欣赏美的活动，导游掌握一定的美学知识，有助于用生动形象的语言向旅游者介绍美的事物，帮助旅游者获得最大的美的享受。

（9）心理学知识。导游时刻要与人打交道，这些人包括旅游者、参与接待的同行、不同旅游服务供应部门的有关人员等，导游掌握一些心理学知识，有助于导游及时了解对方的心理活动，并有的放矢地开展工作。

相关链接

不同类型旅游者的特征和导游的接待方法如表 6-4 所示。

表 6-4　不同类型旅游者的特征和导游的接待方法

旅游者类型	特征	接待方法
稳重型旅游者	追求旅游的意境与品位，喜欢思考，举止沉稳，话语不多但有分量。	讲解时把握科学性、知识性，适当增加历史知识和文学知识的分量；态度诚恳，语言优美，不矫揉造作。
活泼型旅游者	生性乐观、开朗，喜欢集体活动和参与性强的项目，偏爱风光优美、风格欢快的旅游景点。	增强讲解的趣味性、生动性，多讲故事和传说，少说理论和观点；态度应亲切自然，平易近人。
忧郁型旅游者	看重个人感受，不太依赖导游讲解，喜欢静静地欣赏，不喜欢评价、议论，重视细节。	导游讲解应突出细节，但不可过于烦琐；注重与他们的感情交流，但不要过多干扰他们的活动。
急躁型旅游者	偏爱快节奏，好动不好静，好观赏不好思索，好独自活动不好集体游览。	善于抓住他们的兴趣点，加快游览节奏；密切注意他们的动向，及时消除他们的急躁情绪。

3. 导游应具备的能力

选择导游不仅要看他们的个人品质和知识素养，还要看他们的实际工作能力，这些能力包括独立工作的能力、组织协调的能力、随机应变的能力、文字处理的能力等。只有具备这些方面的能力，导游才能更为圆满地完成导游接待工作。

三、导游人员的接待工作规范

导游人员直接面对旅游者，其接待工作要求做到标准化和规范化。旅行社应加强对导游人员工作规范化的管理，并制定相应的奖惩措施，鼓励导游提供规范化的服务，不做违法违规的事情。导游的接待工作要遵守以下规范。

（一）工作时佩戴导游证

《导游人员管理条例》规定，导游人员进行导游活动时，必须佩戴导游证。导游在工作中佩戴导游证，一是便于旅游者识别导游，及时得到导游的帮助和服务；二是便于旅游行政管理部门的监督检查；三是能够增强导游的工作责任感。

（二）经旅行社委派从事导游活动

导游人员进行导游活动，必须经旅行社委派。导游不得私自承揽或者以其他任何方式直接承揽导游业务，进行导游活动。

（三）自觉维护国家利益和民族尊严

导游人员进行导游活动时，应当自觉维护国家利益和民族尊严，不得有损害国家利益和民族尊严的言行。

（四）遵守职业道德规范，着装整洁，言行文明

导游人员进行导游活动时，应当遵守导游职业道德规范，着装整洁，言行文明，礼貌待人，尊重旅游者的宗教信仰、民族风俗和生活习惯。应当向旅游者讲解旅游地点的人文和自然情况，介绍风土人情和习俗，但是不得迎合个别旅游者的低级趣味，在讲解、介绍中掺杂庸俗下流的内容。

导游从事的是服务接待工作，面对的是来自世界各地、全国各地的游客，在从事接待工作时，着装整洁、言行文明、严格遵守礼貌礼仪规范非常重要。导游的礼仪规范很多，就仪容仪表来说，导游应做到如表 6－5 所示的要求。

表 6－5　导游的仪容仪表规范

头发	勤洗勤理，干净整齐，没有异味和头屑；长短适当，尽量留短发；发型简单大方，朴素典雅，不能太怪异或有太多装饰。
面容	做到干净卫生。鼻毛、耳毛等应予以修剪和遮掩，男导游的胡须要刮干净；勤刷牙、漱口，及时去除口腔中的食物残渣；上团前不吃有异味的食品，如葱、蒜、韭菜等。女导游宜化淡妆，不必涂眼影、画眼线，但可适当画眉、涂口红。
手	做到干净、卫生、雅观。平时注意勤洗双手，保持干净；注意手的保养，避免红肿、长疮、生癣等；不留长指甲；工作时不涂有色指甲油。
服饰	大方、得体、整洁。带团时可穿各式便服，也可穿单位的工作服；男导游不可穿圆领汗衫、短裤，不宜赤脚穿凉鞋，女导游不能穿超短裙；在重要场合，男导游应穿深色皮鞋，女导游不宜穿太细太高的高跟鞋，皮鞋鞋面应擦干净。
举止	站、立都应端正、自然，不应懒散随便，腿脚不能颤动，身体不要摇摆，不要蹬踏他人座椅。男导游站立时，双脚可微张，但不得超过肩宽，女导游站立时双脚应呈“V”形。如久站疲倦，可用一腿支撑，另一腿稍弯。入座时应轻而缓，穿着裙子的女导游入座时，要用手把裙子向前拢一下；男导游两膝间的距离以一拳为宜，女导游则以不分开为好。

相关链接

礼貌礼仪规范的基本原则

礼貌礼仪的规范非常多，将它们一条条地孤立起来记忆不仅没必要，效果也不好。但如果我们掌握了礼貌礼仪的精髓，不仅有助于记忆，还可举一反三，融会贯通，起到事半功倍的效果。礼貌礼仪的规范基本上都遵循下面一些原则：

（1）自律原则，即礼貌礼仪规范基本上都是对自我的约束。

（2）从俗原则，即礼貌礼仪应考虑对方的需要，并适当运用旅游者的礼节礼仪，以示对旅游者的尊重。

（3）适度原则，即要把握分寸，适度得体，既不盛气凌人，也不妄自菲薄。

（4）平等原则，即给予交往对象以同等待遇，不厚此薄彼，不以貌取人、以财取人。

（5）宽容原则，对他人不同于己、不同于众的行为要多体谅，不可求全责备，过于苛求。

（五）严格执行接待计划

导游人员应当严格按照旅行社确定的接待计划，安排旅游者的旅行、游览活动，不得擅自增加、减少旅游项目或者中止导游活动。

相关链接

在旅途中，除非满足特定的条件，导游才能变更接待计划。《导游人员管理条例》第 13 条规定：“导游人员在引导旅游者旅行、游览过程中，遇有可能危及旅游者人身安全的紧急情形时，经征得多数旅游者的同意，可以调整或者变更接待计划，但是应当立即报告旅行社。”2009 年颁布、2016 年修订的《旅行社条例实施细则》对此有更具操作性的规定，其第 43 条规定：“在旅游行程中，当发生不可抗力、危及旅游者人身、财产安全，或者非旅行社责任造成的意外情形，旅行社不得不调整或者变更旅游合同约定的行程安排时，应当在事前向旅游者作出说明；确因客观情况无法在事前说明的，应当在事后作出说明。”

（六）保障旅游者的人身、财物安全

导游人员应采取相应的措施保障旅游者的人身、财物安全。在引导旅游者旅行、游览过程中，导游人员应当就可能发生危及旅游者人身、财物安全的情况，向旅游者作出真实说明和明确警示，并按照旅行社的要求采取防止危害发生的措施。

（七）不向旅游者兜售或购买物品，不索要小费

导游人员进行导游活动，不得向旅游者兜售物品或者购买旅游者的物品，不得以明

示或者暗示的方式向旅游者索要小费。

（八）不欺骗、胁迫旅游者消费

导游人员进行导游活动，不得欺骗、胁迫旅游者消费或者与经营者串通欺骗、胁迫旅游者消费。所谓“欺骗”，是指导游人员或者导游人员与经营者串通起来，故意告知旅游者虚假情况，或者故意隐瞒真实情况，诱使旅游者作出消费决定的行为。所谓“胁迫”，是指以给旅游者及其亲友的生命健康、名誉、荣誉、财产等造成损害为要挟，迫使旅游者作出违背真实消费意思表示的行为。

思考与练习

一、选择题（有1个或1个以上的正确答案）

1. 一个完整的旅行社接待服务包括（　　）等程序。

A. 接站服务程序　　B. 入住饭店服务程序

C. 参观游览服务程序　　D. 送站服务程序

2. 旅行社的接待工作基本上由（　　）负责。

A. 计调部　　B. 门市部　　C. 接待部　　D. 销售部

3. 接待服务的规范化主要包括服务的（　　）两个方面。

A. 复杂化　　B. 标准化　　C. 简单化　　D. 程序化

4. 下列哪些属于导游的工作？（　　）

A. 为旅游者提供向导服务　　B. 为旅游者提供讲解服务

C. 安排旅游者吃住　　D. 为旅游者代购交通票据

5. 导游和领队都必须取得的证件有（　　）。

A. 导游证　　B. 领队证　　C. 导游资格证　　D. 讲解员证

二、名词解释

1. 旅行社接待服务
2. 接待服务的标准化

三、简答题

1. 在开展接待工作之前，接待部门要做好哪些工作？
2. 导游带团前要准备哪些物品？
3. 旅行社如何做好接待阶段的管理？
4. 旅行社为什么要进行接待总结？
5. 接待人员处理投诉时应注意哪些方面？
6. 导游人员的接待工作要遵守哪些规范？

四、分析题

一个来自英国的旅游团在游览了西安后，登上了去兰州的飞机。受天气的影响，飞机无法在兰州机场降落，只好又飞回西安。由于该团时间有限，兰州之行不得不取消。领队提出，剩余的两天由接待社安排继续在西安旅游。

请问：作为中方负责接待的导游，你将如何处理？

第七章

旅行社财务管理

本章导读

在日益激烈的市场竞争中，旅行社面临着机遇和挑战，学会理财，控制好企业的资金运动是企业正常经营中不可或缺的一环。财务管理是旅行社经营管理的重要组成部分，是关于企业资金运动和业务收支的综合管理活动，贯穿于旅行社经营活动的全过程，有效的财务管理将为旅行社增收节支、改善经营、提高经济效益提供有力的保障。本章结合旅行社财务管理的特征，重点阐述旅行社财务管理的内涵、往来账项结算管理、成本费用管理、收入和利润管理以及财务分析五部分内容。通过这一章的学习，读者能够了解旅行社往来账项、成本费用、收入和利润等相关财务知识，初步掌握基本的财务分析方法。

第一节　旅行社财务管理概述

一、旅行社财务管理的含义

旅行社财务管理是指对旅行社经营过程中所产生的财务活动与财务关系进行组织、协调、监督和控制的过程。作为一种价值管理，它主要对旅行社的资金运行进行预测、规划、核算、分析、监督与控制。

小思考

什么是财务？

分析： 通俗的说法，财务就是聚财、用财、发财、理财的活动。企业要发展，先要学会管好家，管好钱。财务管理就是要精打细算，降低成本费用，把钱用到最恰当地方，还要广开门路，让“钱能生钱”。

二、旅行社财务管理的内容

旅行社业务类型类似于中介服务，为旅游者和旅游供应商牵线搭桥，安排好整个旅游活动，因此，从总体上说，旅行社不需要大量的物资储备，固定资产和流动资金等资产投入少，但与旅游者、其他旅游供应企业的结算业务较频繁。

根据旅行社的业务特征，旅行社财务管理主要包括以下几部分内容。

（一）往来账项结算管理

在旅行社经营活动中，旅行社与旅游者、其他旅游供应企业存在大量资金结算业务，旅行社往来账项结算管理主要包括：与旅游者之间团费的预付、结算管理，与酒店、景点等旅游供应企业之间由于结算方式、时间等因素导致的各种应收账款、应付账款的管理，以及旅行社自身为维持正常运营的资金管理三个方面。应收账款的管理目标是在兼顾效益成本原则下加强收账管理，防止坏账的发生，保障资产的安全。应付账款的管理目标是注意控制规模，防止因付款不及时带来声誉受损的情况发生。资金管理的目标是保障资金的安全与完整，控制企业正常经营资金持有量，提高资金使用率。

（二）成本费用管理

旅行社成本费用管理是指旅行社对经营成本和各种费用施行计划、控制、核算和分析等一系列管理活动，管理目标是对成本和费用进行预算控制，监督各项成本和费用开支，尽量减少不必要的成本和费用，有效降低运营成本，提高企业的整体经济效益。

（三）营业收入和利润管理

旅行社通过向旅游者提供各种旅游服务获得的营业收入和利润，是旅行社生存与发展的根本。因此，营业收入和利润管理都是旅行社财务管理的重要内容。营业收入管理的目的是规范营业收入会计核算，合理定价，加强结算，以使企业获得真实、稳定的经济利益流入。利润管理主要通过对利润的分析，科学评价企业经营状况，并通过比较目标利润和实际利润的差异，找出问题所在并提出改进建议。

（四）财务报告分析

财务报告分析指的是以账簿、财务会计报告等会计资料为依据，运用专门的财务分析方法，对旅行社的财务状况、资产营运能力、盈利能力进行分析评价的过程。通过分析，找出经营过程中的问题所在，为日后经营决策提供依据。

三、旅行社财务管理的作用

（一）协调作用

旅行社作为一个企业，与其他企业、旅游者以及银行之间存在着复杂的财务关系。财务管理的作用之一就是采取合适的方法，分工协作，协调各种资金结算关系，使各方面利益都尽可能得到满足。

（二）控制作用

财务管理可以通过加强资金管理和成本控制，帮助企业挖掘内部潜力，提高各类资产利用效率，通过控制收支提高企业的盈利能力，优化资本结构，将财务风险和经营风险控制到最低限度。

（三）分析作用

通过对财务信息的分析，财务部门可以对旅行社的营运能力、偿债能力、盈利能力等经济指标进行评价，以便管理层及时确定应对方案。

相关链接

营运能力是指企业运用资产的能力。资产结构配置越合理，资产运用效率越高，生产效率也就越高，从而可以实现用较少的投入获取较高收益的目标。

偿债能力是指企业用其资产偿还长期债务与短期债务的能力。偿债能力能评价企业是否存在财务风险，如果企业资不抵债，生存将面临极大的挑战。

盈利能力是企业用其资产进行经营活动而获取利润的能力。企业盈利能力越强，意味着将来发展潜力越大，给予投资者的回报也越高。

（四）监督作用

旅行社结算业务频繁，因此保障资金、物资的安全非常关键。财务管理通过制度设计和过程控制，能够对企业财产物资进行有效的监督，从而保障企业资产的安全与完整。

第二节　旅行社往来账项结算管理

旅行社的业务特点是为旅游者和旅游供应商如景区、酒店等提供中间服务，处于资金流通的中间环节，这决定了旅行社往来结算业务频繁，存在大量代垫资金、拨付资金以及赊购、赊销现象，因此旅行社往来账项结算管理成为旅行社财务管理的一项重要内容，它主要包括对货币资金、应收账款和应付账款三个项目的管理。加强往来账项结算管理有利于保障企业资金的安全、经营业务的正常运行以及资金利用效率的提高。

一、货币资金管理

旅行社的货币资金主要包括现金和银行存款，具有流动性强、支付快、安全系数低等特点。现金主要用于支付各类劳务费用，向旅游供应方采购各种旅游服务、旅游产品以及偿还流动负债等；银行存款主要用于各种经济往来与结算，补充旅行社的库存现金。旅行社货币资金管理的主要任务是在保障资金安全完整、旅行社正常的经营活动顺利进行的前提下，尽可能加快货币资金的周转率，减少占用总量，以提高资金的使用效率。

货币资金管理可以分为库存现金管理和银行存款管理两个方面。

(一) 库存现金管理

库存现金是指旅行社日常所持有的、用于零星开支的货币。由于库存现金流动性强、不易保存、容易转化为其他资产，因此应特别加强对库存现金使用的管理。

1. 合理设定旅行社的现金库存量

旅行社应以本企业日常经营活动的需要量为基础确定库存现金数量，确保满足企业正常经营的需求，同时尽量减少现金的闲置和浪费。

2. 严格控制现金使用范围

旅行社对现金的使用应符合国家法律法规的规定，不能随意调整现金的使用范围，还应根据本企业的业务特点，尽量减少现金支付的数量。一般旅行社现金使用范围如下：

(1) 职工工资、奖金及货币性福利。

(2) 个人劳务报酬。

(3) 出差人员必须随身携带的差旅费。

(4) 结算起点以下的采购支出。

(5) 确需支付现金的其他支出。

3. 规范现金收支管理

(1) 对于企业的现金收入不得坐支。旅行社必须将现金收入及时交存开户银行，现金开支不得从本单位的现金收入中直接支付（即坐支）。如有特殊情况确实需要坐支现金的，应当事先报经开户银行审查批准，由开户银行核定坐支范围和限额。

(2) 加强现金支出的管控。严格规范现金借支手续和报账程序，如团队接待符合借支范围的，导游填写相关凭证，部门经理审核包括合同、行程单等相关单据后进行确认，再由执行总经理签字批复后方能付款，严格规定借支资金的报账时间和程序，及时清算，对不符合程序的借支均不予受理。为降低现金占用时间，旅行社应充分利用商业信用所提供的空间，尽可能节约现金，如采购业务尽量采用赊购方式，不在应付账款到期日之前支付现金。

(3) 加强现金收付的发票管理。旅行社根据不同团队的具体情况确定不同的收付款方式，严格发票管理制度，营业款的收付都需要附有相应的合法票据，明晰各方的责、权、利。

相关链接

《现金管理暂行条例》（根据 2011 年 1 月 8 日《国务院关于废止和修改部分行政法规的决定》修订）第 5 条规定，开户单位可以在下列范围内使用现金：（1）职工工资、津贴；（2）个人劳务报酬；（3）根据国家规定颁发给个人的科学技术、文化艺术、体育等各种奖金；（4）各种劳保、福利费用以及国家规定的对个人的其他支出；（5）向个人收购农副产品和其他物资的价款；（6）出差人员必须随身携带的差旅费；（7）结算起点以下的零星支出；（8）中国人民银行确定需要支付现金的其他支出。

小思考

某旅行社将游客预交的团费 2 万元现金直接用于支付酒店住宿费用，这样的做法是否符合现金管理的相关规定？

分析：根据《现金管理暂行条例》的规定：结算起点以下的零星支出可以用现金支付，结算起点为 1 000 元。如果用游客预交团费的 2 万元现金支付酒店住宿费是违反规定的，一般称为“现金坐支”，此类行为容易导致货币资金管理混乱，产生资金安全隐患。

合理的现金收支管理既可以保障旅行社正常经营，又可以最大限度地提高现金使用效率。较理想的现金收支管理应做到现金流量同步，就是现金流入与现金流出发生的时间尽量同步，既能收支平衡维持企业运转，又不会使库存现金过量。要利用各资金周转环节的时间差，降低现金持有量，以提高现金的利用率。当然这应以不影响企业正常经营为前提，否则会得不偿失。

（二）银行存款管理

旅行社对银行存款的管理既要考虑安全性，又要注重收益性。首先，银行存款账户管理要遵守国家对于企业银行账户管理的相关规定，只能开设一个基本账户，不允许多头开户，企业不能出租、出借账户，不能利用账户套取银行信用；其次，旅行社应遵守银行结算票据管理，严格按照票据法进行票据的购买、保管、使用，不能开具没有真实交易和债权与债务的票据，不准签发空头支票和远期支票。为保证银行存款安全性，要求旅行社财务人员定期与银行对账，如有不符，及时上报查明原因。另外，旅行社各项资金管控上应实行资金余额控制，对资金使用部门设立资金专户，设定额度，加强各业务部门营运资金的管控。

二、应收账款管理

应收账款是指旅行社为了扩大销售量，采取“先服务、后付款”的销售方式进行销售，从而形成应收但暂未收回的往来款项。激烈的市场竞争和旅行社行业对其他行业所形成的严重依赖性，使得旅行社应收但暂未收回的往来款项占流动资产的比例较大，有的甚至成为难以解开的“三角债”，严重制约了旅行社的良性发展。

小思考

什么是企业三角债？它对企业经营有什么危害？

分析：通俗一点讲，“三角债”是指甲方借钱给乙方，而丙方又欠了乙方的钱，如果丙方没有还钱给乙方，乙方也就没有钱还给甲方，甲、乙、丙三方之间就形成“三角债”关系。当丙方遇到财务危机，乙方和甲方就会跟着陷入财务困难。赊销是形成三角债的主要原因之一。“三角债”危害很多：一是迫使企业花大量精力追债，同时还要躲避追债，严重破坏企业的正常生产经营活动；二是导致企业流动资金周转速度放缓、周转周期加长、资金利用率下降；三是打乱产品和资金的流通秩序，影响市场竞争的有序性，给国家的宏观调控带来困难等。

应收账款相当于旅行社的一项投资，带来的是扩大销售而盈利的机会，但也存在欠款收不回来的风险，这种收不回来的款项通常被称为坏账，可能会给企业带来重大的经济损失。因此，应收账款管理的目标在于通过权衡由赊销带来的盈利和损失对企业的影响，制定出使企业既赢得市场，又赢得利润的管理措施，从而实现旅行社整体经济效益最大化。

有效的应收账款管理应该从评定客户资信等级、制定信用政策、强化收账管理等几方面入手。

（一）重视客户的资信调查并进行信用等级评定

在开展新业务的时候，通过对客户的基本信息、财务报表、银行信用情况等资料进行收集并认真分析其信用状况，从而完成信用等级的初步评定。对于已经在本企业产生应收账款的客户，应了解其应收账款的变化，并对其资信进一步分析，为确定合理的信用政策提供依据。

相关链接

客户信用状况“5C”评估法

“5C”评估法是用来评估信用状况最通用的方法，即通过重点分析影响客户的品质、能力、资本、抵押和条件五个方面来综合评价信用状况。因这五个方面的英文单词首字母都是“C”，故称“5C”评估法。

（1）品质（Character）：指客户努力履行其偿债义务的诚信。品质是应收账款的回收速度和回收数额的决定因素，因此，评价客户信用状况首先要进行品质评估。

（2）能力（Capacity）：指客户具有的偿债能力，通常指客户是否有足够的流动资产对债务进行清偿，是评价客户能否履行偿债义务的基础。

（3）资本（Capital）：指客户具有的财务实力。客户具有强大的财务实力，意味着违约的风险小，财务实力的强弱通常用负债比率、流动比率、有形资产净值等财务指标来衡量。

（4）抵押（Collateral）：指客户将资产进行抵押，承诺债务无法清偿时以所抵押资产进行补偿，抵押是对债务偿还的保证。

（5）条件（Condition）：指影响客户偿债行为的经济环境因素，如客户在经济不景气情况下的付款可能。

（二）制定和执行恰当的信用政策

旅行社所制定的信用政策及执行效果影响着旅行社的经营效果和风险程度。信用政策宽松，旅行社的业务量会有所增长，市场占有率会相应扩大，但应收账款的收账成本和坏账损失也会随之增加；信用政策紧缩，回收应收账款的成本及坏账损失的风险都会相应降低，但不利于销售量的扩大。因此，旅行社应根据企业内部和外部的环境情况以及客户的资信状况，制定出适合企业的信用政策。信用政策主要包括赊账信用标准、信用条件两个方面。

1. 制定针对不同信用等级客户的信用标准

信用标准是指旅行社决定授予客户信用时，客户应具备的最低要求。如果信用标准过高，客户达不到信用标准，交易就无法实现，旅行社的业务量将受到影响，而过低的信用标准又会大大提高坏账风险。因此，旅行社在权衡成本与效益的原则上，要充分考虑自身的竞争能力和客户信用等级两个方面的因素，制定适当的信用标准。如果竞争能力和抗风险能力相对同行业较强，就可采取相对较低的信用标准。反之，其信用标准则应严格一些。

2. 确定合理的信用条件

信用条件是指在赊销方式下，旅行社对于赊购客户在支付货款上给予的具体还款条件或优惠，主要包括信用期限、现金折扣政策等。信用期限指允许客户付款的最长期限，一般信用等级较高的可以适当延长付款期限，具体期限可以根据实际情况进行确定，对于信用等级较差的，一般要求以现金支付。现金折扣政策是指鼓励客户提前付款所享受现金折扣的付款时间和优惠金额。一般用“2/10，1/20，N/30”表示，意思是：客户 10 日内付款可以享受 2%的现金折扣，10 日到 20 日之间支付款项可享受 1%的现金折扣，20 日之后付款就没有折扣优惠。现金折扣政策可以提高客户提前付款的积极性，从而加速企业的资金回笼。

（三）强化收账管理

加强收账管理，应做到以下几方面。

1. 规范收账程序

旅行社对收取应收账款应预先设定一整套程序，根据不同的客户、不同期限和金额的欠款运用不同的催账方式。比如说，对于一笔刚到期的应收账款，可以通过电话或发函等方式催收，对于多次催缴无果的应立即停止后续业务，直接和负责人交涉或寻求法律途径进行追账。在催收过程中要注意确保账单、催缴凭据的送达，并及时调整欠款者的信用等级。

2. 定期进行应收账款账龄分析

通过定期编制应收账款账龄分析表，对应收账款的回收情况进行密切关注。一般来说，应收账款被拖欠的时间越长，欠款收回的可能性就越小，收款的难度就越大，坏账损失的风险就越高。通过账龄分析，可以将不同客户进行分类管理，并由专人负责，进一步调查分析其拖欠时间和拖欠原因，以便采取不同的收账方式。

3. 采用现金折扣政策

“先服务、再收费”的销售方式往往没有担保，一旦客户无力支付，旅行社的损失将是巨大的，因此，可以在允许客户欠款的同时，为鼓励客户提前付款制定奖励提前付款的现金折扣优惠政策，并规定欠款的最长期限，这样可以在一定程度上降低发生坏账损失的可能性。

4. 建立应收账款内部责任制

旅行社应按照“谁接单、谁催收、谁负责”的原则，明确谁接的团，谁就负责收款，将人员、岗位、责任落到实处，改变传统的经办人只管销售，不负责收钱的做法。将应收账款的催收与奖惩制度挂钩，对于逾期无法回收款项又疏于管理的相关责任人，追究其相应的责任，对接单、收账工作效果优秀者给予奖励，这样既明确了责任，又激励了业务人员的工作积极性，有助于欠款的回收，强化了风险意识，还杜绝了可能存在的业务员与客户恶意串通损害旅行社利益的行为。

相关链接

在对客户应收账款进行分析时，可以采用应收账款账龄分析法和比较应收账款回收期法。账龄分析法就是将所有应收账款按时间的长短顺序分类汇编成表，逐一进行分析，根据拖欠时间和拖欠的原因，进一步确定客户的信用等级，从而采取相应的收账政策；比较应收账款回收期法就是将已经结账的应收账款的实际回收期与预先规定的回收期进行对比，分析产生差距的原因，调整客户信用等级，修正自身收账管理中存在的问题。

三、应付账款管理

旅行社的应付账款是旅行社在经营活动过程中向旅游供应商如酒店、餐馆、旅游景点、交通等部门采购各种旅游服务产品时，因“先购买、后付款”的方式而形成的应付而未付的债务，主要包括应付而未付的住宿费、餐饮费、门票费、交通费以及综合服务费。

应付账款能够暂时地缓解旅行社货币资金周转的压力，但应付账款作为旅行社的短期债务，如果一味地追求免费资金带来的效益，不考虑旅游供应商的利益需求，必然会影响旅行社自身的声誉和经营。加强应付账款管理一般从以下两个方面入手：

（1）控制好还款时间，在尽量享受供应商提供的资金优惠时，根据双方约定付款期限制订还款计划，杜绝由于拖欠带来的不良影响。在资金充裕的情况下，可以享受对方为鼓励提前付款而给予的折扣优惠，提高资金利用率。

（2）理性控制应付账款的规模。流动负债规模过大、还款压力过重，会导致财务风险加大。一旦拖欠账款、失去商业信用，不仅影响旅游业务质量，而且还可能带来破产风险。因此，旅行社须及时掌握应付账款的增减变动情况，如果发现应付账款的规模过大，应该及时制订应对方案。

第三节　旅行社的成本费用管理

创造利润是企业持续经营的动力，而旅行社的利润一方面来源于收入的增加，另一方面必须依靠成本费用的控制，在保证业务质量的同时尽量降低成本，节约费用，能够提高旅行社的经济效益。因此，有效的成本费用控制是旅行社发展壮大的源泉。

一、旅行社成本费用的概念及构成

旅行社成本费用是指在旅行社正常接团、组团活动中所发生的各种耗费，主要由营业成本、营业费用、管理费用和财务费用四部分构成。

（一）营业成本

营业成本是指旅行社在经营过程中为完成旅游业务所发生的各项直接支出，包括餐饮费、交通费、房费、劳务费、保险费、行李托运费、票务费、签证费、专项服务费以及综合服务费，等等。

（二）营业费用

营业费用是指旅行社经营中营业部门发生的各项费用。它包括营业部门为促销而发生的广告宣传费、展览费、差旅费、销售人员劳务费、福利费以及为维护本部门正常运转而发生的水电费、邮电费和其他营业费用等。

（三）管理费用

管理费用是指为组织和管理整个旅行社的日常经营活动所发生的费用，以及统一由旅行社负担的费用，包括公司经费、董事会费、咨询费、诉讼费、租赁费、排污费、绿化费、土地使用费、工会经费、劳动保险费、待业保险费、水电费、折旧费、修理费及其他管理费用，等等。

（四）财务费用

财务费用是指旅行社为筹集债务资金而发生的各项费用。它包括在经营期间发生的利息净支出、金融机构手续费、汇兑交易净损失及筹集资金的其他费用。

二、旅行社成本费用的分析与控制

旅行社成本费用项目繁多，只有通过系统、科学的管理，将其控制在可控范围之内，才可能达到降低成本、提高经济效益的目的。

（一）旅行社成本费用分析

1. 成本分析

旅行社成本分析可分为单团成本分析和部门批量成本分析。

（1）单团成本分析是对每一次组团发生的各项成本支出进行统计分析，结合当前的市场状况和企业自身的状况进行评价和比较，找到差异及产生差异的原因，并加以改进。单团数量多，成本分析工作量也较大。

（2）部门批量成本分析是指按照旅行社的业务部门进行分类，统计在规定期限内所接待的所有批量旅游团的成本支出情况，与事先制订的成本计划进行比较，找出影响成本变动的原因，并将信息反馈至管理部门。该分析适用于业务量较大的旅行社。

2. 费用分析

旅行社需要对整个企业正常运转所发生的各类费用进行分析，主要采取比较分析法，即将计划费用指标与实际费用发生额进行对比，找出差异及差异产生的原因，并挖掘降低费用的空间，以达到降低费用、提高经济效益的目的。

小思考

旅行社营业成本和营业费用是同一概念吗？如何区分呢？

分析：旅行社营业成本和营业费用有相同的地方，都是企业为实现经营目的而发生的支出，会花费企业的资源，并需要由企业通过营业收入来补偿。营业成本和营业费用也有区别，营业成本往往与一定的对象联系，为某一对象发生的直接支出，如为某一具体组团或接团业务而付出的直接开支，如导游费、房费、餐费等。营业费用是指销售部门在一定的期间内，为促销而当期发生的各项支出，如广告费、销售人员的工资等，营业费用往往不是为某一笔业务服务，而是为整个企业营销服务的，属于一种间接费用。

（二）旅行社成本费用控制

旅行社成本费用控制是指旅行社按照既定的成本目标，运用一定的方法对单项或批量旅游项目的成本费用进行计算、监督、调整的过程，以便及时发现和纠正偏差。旅行社成本费用控制过程主要分为事前控制、事中控制和事后控制三个阶段。

1. 事前控制：做好预算控制

旅行社成本费用是影响盈亏的重要因素，但很多旅行社都是等到业务完成以后才进行结算，对于每个旅游团的费用开支事先没有一个合理的预算，导致成本费用处于无控制状态，因此要控制成本费用首先要做好预算控制，制定成本费用标准。旅行社制定成本费用标准的方法主要有分解法、定额法和预算法。

（1）分解法是根据以往的经验数据和市场分析确定下降成本费用的幅度，确定目标成本费用，再将其按照部门进行归口分解，各部门再将各项指标落实到个人。分解过程也是沟通过程，对分解指标进行修订，修订后的指标被定为标准。

（2）定额法是指旅行社先要确定各种成本费用的合理定额，以此为依据制定成本费用的标准，如果无法直接确定定额的成本费用，则根据旅行社的实际情况，参照同行业平均水平确定限额，尽可能加以控制。

（3）预算法是指按照各部门业务量的不同分别制定预算，将预算分解推算成本费用的标准。为适应不同情形下的控制，预算应相对灵活，避免编制固定预算。

2. 事中控制：标准的执行

合理的标准还需要严格的执行才能起到控制作用。在旅行社日常经营活动中，应当根据标准严格控制各项支出。在标准执行过程中，首先要注意保证信息传递的及时、顺畅，以便每个部门、每个员工都明确各自的目标标准，也使管理层及时掌握标准执行情况，利于问题的及时处理；其次要明确责任，标准执行的好坏与各部门、各员工的奖惩挂钩，把经济责任落实到旅行社内部各个部门，推动各部门控制其所负责的目标成本费用。另外，执行中还应注意重点突出，对于影响成本费用的关键因素（如占成本比重较大的部门、成本控制目标较大的部门等），应进行重点控制，从而提高成本控制效率。

3. 事后控制：加强监督和考核

旅行社管理者应定期对各部门成本计划的完成情况进行监督检查，以此考核部门和员工的业绩，给予相应的奖惩，并分析问题，总结经验，提出改进意见。

第四节　旅行社的营业收入和利润管理

营业收入是旅行社利润的主要来源，而利润高低又充分体现了旅行社经营效果的好坏。因此，旅行社管理者应重视营业收入和利润管理。

一、旅行社的营业收入管理

（一）旅行社营业收入的概念

收入一般指企业在日常生活中形成的、会导致所有者权益增加的、与所有者投入资本无关的经济利益的总流入。这些收入是日常经营过程中形成的，因此也可以称之为营业收入。旅行社营业收入是指旅行社在经营过程中，通过为旅游者提供各种服务，在国家规定的旅游服务收费标准指导下，向旅游者收取的各种款项。

（二）旅行社营业收入的构成

旅行社的营业收入通常由以下几部分构成。

1. 综合服务费收入

综合服务费收入是指向旅游团（者）提供的综合服务所收取的包价收入，主要包括导游费、餐饮费、全程陪同费、市内交通费、组团费和接团手续费等。

2. 组团外联收入

组团外联收入是指国内旅行社组团承接国外旅游团或港、澳旅游者来境内旅游，或组团出国、出境旅游，负责全程陪同接待以及提供各种服务，包括宾馆住宿、餐饮、交通、翻译导游、参观游览、各种附加费等，向旅游者收取的综合费用。

3. 房费收入

房费收入是指旅行社在非全包情况下为旅游者代订酒店客房而根据实际住房等级和天数收取的房费。

4. 票务收入

票务收入是指旅行社为旅游者代订飞机票、火车票、轮船票等票务所收取的代办手续费收入。

5. 城市间交通费收入

城市间交通费收入是指旅行社因旅游期间为旅游者在城市之间提供各种交通工具所形成的收入。

6. 专项附加费收入

专项附加费收入主要是指旅行社在旅游过程中为旅游者提供的除包价项目以外的服务项目额外收取的收入，如特殊游览门票费、风味餐费、游江（湖）费、汽车超公里费、文娱费、保险费、不可预见费等。

7. 零星服务收入

零星服务收入是指各旅行社接待零星散客团或接待非包价旅游者而收取的小包价、半包价和单项服务收入。

8. 其他服务收入

其他服务收入是指除以上几项收入外的其他服务收入，如代办国际行李托运、报关、保险等服务收入。

（三）旅行社营业收入管理

旅行社营业收入是衡量旅行社经营成果的重要指标，是利润的主要来源，也是旅行社现金流入最重要的组成部分。对旅行社营业收入的管理主要包括规范营业收入会计核算、加强结算管理等。

1. 旅行社营业收入会计核算管理

旅行社营业收入会计核算与一般服务型企业相似，但营业收入中代收代垫的款项所占比重很大，因此要加强营业收入会计核算管理，首先要明确营业收入的确认条件。一般来说，旅行社只有符合以下两个条件，才能确认营业收入：(1) 旅行社已经完成合同上所规定的服务项目；(2) 旅行社已经收到价款或取得收取价款权利的凭证。

小思考

在旅行社预收团费后能否确认营业收入呢？

分析： 旅行社预收团费后，如果还未提供相应的服务，是不能确认为企业的营业收入的，因为此时实际提供服务的义务还没有履行，很多因素比如天气、交通等还不确定，旅行社获得收入还存在较多的风险，如果确认为营业收入，很可能虚增了利润，信息就缺乏可靠性。只有完成旅游行程，旅行社对取得收入有了一定的把握，才符合确认为收入的条件。

2. 加强营业收入的结算管理

在旅行社营业收入中，有一部分是赊销带来的应收账款，而应收账款的发生虽然促进了销售，但会造成资金的占用及坏账风险和管理成本的加大，因此旅行社应重视结算管理，选择合适的结算方式，尽量减少应收账款的产生，运用有效的收账策略，加快应收账款的收回，从而提高资金周转率。旅行社一般会用预收旅游费、现款交易的方式减少应收账款。

二、旅行社的利润管理

（一）旅行社利润的含义

旅行社利润是指旅行社在一定时期内通过从事经营活动而取得的最终经营成果，它不仅是旅行社经营情况的基本反映，也是旅行社经营活动的效率和效益的最终体现。

（二）旅行社利润的构成

旅行社利润根据不同来源可分为营业利润、投资净收益和营业外收支净额三部分。

1. 营业利润

营业利润是指旅行社在一定会计期间内通过日常经营活动所获取的利润。它是旅行社利润的主要来源，也是反映企业盈利能力最重要的指标，具体计算公式为：

营业利润＝营业收入－营业成本－营业税金及附加－营业费用－管理费用－财务费用

小思考

日常经营活动与非日常经营活动如何区分？为什么要区分？

分析： 日常经营活动一般指企业为实现经营目标而需要从事的一系列经常性活动，目的性和经常性是界定日常与非日常的重要特征，不符合其中一个特征的活动可以认定为非日常经营活动。比如，旅行社为旅游者代理游览、交通、饮食、住宿、购物以及提供导游等相关服务即属于日常经营活动，而旅行社固定资产处置等业务则属于非日常经营活动。由于非日常经营活动是偶发的，不具有可持续性，不能给企业带来持续的盈利能力，因此，区分两类活动给企业带来的影响，可以更真实地反映企业的盈利能力。

2. 投资净收益

旅行社投资净收益是指旅行社对外投资取得投资收益扣除投资损失后的净额。投资收益主要包括各种对外投资而获取的收益（如股利、利息等）；投资损失是指因投资失误造成低于投入本金的那部分损失。旅行社对外投资可能会带来额外的收益，但也存在较大的投资风险，因此旅行社在选择投资项目时必须持谨慎的态度。

投资净收益的计算公式如下：

投资净收益＝对外投资收益－对外投资损失

3. 营业外收支净额

营业外收支净额是指与旅行社日常经营业务无直接关系的各项收入与支出的净额。营业外收入一般包括接受现金捐赠、罚款净收入、无法支付的债务、固定资产处置净收益等；营业外支出包括非正常损失、赔偿金、违约金、罚息、固定资产处置净损失等。发生营业外收支净额的业务主要是非日常业务，因此在利润总额中所占比重较小。

营业外收支净额的计算公式为：

营业外收支净额＝营业外收入－营业外支出

相关链接

旅行社利润的经济意义

旅行社利润具有如下重要的经济意义：

（1）利润是反映企业经营绩效的核心指标，利润越多，说明企业经济效益越好、经营效率越高，发展潜力也就越大，对社会的贡献也越大。

（2）利润是利益分配的基础，只有企业获得了足够的利润，与企业紧密相关的各方（社会、投资者、员工等）的利益才可能有增长的机会。

（3）利润是旅行社可持续发展的内部源泉，在外部资金成本较高的情况下，由利润所形成的公积金和未分配的剩余利润是旅行社获取资金的内部源泉，成为旅行社可持续发展的财务基础。

（三）利润管理的措施

利润管理的目的是通过分析发掘旅行社增加利润的空间和渠道，以实现利润最大化的目标。有效的利润管理应从以下几方面入手。

1. 进行详细的旅行社利润分析

旅行社利润分析主要包括利润总额对比分析、利润总额构成比例变化分析和营业利润对比分析三方面的内容。

（1）利润总额对比分析。它是指将本期的利润总额与以前年度的数据进行对比，分析其增减变化的幅度和原因，以及对企业的影响程度。

（2）利润总额构成比例变化分析。它是指分析利润总额的构成状况，从构成比例的变化分析导致总量变化的深层次原因，并由此推断企业的发展状态以及未来的趋势，提出相应的措施。

（3）营业利润对比分析。营业利润是影响利润的最重要因素，也是企业经营绩效的核心要素。运用比较分析法，可将计划指标与实际结果、当前数据与以前年度数据进行对比，通过因素分析法，可从市场需求、销售方式、价格、采购、内部管理等方面查找原因，找出实际影响营业利润实现的因素，以便进一步采取措施。

相关链接

利润的不同构成对旅行社的影响

旅行社利润由营业利润、投资净收益、营业外收支净额三大部分构成，不同的利润来源及其各自在利润总额中所占比重往往可以反映出企业不同的经营业绩和经营风险。

营业利润是旅行社日常经营活动中创造的，它直接客观地反映企业的经营业绩，代表了企业的总体经营管理水平和效果。

投资净收益是指企业对外购买股票或债券进行投资取得的收益。投资净收益，尤其是股票投资收益不能作为利润的主要来源，如果比重较大，意味着企业潜伏着较大风险。

营业外收支净额往往是因固定资产处置、盘盈盘亏、罚款等非日常性活动形成的，具有一次性、偶然性等特点。营业外收支净额虽然增加企业利润，但不能作为评价企业经营业绩的依据。如果存在营业外损失，则说明企业管理出现漏洞，必须加强管理。

2. 加强利润预算管理

在进行全面系统的利润分析后，根据分析结果制定出合理的预算，并以此为依据确定目标计划利润，将利润总计划分解成销售收入、营业成本、营业费用等细化指标，落实到各个部门和个人，并及时监督检查预算执行情况。

3. 正确进行利润分配

合理的分配利润政策既可以为国家积累资金，又可以增加企业发展的资金储备，还可以对员工起到奖勤罚懒的激励作用。在企业盈利状态下，利润分配应遵循以下法定的顺序：

（1）缴纳国家规定的各项税金。

（2）弥补以前年度发生的亏损。

（3）按法定比例提取各项基金作为企业的储备资金。

（4）向投资者分配利润。

旅行社在分配利润时，要控制好留存利润与分配利润之间的比例，如果储备资金过少，则影响企业的发展空间。

第五节　旅行社的财务分析

一、旅行社财务分析的含义

财务分析是旅行社财务管理的重要方法，主要是指以财务报表和其他材料为依据，采用专门的方法分析和评价旅行社的经营成果、财务状况，预测企业发展趋势，为日后进行经营决策提供重要的财务信息。

二、旅行社财务分析的内容

旅行社财务分析主要涉及以下四个方面的内容：

（1）根据企业资产状况与负债的适应情况，进行企业资本结构分析，从而评价企业短期和长期偿债能力。

（2）根据企业各类资产的分布状况和周转状况，评价企业资产的营运效率。

（3）针对企业获利水平的变动以及目标利润的完成情况，评价企业的经营成果和盈利能力，预测企业的发展前景。

（4）根据企业现金流的变动情况，评价企业获取现金和使用现金的能力，进一步反映企业的偿债能力和未来发展的潜能。

三、旅行社的财务报表

财务报表是旅行社财务分析的基础，也是高度浓缩的财务信息，较为全面地反映了企业的财务信息。旅行社的财务报表主要包括资产负债表、损益表、现金流量表、所有者权益变动表及有关附表。以下主要介绍与旅行社经营关系最为密切的资产负债表、损益表和现金流量表。

（一）旅行社的资产负债表

资产负债表是旅行社的基本报表，反映企业某一时点的财务状况，详细反映了企业的资产结构、资产来源、流动性、负债和所有者权益的结构等基本财务信息，通过对这些信息的分析可以评价旅行社的变现能力、偿债能力以及资产管理水平。

资产负债表的编制主要依据会计恒等式："资产＝负债＋所有者权益"，用来反映资产、负债、所有者权益三大信息。资产包括流动资产、长期投资、固定资产、无形及递延资产、其他资产等项目；负债包括流动负债、长期负债和其他负债三部分；所有者权益包括资本投入、资本公积、留存收益三部分。

（二）旅行社的损益表

损益表又称利润表，是反映旅行社在一定时期内利润或亏损形成情况的财务报表，它是考核旅行社利润计划完成情况和经营水平的重要依据，也可以为评价旅行社的获利能力、查清利润变化背后的原因、预测未来利润发展趋势提供信息支持。

损益表的编制所依据的等式是：

利润(亏损)＝收入－费用(成本)

损益表由主表（损益表）和附表（利润分配表）构成，主表一般分营业利润、利润总额、净利润三个层次。这几个层次的利润计算公式如下：

营业利润＝营业收入－营业成本－营业费用－营业税金及附加－管理费用－财务费用

利润总额＝营业利润＋投资净收益＋补贴收入＋营业外收入－营业外支出

净利润＝利润总额－所得税费用

每一层次的利润都是根据上一层次的利润计算出来的，由此可以清晰地看到利润形成的过程。

（三）旅行社的现金流量表

现金流量表反映旅行社在一定期间内现金及现金等价物流入和流出的相关信息。它的编制基础是收付实现制，可以用来评价旅行社获取现金的能力，判断旅行社是否存在因缺乏现金而产生的风险，真实地体现旅行社资产的流动性以及对经济环境变动的适应性。现金流量表将整个企业的经营活动现金流量分为经营活动、投资活动、筹资活动三部分，便于分析不同活动下现金流变动的内在原因，为旅行社管理者加强现金管理提供依据。

四、旅行社财务分析的方法

（一）比较分析法

比较分析法是指将旅行社两个会计期间的财务报表进行比较对照，根据差异找到产生的原因，并判断将来的发展趋势的一种方法。通过比较分析法可以从不同的角度反映企业真实的财务状况和经营成果。

（二）趋势分析法

趋势分析法是指分析旅行社的财务信息在连续时间上的变化情况，以此动态分析企业的发展趋势。这种方法可以揭示企业在较长时期内财务信息的变化状态，分析引起变化的主要原因及变化的趋势，并可预测企业未来的发展前景。

（三）因素分析法

因素分析法又称因素替代法，它是对影响某个综合指标的内在组合因素进行数量分析，以确定各个因素对该指标的影响程度，以采取相应改进措施。

（四）比率分析法

这是一种通过计算两个相互关联的财务指标的比率来评价企业财务状况和经营成果的一种方法。财务比率如流动比率、资产负债率、利润率可以用来判断企业的财务支付能力、营运能力、盈利能力等方面的情况。

相关链接

比率分析法的局限性和注意事项

比率分析法在不同项目和不同企业之间进行比较，计算简便，结果容易被理解。但比率分析法也存在局限性，如：对比指标的相关性、对比口径的一致性、标准的科学性还有一定欠缺；比率分析数据难以动态分析情况，对于预测未来缺乏一定的可靠性；两个相关因素之间的比较很难全面、综合反映企业财务信息；数据多为账面数值，难以准确反映企业财务信息。比率分析法在运用时应注意：建立由各种比率构成的指标系统，全面地分析企业财务状况和经营成果；结合其他分析方法对企业的过去、现在以及未来进行全面了解；结合非财务信息来综合评价企业的经营状况。

比率分析法是旅行社最常见、最通用的一种分析方法，一般根据企业的需要，设定反映偿债能力、营运能力、盈利能力三大类指标，每类指标又根据旅行社的业务特点分为若干子指标。

1. 偿债能力指标

（1）流动比率。它是指流动资产与流动负债之间的比率，计算公式为：

流动比率＝流动资产÷流动负债×100％

这个指标主要用来衡量旅行社短期偿债能力。指标数据表明企业每一元流动负债有多少流动资产来偿还，金额越大，流动负债的偿还风险就越小。但如果流动比率过高，流动资产过大，企业也可能存在存货积压、滞销、流动资金未被有效利用等问题。一般认为企业流动比率为2∶1比较合理，而旅行社通常在1.5∶1～2∶1这个范围内被认为是比较合理的。

（2）速动比率。它是指流动资产扣除存货后的金额与流动负债的比率，计算公式为：

速动比率＝(流动资产－存货)÷流动负债×100％

速动比率是流动比率剔除变现能力较差的存货后的比率，是流动比率的补充。旅行社这类企业速动比率保持在1∶1较为合理，如果旅行社以赊销方式为主，存在坏账的可能性就更大，就应保持更高的速动比率。

（3）资产负债率。它是指旅行社负债占资产的比率，用来衡量债权人债权的安全程度，也反映企业利用债权人资金进行经营活动的能力，计算公式为：

资产负债率＝负债总额÷资产总额×100％

资产负债率的比率越高，旅行社偿还债务的能力就越差。

2. 营运能力指标

（1）应收账款周转率。它是指企业赊销收入净额与平均应收账款余额之间的比值，它反映企业应收账款的周转速度，计算公式为：

应收账款周转率＝赊销净额收入÷平均应收账款余额×100％

通常认为这个比率越高，说明应收账款变现能力越强，管理效率也越高，不易发生坏账。

（2）总资产周转率。它是指旅行社营业收入与平均资产总额之间的比值。它能够全面地反映旅行社的资产周转速度，周转越快，说明旅行社销售能力就越强。其计算公式为：

总资产周转率＝营业收入净额÷平均资产总额×100％

旅行社通过低价促销的方式可以加速资产的周转，利润绝对额也有所增加，但要真正反映企业盈利能力，还需要结合盈利能力指标来分析。

3. 盈利能力指标

（1）营业利润率。它是指旅行社一定期间所获得的净利润（即税后利润）与同期营业收入的比值，计算公式为：

营业利润率＝净利润÷营业收入×100％

该指标的含义是每1元销售收入能创造多少净利润，体现了旅行社营业收入的收益水平。该指标过低，说明旅行社的经营效果越差，在扩大销售的同时，还应重视改善经营管理，提高盈利水平。

（2）成本利润率。它是指旅行社净利润与成本费用总额的比率，用于反映利润与成本费用的比例关系，计算公式为：

成本利润率＝净利润÷成本费用总额×100％

这个比率越高，说明旅行社盈利水平越高。但旅行社是中介机构，成本费用总额较大，通常这个比率较低，因此要客观评价企业盈利水平，还需要结合其他指标。

（3）资产收益率。它是指旅行社一定期间内净利润总额与平均总资产的比值，主要衡量旅行社资产总额的回报比率，计算公式为：

资产收益率＝净利润÷平均总资产×100％

这个比率高，说明投资者的回报高，债权人债权的利息保障高，也说明企业的经营效率高。

参考案例

表7-1是某旅行社2017—2019年的资产、负债、所有者权益情况，请分析该旅行社的财务状况。

表 7-1　某旅行社 2017—2019 年的资产、负债、所有者权益　　单位：万元

项目	2017 年	2018 年	2019 年
资产	205 043.25 （其中流动资产：15 799.85）	223 048.2 （其中流动资产：28 699.23）	280 295.34 （其中流动资产：38 688.2）
负债	125 561.2 （其中流动负债：11 165.21）	140 802.45 （其中流动负债：22 865.21）	175 561.2 （其中流动负债：37 165.21）
所有者权益	79 482.05	82 245.75	104 734.14
资产负债率	61.24%	63.13%	62.63%
流动比率	1.4∶1	1.26∶1	1.04∶1

分析：从表 7-1 中 3 年的数据变化来看，该旅行社的资产、负债以及所有者权益呈稳定增长的趋势，一方面反映企业的发展规模在不断增大，另一方面负债比率有所上升，2019 年资产负债率达 62.63%。相对于企业资产规模 28 亿元来说，所有者权益所占比重过小，这意味着企业资产规模的扩大需要大量的资金投入，而企业主要依靠借贷的方式筹集资金，存在较高的财务风险，到期债务如果不能及时清偿，则企业可能陷入财务危机，甚至破产的境地。负债率过高同时还限制了企业的再融资能力，因此企业管理层要密切注意财务风险，采取短期和长期策略加以应对。从流动比率上看，到 2019 年，流动资产与流动负债接近 1∶1，这是一个危险的信号，尤其需要关注。当短期债务无法清偿时，会释放出企业经营状况不佳的信号，影响投资者和债权人的信心，企业应尽快筹集资金，提高短期偿债能力。

思考与练习

一、选择题（有 1 个或 1 个以上的正确答案）

1. 在旅行社流动资产中，（　　）的流动性最强，应加大控制力度。

A. 存货　　B. 现金　　C. 应收账款　　D. 无形资产

2. 导游费在旅行社成本费用中应列入（　　）。

A. 营业成本　　B. 营业费用　　C. 管理费用　　D. 财务费用

3. 旅行社成本费用按对象分为（　　）。

A. 营业成本　　B. 营业费用　　C. 管理费用　　D. 制造费用

4. 旅行社财务报表主要有（　　）。

A. 资产负债表　　B. 损益表　　C. 现金流量表　　D. 营业收支表

5. 旅行社短期偿债能力的财务指标有（　　）。

A. 流动比率　　B. 资产负债率　　C. 销售利润率　　D. 资产收益率

6. 财务分析的方法主要有（　　）。

A. 趋势分析　　B. 比率分析　　C. 因素分析　　D. 比较分析

二、名词解释

1. 财务管理

2. 财务分析
3. 成本费用控制
4. 盈利能力
5. 比率分析

三、简答题

1. 如何控制旅行社的成本费用？
2. 旅行社利润由哪几部分构成？如何进行管理？
3. 如何管理旅行社营业收入？
4. 旅行社应收账款产生的原因有哪些？对应收账款应如何管理？

四、分析题

1. 通常用以评价旅行社偿债能力的指标有哪些？请具体分析各项指标的含义以及计算公式。

2. 表 7－2 是某旅行社 2017—2019 年的收入、费用、利润情况，请结合旅行社的业务特点分析该旅行社的经营状况，评价其盈利能力。

表 7－2　某旅行社 2017—2019 年的收入、费用、利润　　单位：万元

项目	2017 年		2018 年		2019 年	
	本年数	收入占比	本年数	收入占比	本年数	收入占比
营业收入	10 6621.25	100%	137 669.15	100%	188 790.35	100%
营业成本	70 848.57	66.45%	89 506.31	65.02%	120 901.34	64.04%
营业税金及附加	5 662.80	5.31%	6 704.49	4.87%	9 628.31	5.1%
营业费用	14 678.40	13.77%	18 007.12	13.08%	22 862.51	12.11%
管理费用	11 764.50	11.03%	14 840.73	10.78%	18 237.15	9.66%
财务费用	4 056.54	3.8%	4 405.41	3.19%	5 965.78	3.16%
营业利润	−389.56	−0.37%	4 205.09	3.05%	11 195.26	5.93%
投资净收益	2 076.34	2.42%	1 980.67	1.44%	608.65	0.32%
营业外收入	1 247.04	1.73%	889.23	0.65%	178.89	0.09%
营业外支出	296.05	0.28%	342.34	0.25%	488.90	0.26%
利润总额	2 637.77	2.47%	6 732.65	4.89%	11 493.90	6.09%
所得税费用	659.44	0.62%	1 615.84	1.17%	2 988.41	15.83%
净利润	1 978.33	1.86%	5 116.81	3.72%	8 505.49	4.51%

第八章

旅行社综合管理

本章导读

旅行社经营管理是一个系统工程，除了前几章介绍的计调及采购管理、产品营销管理、接待服务管理和财务管理之外，还涉及人力资源管理、质量管理、风险管理和信息化管理等，我们将这几部分归纳为旅行社综合管理。本章主要介绍旅行社人力资源管理的概念和内容，员工的招聘、培训、绩效考核、薪酬和激励等；旅行社质量管理的作用和内容，服务质量的评价标准等；旅行社经营风险的种类，风险识别与评估，风险控制等；旅行社信息化管理的影响，面临的挑战以及强化信息化管理的对策等。通过本章的学习，读者将能更全面深入地把握旅行社经营管理的具体内容，了解旅行社经营管理中更多的重要环节。

第一节　旅行社人力资源管理

“人力资源”于 1954 年由美国管理学家彼得·德鲁克在其《管理的实践》一书中提出。改革开放初期，人力资源管理的理念开始从西方引入我国。现今，人力资源管理被认为是影响企业经营和发展的重要战略。旅行社具有典型的劳动密集和知识密集特征，人力资源相对于企业的物质资产更具有价值创造潜力。因此，深入理解旅行社人力资源管理的内涵、特点和内容，有助于旅行社在新的时代背景下识别新的机遇和拓展潜力，不断完善和发展人力资源管理的内容和方法，使人力资源管理的能力和水平都达到新的高度，为企业不断发展打造有利的竞争优势。

一、旅行社人力资源管理概述

（一）旅行社人力资源管理的概念

旅行社人力资源管理是指旅行社为了满足当前和未来发展的需要，运用科学的管理方法对人力资源进行合理的选聘、培训、考评、激励等一系列管理活动的总称。这些活动包括人力资源战略的制订、员工招募与选拔、员工培训与开发、绩效管理、薪酬管理、员工流动管理等。旅行社人力资源管理已经从“以事为中心”向“以人为中心”转变。根据德鲁克的观点，人力资源拥有其他资源所没有的“协调力、融合力、判断力和想象力”，因此，旅行社人力资源管理强调以旅行社的需求为基础，通过理解、维持、开发、利用和协调，充分发挥人的主观能动性，最终实现个人、企业和社会的发展目标。

（二）旅行社人力资源管理的特点

旅行社的业务范围具有特殊性，旅行社从业人员应具备与之相适应的能力。这就要求旅行社人力资源管理应充分考虑岗位性质、人员要求、培训任务以及考评方式等方面的特殊要求，从而呈现出以下特点。

1. 岗位设置粗放，员工技能多样

目前我国规模较小的旅行社众多，员工数量有限，导致旅行社的岗位设置较为粗放，人员分工不够精细。因此，员工必须具备多样化的技能，能够承担不同岗位的工作，这样有利于培养出综合能力较强的员工，还可以节约人力成本。但是，由于分工不明确，人员归属不确定，容易导致整个企业的组织协调难度加大，对人力资源管理提出了较大的挑战。

2. 绩效考评难度较大

绩效考评要求全面、科学地评定旅行社员工有效的绩效信息。然而，旅行社的业务独立性强，员工在执行具体工作任务时，往往是独自完成，导致缺乏有效的过程管理和监督，实际的工作效果难以判定。另外，旅行社的业务也具有分散性的特征，由于团队和线路的不同，员工工作的范围、时间、地点和内容都难以统一。这就要求绩效考评需要具体情况具体分析，抓大放小，采取灵活性强的标准，确保考核的客观公正。

3. 选聘、培训任务繁重

员工（特别是导游人员）流动频繁是旅行社的一大特征。受到旅游资源和游客休闲活动规律的影响，旅行社业务呈现出明显的季节性特征。当旅游旺季来临，旅行社需要聘用或组织大量的人力完成紧张的工作任务；当旅游淡季到来，旅行社又需释放大量的人力以降低用人成本。这种频繁的流动使得旅行社人力资源的聘用和培训任务异常繁重。由于临时聘请的工作人员增多，对临时人员的监督和管理也是旅行社人力资源管理工作的一大难题。

（三）旅行社人力资源管理的内容

1. 人力资源规划

为了实施旅行社的总体发展战略，需要根据旅行社内外环境和条件的变化，在充分

考虑员工期望和发展目标的基础上，对旅行社人力资源的获取、配置、使用、保持、评价和发展进行长远的规划，从而为旅行社发展战略的实施提供有效的保障。

2. 基础业务

在旅行社的人力资源管理中，岗位分析和岗位评价是基础性工作任务。通过岗位分析，明确旅行社各个岗位的特征和要求，并对每个岗位进行描述，明确业务规范。通过岗位评价，评估和判断旅行社每个岗位的相对价值，以此作为不同工作岗位工资体系的依据。有人说，岗位分析和岗位评价就如同一个产品的说明书和产品标价，使员工“明明白白工作”“清清楚楚拿钱”。

3. 核心业务

员工招聘、培训、绩效考评和薪酬管理，被认为是旅行社人力资源管理的核心任务。旅行社通过招聘，不断从企业外部吸纳所需要的人才，确保旅行社各个岗位对人力需求的数量和质量；通过对新聘员工或在职员工的针对性培训，让员工全面熟悉企业文化和规章制度，掌握工作所需的知识和技能，培养优良的综合素质；通过运用科学的方法和标准对员工进行综合的考核评价，作为薪酬发放、职位晋升和岗位调整的依据，并全面反映旅行社人力资源管理的工作绩效。薪酬管理是旅行社对员工实施物质激励的重要手段，合理的薪酬制度能够激发员工的积极性；反之，员工的工作积极性将受到影响。

4. 其他业务

旅行社完整的人力资源管理工作还应该包括合同管理、人事考勤、档案管理，以及员工健康和安全管理等。这些工作常规性强，事务琐碎，需要耐心对待。

（四）旅行社人力资源管理的意义

1. 有利于培育和提升旅行社的核心竞争力

旅行社的竞争归根到底是高素质专业人才的竞争。通过获取、开发、激励和保持优秀的人力资源队伍，在旅行社的产品开发与营销、游客接待与服务等业务领域突显优势，并形成竞争性壁垒，将能确保旅行社迅速发展成为市场领导者。

2. 有利于打造优质、稳定的人才队伍

我国众多旅行社面临着人力资源总体层次不高、员工流动频繁、优质人才流失严重的困境。有效的人力资源管理，将有助于获取高技能型的服务人员以及高知识型的管理决策人员。通过科学的制度设计、薪酬管理和实施积极的激励策略，对内，将促进员工合理、稳定的流动，留住优质员工；对外，将对优秀人才形成强大的吸引力，从而提高员工整体队伍的素质。

3. 有利于实现人力资源的精干和高效

人力资源管理的核心问题是如何使得“人”这种资源的使用价值最大化。旅行社人力资源管理通过充分调动员工的积极性和创造性，能够激发员工的最大潜能和效用，为旅行社创造更多的价值。

4. 有利于旅行社企业文化的塑造

企业文化具有凝聚功能和导向作用，“以顾客为中心”是旅行社的企业文化特色。旅行社在人力资源的各个环节不断塑造和宣讲企业文化，展示和渗透企业文化，强化和提升企业文化，让员工明确旅行社的责任、使命和行为规范，增强员工的使命感和凝聚力，从而提升旅行社的整体服务质量。

相关链接

当今，旅行社需要树立强烈的人才意识，做到“以人为本”。越是具备长远战略眼光的旅行社，越是重视人才的作用，重视人力资源工作。旅行社应该“聚天下英才而用之”，善于发现人才、举荐人才和使用人才，打造一支素质优良、结构合理的人才队伍。为了激发人才的创造力和活力，旅行社应该增强服务意识，搭建创新平台，促使优秀人才脱颖而出，为旅行社创造更多的价值。

二、旅行社员工的招聘

旅行社员工的招聘是指旅行社根据企业总体发展规划，结合业务的实际需求制订出岗位设置计划，通过一定的程序选择和确定人选，从数量和质量两方面来满足企业人力资源需求的过程。员工招聘是人力资源管理的基础性工作，能为后续的培训、考评、福利和薪酬等环节打好基础。此外，有效的招聘可以为组织注入新的思想，增添新的活力，为企业的技术创新和管理变革提供支持。

（一）旅行社招聘员工的原则

1. 经济效益原则

旅行社人员招聘应以企业的实际需要为依据，以企业经济效益的提高为前提，因事择人，量才录用。在招聘过程中不仅要考虑人员的素质和能力，还要考虑报酬因素，应避免不顾旅行社发展的实际需要，一味追求人才的高、精、尖，从而加大人才的成本压力。

2. 全面择优原则

旅行社的业务特点决定其在招聘员工时，不能只关注应聘者某一方面的能力，还应从其道德水准、专业技能、沟通能力，以及过去的经验和业绩等方面全方位进行综合考察和测试，认真比较，谨慎筛选，择优录用，确保人力资源价值的最大化。

3. 公平竞争原则

该原则要求在招聘过程中，首先要实行公开招聘，将全面的招聘需求信息向社会通告，所有的流程公开进行；其次，要求竞争招聘，在应聘人员之间开展素质、技能和综合能力等方面的竞争，判定应聘人员的优劣，进行人才的取舍；最后要平等招聘，在招聘过程中应该对来自不同渠道的应聘人员一视同仁，给予应聘人员平等的竞争机会，保持廉洁，不凭个人的直觉和印象来选人。

4. 标准化、规范化原则

旅行社应该按照科学的选拔标准和规范化的聘用程序实施人员招聘。标准的设定需要考虑到岗位的特殊性，与具体的岗位素质和技能要求相对应，并具有可操作性。聘用程序必须规范化、具体化，确保招聘公平和公正。招聘的标准和程序必须严格执行，才能招聘到真正实用的人才，确保旅行社的可持续发展。

（二）旅行社招聘的方式

1. 旅行社内部招聘

内部招聘是指当旅行社内部出现职位空缺时，首先从内部选择合适的人选来填补这个空缺。内部招聘具体又可以分为提拔晋升、工作调换、工作重换和人员重聘。内部招聘有利于降低招聘的风险和成本，同时也能为员工的个人发展提供机会，从而可以鼓舞士气，增强员工工作的积极性。然而，由于新的岗位有限，内部竞争可能会影响员工之间的关系，导致人才的流失，应进行合理的防范。内部招聘的方法主要有内部公告法、人员推荐法和人才储备法。

2. 旅行社外部招聘

外部招聘就是通过各种途径从企业外部招募人才。外部聘用的员工能够给旅行社带来不同的价值观和新的思路、方法，同时也有利于增强原有员工的危机意识，激发斗志和潜能。相比内部招聘，外部招聘挑选的余地大，能挑选到一些稀缺的复合型人才和特殊岗位人员。外部招聘的途径有校园招聘、人才交流会以及行业内人才的流动等，通常面对不同的人才需求采取单一或综合的方式。外部招聘的方式主要有招聘会、网络招聘、同行推荐以及人才交流中心推介等。

无论内部招聘还是外部招聘，都是旅行社常规的招聘方式，实践中这两种方式常常结合使用。在决定使用哪种招聘方式时，旅行社需要根据这两种招聘形式的优缺点（见表 8－1），综合考虑各种影响因素才能做出决策。

表 8－1　内部招聘与外部招聘的优缺点

方式	优点	缺点
内部招聘	降低招聘成本，提高招聘效率； 对员工产生较强的激励作用； 有效性更强，可信度更高； 员工与组织的价值观念吻合度高。	竞争易导致内部矛盾； 容易造成“近亲繁殖”； 选择范围不广，缺少新鲜血液。
外部招聘	能够带来新理念、新技术、新思路； 选择余地广，容易招到优秀人才； 有利于企业树立积极进取、锐意改革的良好形象； 缓解内部竞争者之间的竞争关系。	招聘和培训成本高； 决策风险大； 可能引起文化冲突； 新聘员工进入角色慢； 有可能挫伤内部员工的积极性。

3. 临时招聘

旅行社业务的季节性非常明显，淡季和旺季对人员的需求差别很大。在旺季，旅行社往往要增加部分临时岗位，聘用大量的临时人员以应对繁忙的业务需求，导致临时招聘需求增多。为保证旅行社的服务质量，临时聘用的员工也要符合相应的聘用标准，满足岗位需求。

（三）旅行社招聘的程序

1. 确定用人计划

旅行社用人部门应依据人员流失、业务扩张等因素提出本部门的人员需求。人力资源部门综合各部门的需求，通过认真研究岗位结构的合理性，从全局角度确定用人的岗位和数量，将岗位职责和任务具体化，明确岗位人员的资格和条件。

2. 决定招聘方式和途径

充分比较各种招聘方式和途径的优缺点和可操作性，根据空缺岗位的数量和要求，以效益最大化为原则，确定最为合适的招聘方式和途径。

3. 发布招聘信息

招聘信息应该能够让应聘者充分了解旅行社的基本信息和岗位需求，还应该考虑对应聘者的吸引力。招聘信息的发布需要根据招聘方式和途径选择合适的渠道，依公开原则进行。

4. 评估应聘人员

首先通过分析应聘者简历进行初步评估和选择，按照一定的比例确定合格者名单，再组织面试（可配合笔试或技能考核），对应聘者的知识、技能、素质和能力进行综合评价。应注意采取科学的评估标准，依程序规范地进行。

5. 确定录用人选和签订合同

依据全面择优的原则，由评估人员根据应聘者得分确定拟录用人选，再由具有决策权的管理层确定聘用人员，以书面形式发布录用人员名单并通知本人，最后双方签订劳动合同，明确岗位的权利和责任，以及福利待遇标准等事项。

6. 总结和评价招聘效果

对整个选聘工作的程序进行检查和评价，并总结经验教训，以便进一步修正和改进。另外，还需要注意吸收创新性的、实效性强的招聘形式，以提升招聘的质量。

三、旅行社员工的培训

培训是员工提升素质和发展专业技能的重要途径。旅行社会因各种宏观、微观环境的改变，面临着新的发展任务。旅行社员工在职业生涯的不同时期，也会面临着特殊的发展需求。因此，旅行社需要有针对性地开展多种形式、主题和内容鲜明的培训，以提高员工的整体综合素质和技能水平，提高旅行社的竞争力。

（一）培训的类型

1. 岗前培训

岗前培训是针对新入职员工的培训。旨在让新员工快速适应新环境，尽快进入工作状态。培训的内容包括旅行社行业的概况、旅行社的基本情况（组织架构、组织文化、人事制度、工作规范等），还包括职业道德、服务观念和服务意识以及掌握岗位所必需的业务知识和专业技能等。

2. 在岗培训

在岗培训是针对在职员工的培训。旅行社通过定期或不定期地给在职员工开展各种类型的培训，旨在提高在职员工的综合素质，改进知识和技能，从而增强工作绩效。在职培训的内容主要有旅游行业以及旅行社相关的业务知识、技能培训，心理素质培训，职业发展培训等。

3. 脱产培训

脱产培训指旅行社员工在工作时间进行全职进修或培训。员工根据旅行社的培训计划，专门到培训机构或有关院校进行系统的学习，以更全面地掌握专业知识，练就更扎实的专业技能。由于脱产培训脱离了工作场所，脱产人员的原有岗位和工作需要安排其他人员进行替代，因而需做出妥善的安排。

4. 专题培训

当出现新的形势或面临新的任务时，旅行社针对需要重点学习的内容，专门聘请相关专家就某一个或几个专题进行培训。通过培训，员工能够更新理念，学习和领悟到专门的知识或掌握专门的技能，给旅行社业务带来增值。例如，新的旅游法律法规和行业规范的颁布，就需要组织全体员工进行专题学习，以便在工作中能准确运用新的法律规范解决实际问题。又比如，旅行社开辟了新的目标市场和旅游线路，也需要对相关员工进行该专题的培训，以明确相关的业务要求等。

（二）培训的内容

1. 知识培训

知识培训包括旅游专业知识、旅游理论知识、相关学科知识以及法律法规知识等的培训。

2. 技能培训

技能培训包括专业岗位技能和通用岗位技能的培训，如导游讲解技能培训、电脑操作技能培训等。

3. 思维培训

思维培训包括创新思维、系统思维、战略思维、问题分析等的培训。

4. 观念培训

观念培训是指针对旅行社员工的思想意识、传统观念、对某方面的认识等内容的培训。

5. 心理培训

心理培训即加强对旅行社员工的心理学理论、方法和技术的培训，包括心理健康、情绪管理、意志力、抗挫折能力等，能提高员工的心理素质。

6. 道德培训

道德培训包括社会道德行为规范和职业道德等的培训。

（三）培训的方法

1. 传统的培训方法

（1）课堂讲授法。以由培训讲师向员工单方面讲授为主，这是旅行社员工培训中最为常用的方法。

（2）案例分析法。通过提供案例、分析案例，针对某个问题提出解决的办法。

（3）研讨培训法。培训讲师有效组织参训员工以团队的方式对工作中的某个问题或话题进行深入的讨论，让参训员工相互交流、启发，以提高知识和能力。

（4）角色扮演法。通过情景模拟活动，将被培训的员工置于仿真工作环境，员工通过处理可能出现的各种问题，从而掌握相关内容。

2. 现代的培训方法

（1）拓展训练法。旅行社委托专门的机构，针对旅行社团队的现状，设计相应的培训课程，以使员工磨炼意志、陶冶情操、完善人格和培养团队合作精神。拓展训练具体包括以管理培训为主导的拓展、以课程教育为主导的拓展和以休闲旅游为主导的拓展三种类型。

（2）头脑风暴法。参训员工在融洽、不受限制和干扰的氛围中，针对某个话题进行开放式的讨论、座谈。头脑风暴法使得每个参训员工能够积极思考、畅所欲言，充分发表观点。

（3）行动学习法。该法又称“干中学”，旨在透过行动实践进行学习。参训员工被交换到不同于自己原有专业特长的项目组中，形成学习的团队。团队成员通过群策群力、相互支持，分析知识与经验，从而解决某个实际问题。

四、旅行社员工的绩效考评

（一）绩效考评的含义

绩效考评是指旅行社对照工作目标和绩效标准，科学评定员工工作任务完成的情况、工作职责履行程度以及发展情况的过程。绩效考评不仅仅是对结果的考核，其本质上是一种过程管理。绩效考评是工作绩效的综合评价，需要将结果反馈给员工。通过考评和反馈，能够挖掘出存在的问题，不断制订或调整计划，实现 PDCA 循环（也称戴明循环）。

相关链接

PDCA 循环（戴明循环）包括四个循环反复步骤，即：P（Plan）——计划（确定目标和活动计划），D（Do）——执行（实现计划中的内容），C（Check）——检查（总结计划执行的效果，找出存在的问题），A（Action）——行动和改进（对检查出的问题进行处理）。以上四个阶段缺一不可，次序不可颠倒。每循环一次，就解决一部分问题，使得工作质量得以改进和提升。戴明循环已被广泛应用于人力资源管理、项目管理、新产品开发管理等领域。

绩效考评的具体含义可以从以下几个方面理解：

（1）绩效要与旅行社的目标挂钩。绩效对旅行社的目标应当有直接的影响，从具体的岗位职责履行情况来判定其对旅行社目标的影响范围和程度。其他与旅行社目标没有直接关系的指标不在考评范围。

（2）绩效基于工作产生，与旅行社员工的工作过程直接联系，是对工作的行为和结果的考评。因此，工作之外的行为和结果不属于考评的范围。

（3）绩效是能够被评价的工作行为和结果，不能被评价的行为和结果不属于考评范围。

（4）绩效是表现出来的工作行为和结果，没有表现出来的行为和结果不属于考评的范围。

（二）绩效考评的作用

绩效考评是人力资源工作中重要的环节。一方面，绩效考评可以使管理层和人力资源部门及时准确地掌握员工的工作信息；另一方面，绩效考评的结果往往可作为薪酬调整、职位晋升的依据，对员工有一定的激励作用。另外，在考评过程中，管理层增加了与员工的沟通机会，可以进一步了解员工的需求和期望，增强相互的了解和信任，有利于提高各项任务的执行效率。绩效考评要注意对不同岗位和层次的员工采取差别化的全面客观的标准，同时还要注意考评过程的科学规范以及结果的公开透明，以保证考评发挥积极的作用。

（三）绩效考评的方法

1. 常规方法

（1）排序法。即按照既定的绩效标准，将旅行社员工的绩效表现（得分）按照高低顺序排列。绩效可以是整体绩效，也可以是特定工作绩效，如黄金周期间导游带领游客赴国外旅游的情况等。

（2）两两比较法。即运用不同的方式把某个员工的绩效与其他员工进行两两比较。通常在需评估员工人数较少的情况下使用，如择优评比或选拔。

（3）等级分配法。即按照既定的评估项目，对员工绩效进行粗略的排序。通常对旅行社员工最优秀和最差的表现行为进行等级量化。

2. 结果导向型方法

结果导向型方法评估的主要依据是旅行社员工的工作结果，以“员工是否完成任务”“完成得怎么样”为评估的重点内容，主要有目标管理法、业绩评定表法、关键绩效指标法、个人平衡记分卡法等。

（1）目标管理法。该法来源于彼得·德鲁克的《管理的实践》一书，根据目标的完成情况来评估员工的工作业绩，能够促使员工向着目标努力，想方设法促使目标的达成。目标管理法要求目标的设定要合理和可行。

（2）业绩评定表法。即根据所规定的绩效因素对工作进行评估，得出工作业绩的最终结果，然后用等级表示法对结果的优劣进行区分。这种方法由于评估标准较为明确，便于量化比较。然而，要注意绩效因素的确定要科学，标准要合理，避免评估者掺入主观之见，影响评估的真实性。

（3）关键绩效指标法。即用几个关键指标作为评估的标准，将员工的绩效与关键指标进行比较评估。关键指标需要符合具体性、衡量性、可达性、代表性等要求，其制定具有较大的难度。例如，要衡量导游的服务质量时，可将导游的职业道德修养、导游业务水平、解决突发事件的能力和游客总体满意度（投诉率）等作为关键指标。

（4）个人平衡记分卡法。该法由罗伯特·卡普兰和大卫·诺顿在 20 世纪 90 年代提出，运用内部视觉、外部视觉、知识与学习视觉以及财务视觉四大视觉来对员工进行全面的评估，通过个人目标与企业愿景的平衡，实现可持续的企业绩效目标。该方法有利于管理者有效地训练员工，提高员工的自我意识、责任感和积极性。

3. 行为导向型方法

该法主要评估旅行社员工的工作行为，关注的焦点是这种行为是如何表现的。行为导向型方法主要有行为观察比较法、关键事件法、行为锚定评价法和 360 度绩效评估法等。

（1）行为观察比较法。观察旅行社员工每一项工作的行为，将其与各项评估指标进行比较，根据行为出现的次数频率而不是工作表现的水平来判定优劣。其优点是提供了一个有效的行为标准，具体指出了员工需要做什么才能获得高绩效得分；缺点是观察到的行为可能带有一定的主观性。该法适用于对旅行社基层员工的工作技能和工作表现进行考察。

（2）关键事件法。该法由美国学者福莱·诺格和伯恩斯在1954年提出，是客观评价体系中最简单的一种形式。关键事件法将工作中最好或最差的事件作为分析对象，通过认定造成这一事件的工作行为来做出工作绩效评估。该方法针对性强，能够有效地对绩效做出优秀或劣等的判定。使用该法需注意要准确把握和分析关键事件，才能保证结果的合理性。

（3）行为锚定评价法。该法也称行为定位法，由美国学者史密斯和德尔提出。顾名思义，行为锚定评价法首先需要建立一个锚定评分表，建立的依据是同一职务工作可能发生的各种典型行为，利用该锚定评分表对员工工作中的实际行为进行测评记分。其实质上是关键事件法的进一步拓展和应用，能够更加精确地考量员工的绩效，考评维度清晰，具有良好的反馈功能以及连贯性，并具有较高的信度。然而，这种方法设计和实施的费用较高，费事费力。

（4）360度绩效评估法。该法又称360度绩效反馈或全方位评估，由美国企业英特尔首先提出并加以实施，是一种从不同角度（上级、下属、同事、服务对象等）获取员工工作行为表现的观察资料，以此对员工进行全方位、多维度的绩效评估的方法。这种方法有利于对员工做出全面的、公正的评价，其反馈过程有利于促进团队成员之间的沟通和互动，但同时具有工作量大、个人的偏见影响评价的公正性以及不利于员工长期能力发展等缺点。

（四）绩效考评的程序

无论采取何种考评方法，都必须依照科学严谨的程序进行，以保证考评工作的质量和效果。不同的考评方法和考评内容有不同的程序。一般情况下，旅行社对员工绩效考评的程序如下。

1. 制订考评实施方案

旅行社人力资源部门根据实际需要，编制考评实施方案，拟订考评计划并设计考评所需要的工具。在方案中要明确考评的内容、方法、标准和程序，最后经各级领导和员工代表充分讨论后确定。

2. 员工自我总结、评价

旅行社各部门组织本部门员工针对考评期间内的行为表现和工作业绩进行自我总结，根据岗位职责标准和旅行社的目标要求，全面评价个人的成绩，指出不足以及未来需要改进和努力的方向。

3. 部门领导审核

旅行社各部门负责人审核员工的个人总结，综合各种资料（如过程管理资料、业绩记录、考勤记录、服务质量考评记录等），对员工做出客观、公正的考核评价，交旅行社人力资源部门审核。

4. 呈现最终考评结果并反馈

旅行社人力资源部根据员工个人的评定结果以及员工所在部门负责人的审核意见，最终评定员工的绩效，并将结果与员工本人进行沟通反馈，作为进一步奖惩的依据。最后，建立员工绩效考评的档案。

5. 考评工作的总结分析

由旅行社人力资源部对本次绩效考评工作进行总结分析，重点分析考评方案实施的情况、与员工反馈沟通的情况以及存在的问题等，思考如何对方案进行完善和优化，以及确定未来的绩效目标。

五、旅行社员工的薪酬与激励

薪酬制度是人力资源管理的重要内容，主要以员工所从事劳动的复杂程度、劳动的强度、劳动岗位的重要性和特殊性为基准，综合衡量员工为此付出的时间、知识、技能、经验，依据为企业创造价值的大小，向员工计付酬劳。薪酬一般与绩效考评结果挂钩，能够充分调动员工的积极性和创造性，为企业带来积极的人力资源支持。

（一）薪酬的构成

薪酬的构成较为复杂，既不能理解为单一的工资，也不仅仅是纯粹的经济性报酬。在现行薪酬制度中，薪酬的构成主要包括两大类：第一类是外在激励性因素，包括工资、固定津贴、社会强制性福利，以及企业内部统一的福利项目等；第二类是内在激励性因素，主要有工作环境、员工培训、工作成就，以及为员工提供的个人发展空间和条件等。虽然薪酬制度的主要目的是激励员工，但是两种类型的薪酬对员工产生的影响是不一样的。

1. 工资

工资是企业以货币形式支付给员工的劳动报酬，是劳动者劳动收入的主要组成部分。结构型工资制和技能型工资制是企业主要的工资制度。结构型工资制是由基础工资、岗位津贴、职务津贴等不同功能、不同类别的薪酬共同构成的分配制度；技能型工资制分基本工资和辅助工资两部分，其将工资与经济效益挂钩，员工按劳取酬。另外，工资也有税前工资、税后工资和奖励工资之分。法定最少数额的工资称为最低工资。

2. 奖金

奖金是对员工超额劳动的一种奖励。员工付出的超额劳动是奖金分配的依据。奖金通常按时间分为月度奖、季度奖、年终奖等类型；或按内容分为单项奖和综合奖等类型。相比工资，奖金能够体现出员工劳动报酬的差异性，从而对员工起到较大的激励作用。

3. 福利

福利是员工的间接报酬，往往不是以金钱直接支付。常见的福利项目有法定的保障性待遇，如医疗保险、养老保险、失业保险、生育保险及住房公积金。此外，还可能包括退休金、带薪假期、节日赠品或享受某种服务等。不同企业的福利项目不尽相同。法定福利可给劳动人员合理的和必需的保障，其他福利能体现企业对员工的人性化和个性化的关怀，既有利于增强员工的忠诚度，又能激发员工的组织认同和战斗力。

4. 非物质奖励

非物质奖励是一种精神奖励，一般分为职业性奖励和社会性奖励两个部分。职业性奖励包括改善工作条件、参加培训的机会、晋升的机会等；社会性奖励包括授予员工各种荣誉称号、表扬和肯定等。非物质奖励应该遵循差异化原则、与物质奖励相结合原则、个体奖励与团体奖励相结合的原则。非物质奖励能够充分体现对人的理解、尊重和关怀，对激励员工能够起到非常积极的作用。

课堂讨论

双因素理论（Two Factor Theory）也称为“激励-保健”理论，由美国心理学家赫茨伯格于1959年提出。该理论将企业中的有关因素分为保健因素和激励因素两大类。保健因素主要指工作以外的因素，包括公司的政策和管理、工资、监督、同事关系和工作条件等；激励因素主要指与工作本身或工作内容有关的因素，包括成就、赞赏、工作本身的意义及挑战性、责任感、个人晋升和发展的机会等。保健因素如果得到满足，则能消除员工的不满情绪；如果得不到满足，则会引发员工的不满。激励因素如果得到满足，可以使员工产生很大的激励，若得不到满足，也不会产生不满情绪。

你会用双因素理论来解决企业的人力资源管理问题吗？试举例。

（二）确定员工薪酬的主要依据

员工的薪酬受到来自旅行社内部和外部多种因素的影响，这些因素既包括宏观环境中的社会经济环境、相关的法律法规、劳动力市场的供求关系、地区和行业差异、劳动力价格水平等，也包括来自企业本身的影响因素，如企业的经营状况、企业愿景、企业文化、人才价值观和薪酬政策等，还包括员工个人因素，如岗位与职务、资历与工龄、工作表现等。因此，旅行社在确定员工薪酬时，往往将若干产生直接影响的因素作为主要依据。

1. 岗位与职务

不同的岗位和职务对旅行社的价值含量不同，旅行社应依照每一职位的工作性质、对旅行社的重要程度、工作经验、技能以及可能承担的风险来评定等级，作为确定报酬的依据。

2. 劳动力市场的供求关系

在市场经济条件下，劳动力市场的供求状况是调节薪酬水平的杠杆，也影响员工对其薪酬水平的期望。在不同的供求状况下，劳动力的价格也会不同。

3. 居民生活水平

各地居民消费水平不一样，其薪酬水平也有较大差异。例如，各个地区就依据居民生活水平以及生活成本调整最低工资额度。

4. 旅行社的财务状况

旅行社财务状况的好坏直接影响旅行社的报酬水平，尤其影响奖金、福利等非固定报酬的水平。

5. 绩效考评的结果

旅行社可将员工的报酬与绩效考评结果挂钩，不同的绩效考评结果给予不同的报酬，这样可激励员工的工作积极性。

课堂讨论

离职率是衡量企业或行业内部人力资源流动状况的重要指标。离职分为自愿离职和被动离职。据统计，旅行社的离职高潮出现在每年的二月和三月，尤其是导游人员。虽然离职在一定程度上有利于旅行社建立优胜劣汰的人才竞争机制，但是离职率过高将严重影响旅行社业务的开展。

请分析是什么原因导致了旅行社员工的离职。

第二节　旅行社的质量管理

自 20 世纪 50 年代以来，企业管理开始注重以系统的观点来研究质量问题。美国管理学家阿曼德·费根堡姆于 20 世纪 60 年代初提出了"全面质量管理"的概念，旨在"为充分满足顾客的要求，在最经济的水平上进行生产和提供服务"。我国在改革开放之后也开始推行全面的质量管理。旅行社的产品和服务的质量关系着旅行社的生存与发展，对旅行社产品和服务进行全面质量管理，成为旅行社综合管理的重要内容。

一、旅行社质量管理的内涵和作用

（一）旅行社质量管理的内涵

旅行社质量管理是指旅行社为了保证和提高旅游产品和服务的质量，运用系统的手段和方法对市场分析、产品设计、制订和执行计划以及过程控制、信息反馈等活动进行质量监控的综合管理活动。充分理解旅行社质量管理的内涵是正确有效地实施质量管理的关键。

1. 旅行社质量管理是全面的质量管理

旅行社为旅游者提供产品和服务的过程，是涵盖了旅行社内部各个部门和外部各种相关组织相互协作的过程，这些外部组织包括住宿、餐饮、交通、景点、娱乐、保险等，他们的工作质量对旅行社产品和服务的整体质量有重要的影响。因此，旅行社质量管理必须是对旅游者的旅游活动所涉及的方方面面进行管理。

2. 旅行社质量管理是全过程的质量管理

旅行社提供产品和服务的过程，涵盖产品和服务的形成、使用和反馈等环节，旅行社质量管理要贯穿于整个过程，实施质量计划、质量控制、质量保证和质量改进等一系列活动。

3. 旅行社质量管理是全员参与的质量管理

旅行社质量管理要求旅行社的全体人员，以及外部组织中的相关人员，共同按照质量管理计划和质量标准的要求，完成质量管理任务，达成质量管理目标。全体人员需要充分发挥积极性和主观能动性，在各项任务中通力协作，严把质量关。

（二）旅行社质量管理的作用

1. 保障旅游者的合法权益

当前，旅游市场的秩序还需进一步规范，部分旅行社之间恶性价格竞争、损害旅游者权益、遭受旅游投诉等现象还大量存在。旅行社实施质量管理，能够确保各项产品和服务按照严格的质量标准和程序执行，将能有效预防旅游质量投诉以及旅游事故。旅行社通过建立良好的质量管理应急机制，在旅游者的合法权益受到侵害时，能够确保旅游者依法获得相应的赔偿。

2. 提高旅行社的市场竞争力

质量是立业之本。旅行社实施质量管理，可以降低经营风险和经营成本，获取更多的市场溢价；有助于改变以往的低价竞争思想，打造持久的竞争优势，为长远的发展战略提供保障。

3. 树立旅行社在行业内的良好形象

有效的质量管理能确保旅行社提供的产品和服务满足旅游者的期望，甚至给旅游者创造高于期望的价值，从而获得旅游者的赞赏，增强口碑传播效应，有利于整个行业健康、持续的发展。

二、旅行社服务质量的评价标准

旅行社服务质量的评价标准可以分为旅行社内部评价标准和旅游者评价标准两个方面。

（一）旅行社内部评价标准

（1）旅游线路设计是否合理，旅游项目是否丰富、是否能劳逸适度。

（2）能否顺利完成约定好的旅游行程，不耽误、不任意更改行程。

（3）在酒店档次、餐饮服务、车辆规格、导游水平、文娱节目等方面是否能遵照合同约定并保质保量地提供服务。

（4）是否能确保旅游者人身及财产的安全，确保其合法活动和个人生活不受干预。

（5）服务人员是否在职业道德、文化素养、服务技能上胜任旅游服务工作，有无能力创造良好的旅游氛围。

（二）旅游者评价标准

（1）旅游者的预期质量与实际感知是否一致。旅游者将其旅游前预期质量不断地与实际旅游过程中感知的质量进行对比，如果两者一致，甚至实际感知超过了预期，则旅游者会对旅行社产品和服务产生积极的评价。

（2）过程质量与结果质量是否都能使旅游者满意。旅游者对旅行社质量的评价不仅仅是对购买产品和服务的过程进行评价，还会关注消费产品和服务之后的感知是否符合预期。当旅游者认为结果质量和过程质量都符合要求时，才会对旅行社的质量感到满意。

（3）服务是否按照严格的标准和程序来提供。高质量的服务一定有着严格的标准和程序，如旅游行程安排的规范性，导游服务技能的规范性，参观游览是否遵循既定的程序等，旅游者会根据执行这些规范的严格程度来判断旅行社的服务质量。

（4）旅游者在旅游活动过程中，可能遇到各种突发和意外情况，非常考验旅行社的综合处理能力。如行程的临时调整，旅游者身体上的不适，以及特殊的气候变化等，如果处理得当，则会大大提高旅游者的满意度；否则，将产生消极的影响。

相关链接

从“扁鹊论医”看质量管理

扁鹊是春秋战国时期的名医。相传有一天，魏文王问扁鹊说：“你们家兄弟三人，都精于医术，到底哪一位医术最好呢？”扁鹊答说：“长兄最好，中兄次之，我最差。”文王吃惊地问：“你的名气最大，为何长兄医术最高呢？”

扁鹊惭愧地说：“我扁鹊治病，是治病于病情严重之时。一般人都看到我在经脉上穿针管来放血、在皮肤上敷药等大手术，所以以为我的医术高明，名气因此响遍全国。我中兄治病，是治病于病情初起之时。一般人以为他只能治轻微的小病，所以他的名气只及于本乡里。而我长兄治病，是治病于病情发作之前。由于一般人不知道他事先能铲除病因，所以觉得他水平一般，但在医学专家看来他水平最高。”

从这个故事中，我们可得到以下启发：企业的质量事故，如同人身体上的疾病。首先，质量事故重在预防，需要运用科学的质量管理手段防范质量事故的发生；其次，要在质量事故刚露苗头之际，将其控制住，以免造成更大的影响；最后，当质量事故不可避免地发生之后，需要全力以赴将损失降到最低。由此可见，质量管理如同医生看病，治标不能忘固本。

资料来源：中国质量新闻网，2015-11-18.

三、旅行社质量管理的内容

旅行社质量管理的内容涉及旅行社业务过程的各个方面，包括产品设计和开发质量管理、计调质量管理、采购质量管理、产品营销质量管理、接待服务质量管理和售后服务质量管理等。

（一）产品设计与开发质量管理

旅行社产品质量的形成始于产品设计与开发，对旅行社产品的整体质量起决定的作用，直接影响到后续的销售、接待和消费等多个环节。产品设计与开发质量管理主要从以下几个方面入手：

（1）合理规划旅游线路，充分考虑时间、景区、交通、餐饮等因素进行科学设计。注意各个环节的协调，避免行程安排上松紧不当和出现以数量牺牲质量的情况，要确保为旅游者提供优质的过程体验。

（2）线路上每个项目的取舍都要充分考虑到旅游者的需求，坚持从旅游者的利益出发，选取旅游价值相对大的景点和项目，对旅游价值小甚至没有价值的景点和项目要删除。注意衡量旅行社效益和旅游者利益之间的关系，防止价格欺骗和价格陷阱。

（3）线路的设计要充分考虑交通条件和交通工具是否匹配，尤其在旺季时，要对交通工具进行协调，避免因为交通工具安排不到位而影响行程的质量。

（4）线路的设计与开发要有创新性。充分挖掘新的旅游需求，增设新的线路或景点。对现有线路，要根据不同的旅游团体，创造不同的视觉和心理感受。可配合当前先进的信息技术优化体验的流程和内容，如线上模拟仿真体验与实地体验相配合等。

（二）计调质量管理

计调工作是旅行社业务的核心，对旅行社服务质量起到决定性的作用。计调质量管理应从以下几方面加强：

（1）计调人员的业务素质是否符合计调工作质量要求。旅行社在选拔计调人员时要认真考核，并要经过一段时间的岗前培训，使其充分熟悉旅行社各个业务环节的性质、内容和特点，确保旅行社产品的质量。

（2）协调能力是否能适应旅游业务的需要。旅游活动非常复杂，行程安排、景点选择、酒店落实、票务预订、用车调配等，非常考验计调的协调能力。计调部门要做好各个环节的协调工作，使旅游者在旅行中获得美好的体验，树立旅行社良好的品牌形象。

（3）计调人员能否按照相关规定做好各类信息的收集、存档，以及分析、传达。计调人员要能够通过这些工作为其他部门提供足量的、可供使用的资料，以及为旅行社的经营决策提供科学、合理的依据。

（三）采购质量管理

旅行社通过向旅游供应商购买吃、住、行、游、购、娱等方面的中间服务满足旅游者的需要。因此，旅行社采购质量很大程度上取决于旅游供应商提供的设施和服务质量的好坏。要保障采购质量，须注意以下几个方面：

（1）严格按照相关的规章制度，对旅游供应商的基本条件进行界定，择优选取，明确需要考察的内容和筛选的程序等。

（2）严格检查旅游服务供应单位的服务设施状况是否良好，尤其是交通、餐饮相关配套是否达标。

（3）考察旅游服务供应商提供的服务是否符合国家和行业的标准，能否达到旅游产品本身的要求和旅游者的期望，服务质量好的单位是否具有持续性。

（4）衡量各服务供应商的协调能力，供应商服务的提供既要有过硬的质量，还要具备一定的弹性，以应对各种临时性、紧急性的需求。

（四）产品营销质量管理

对产品营销质量的管理，必须以深度理解旅游者的需求，准确把握产品的卖点为前提。因而，产品营销质量的管理，实质上是确保如何把合适的旅游产品有效传递给合适的旅游者的过程，具体包括以下几方面。

1. 定价质量管理

旅游产品的定价需要准确反映产品的质量，不同旅游产品的价格弹性不同，对缺乏弹性的旅游产品，可使用高端定价以扩大收益，然而，高端定价使旅游者对产品质量的要求更高，需要注意用更专业的、高标准的服务来匹配。

2. 营销渠道质量管理

高质量的营销渠道需要根据目标受众的特点，让旅行社的产品以正确的数量、正确的时间和正确的地点进行传递。直接渠道和间接渠道相配合、实体渠道和网络渠道并行的策略，将使得产品更密集、广泛地与潜在旅游者接触。渠道质量管理包括渠道关系的稳定性、渠道合作、渠道冲突、渠道信任和渠道承诺等。订单量、交易额、旅游者获得的成本等，是衡量渠道质量的重要指标。

3. 促销质量管理

要注意在广告宣传上，保证广告的真实性，充分兼顾产品的价值和旅游者的利益诉求。注意衡量各种销售促进方式的效果，应根据不同的产品和渠道进行具体的设计。

（五）接待服务质量管理

接待服务是旅行社服务业特性最直接的体现，是影响旅游者服务体验的核心环节。因而，在旅行社质量管理中，尤其要注重接待服务的质量管理。对接待服务进行质量管理，前提是针对接待服务的每个方面，制定明确的服务标准和规范，依据标准开展相关的培训，依据标准进行相应的考核和评价。

1. 接待服务管理

旅游者的心理感受很大程度上受到接待服务态度的影响，让旅游者保持愉悦的服务体验就要做到接待服务态度热情友好，真心为旅游者着想，主动为旅游者解决遇到的难题，从而获取旅游者积极的评价。相关管理者在对以上要求做出明确规定的同时，要注意跟踪管理，及时处理服务投诉。

2. 导游讲解水平管理

导游在旅游者旅游体验过程中扮演着主导的角色，导游的讲解是旅游者获取旅游认知、评判旅游产品价值的重要影响因素。因此，导游的讲解必须经过专业的训练，准确、熟练、有吸引力，能够向旅游者传递价值。旅行社一方面需要按照相应的标准对导游的讲解进行常规性、随机性的监督，确保每个导游的讲解质量；另一方面要对导游开展相关的培训，以提升导游讲解的技巧和水平。

3. 接待业务能力的管理

旅行社需要对接待人员独立接待旅游者的能力和处理各种突发事件的能力进行管理。接待人员在独立接待旅游者的过程中，可能在交通、游览、住宿和饮食等环节面临着复杂的环境，各种意外频频发生。因此，旅行社要求接待人员要按照规范的标准进行操作，遇到问题需要及时向旅行社报告，同时也要求接待人员具备较强的预判能力和应急处理能力。

（六）售后服务质量管理

售后服务是旅行社服务的最终环节。旅行社应该重视售后服务环节的工作，尤其要重视收集旅游者对旅游服务的评价和反馈，特别是那些有不满情绪的旅游者的需求，可作为旅游产品开发的重要参考。要注重处理旅游者的投诉，注意了解旅游者投诉的真实动机，对旅游者的投诉做出妥善的处理。

第三节　旅行社经营风险管理

一、旅行社经营风险的含义及特征

风险是指未来的不确定性对企业实现其经营目标的影响。旅行社经营风险是指旅行社在经营过程中发生不利事件或损失的各种情况的总和。这些不利事件和损失将有可能导致旅行社的收益与风险不成正比，从而危及旅行社的生存和发展。旅行社经营风险是客观存在的，可能给企业带来重大的损失，使企业陷入经营危机。但经营风险又是可控的，如果进行有效的经营风险管理，加强风险的防范，就可以达到降低风险、减少损失的目的。

旅行社的经营风险有下列一些特征。

（一）客观性

旅游业具有高度的敏感性，旅游产品又具有较强的综合性，旅行社不可避免地会面临各种风险，如市场波动、自然灾害、突发事件等，都可能导致经营风险的发生。

（二）发生概率高

旅行社从组团到接团的全过程都可能面临市场风险、违约风险、财产风险、人身风险，尤其是市场风险和违约责任、赔偿责任风险发生的可能性更大。

（三）可预测性

旅行社经营风险与环境条件紧密相关，多数情况下，旅行社可以根据环境条件的变化，运用相应的预测手段，对经营风险何时发生、发生的程度、发生的影响等进行一定程度的预测。

（四）可防范性

随着预测准确性的提高，通过及时采取积极的应对措施进行管理和控制，可以最大限度地避免风险的产生，以及减少风险发生所带来的损失。

二、旅行社经营风险的种类

（一）市场风险

市场风险是指由于市场的不稳定性导致旅行社对所开发的旅游项目和旅游产品的收益难以估计，从而可能承担相应投资成本的损失。旅游者在旅游偏好、消费水平、时间安排、身体状况等方面存在较大差异，可能导致某项旅游业务市场规模难以准确估计，以及旅游产品的开发偏离消费者的需求。同时，旅游客源地和目的地在政治、经济、自然、社会和文化等方面的变化，也将导致旅行社市场风险的产生。此外，由于竞争的加剧，旅行社可能丧失部分市场份额，从而进一步加剧市场风险。

（二）责任风险

责任风险是由于合同条款所规定的责任无法履行所导致的风险。通常有两种情况：一是双方在签订合同时，对合同条款的理解存在偏误，导致在执行合同的过程中，双方各执一词；二是在双方一致地理解合同条款的基础上，责任方无法履行合同条款导致的违约责任。因此，旅行社在签订合同时，必须明确向对方解释条款的内容以及可能出现的不可抗力因素，严格履行合同义务，本着互惠互利的原则，建立双方持久的合作关系。

（三）安全风险

安全风险主要指人身安全及财产安全两类风险，其中又分为旅游者和旅行社方面的人身及财产风险。旅游行程具有较大的时间和空间跨度，活动场所多处转换，不但容易受到自然环境或自然灾害的威胁，还可能遭受社会治安不稳定带来的风险，从而危及旅游者的人身财产安全。例如，随着老年旅游市场的兴起，由于行程安排过于紧凑，老年旅游者容易在旅游过程中感到疲惫，身体不适，带来人身安全风险。

（四）财务风险

在各项财务活动中，由于各种难以预料或控制的因素影响，旅行社的财务状况具有不确定性，从而产生使旅行社蒙受损失的可能。财务风险主要体现在旅行社与旅游供应商、旅游者之间的债权债务关系，以及旅行社和银行等金融机构之间的债权债务关系。其中，旅行社对旅游供应商的应收账款就是较为突出的财务风险，如果应收账款长期得不到回收，或者供应商破产等，会给旅行社带来较大的财务损失。另外，旅行社向金融机构筹借资金，如果由于经营不善或市场风险导致难以偿还债务，则很可能引发破产清算等危及经营的风险。

三、旅行社经营风险的识别与评估

（一）旅行社经营风险的识别

旅行社经营风险识别是指对旅行社的经营方式、经营过程和经营环境进行分析，将旅行社于特定期间内面临的各种不确定因素进行归类和鉴定的过程。风险识别是风险管理的基础。旅行社应充分熟悉自身的经营状况和业务特点，市场和竞争状况，所处的政治、经济、社会和法律环境等，运用科学的方法发现各种经营风险，并合理分析风险发生的原因、影响等。

1. 旅行社经营风险识别的内容

（1）考察旅行社的各个业务环节。

（2）对客源地和目的地进行分析。

（3）分析旅行社的市场状况。

（4）分析旅行社的财务状况。

2. 旅行社经营风险识别的方法

（1）调查法。旅行社通过收集资料进行逻辑分析，通过现场观察分析，以及通过专家咨询获取各种信息，从而识别经营风险。

(2) 财务报表法。旅行社通过对财务报表（资产负债表、损益表、现金流量表等）的分析研究，识别经营风险。

(二) 旅行社经营风险的评估

在风险识别后，旅行社需要运用数学统计方法对损失性质、发生的概率和影响程度等进行预测和比较，以决定如何应对风险。

风险评估主要从以下几个方面入手。

1. 评估风险发生的概率

通过以往的数据确定类似风险的发生频率，一般以 1 年、3 年、5 年和 10 年为区间进行评估，并进一步估计风险发生的可能性，对其进行量化估计。

2. 评估风险影响的对象

经营风险一旦发生，势必对旅行社的财务状况产生影响。旅行社的经营和发展战略也需要做出适当的调整。除了旅行社自身，经营风险还可能波及旅行社的各关系方，从而影响旅行社的利益链。

3. 评估风险发生的影响程度

评估风险发生的影响程度主要从三个方面着手：估计风险对旅行社的发展战略和经营活动造成影响的程度；评估风险对旅行社财务状况的冲击程度；评估旅行社外部对风险的关注度。风险的影响力等级通常可分为特别重大损失、重大损失、较大损失、略有损失等几个等级。

4. 综合评估风险的性质

根据发生的概率、影响对象和程度，可将风险定位为高、中、低三个等级。

综合以上内容，旅行社风险评估的结果如表 8-2 所示。

表 8-2　旅行社风险评估的结果

性质	概率	表现	影响程度
高	每年都可能发生，或发生的概率不低于 0.25。	3 年内已多次发生，并且最近半年内发生过。	对旅行社的发展战略和经营活动造成重大影响，对旅行社财务冲击大，引起各关系方的高度关注。
中	每 5 年发生一次，或发生的概率低于 0.25。	曾经发生过，并且 5 年内发生超过 1 次。	对旅行社的发展战略和经营活动造成较大影响，对旅行社财务冲击较大，引起各关系方较多关注。
低	10 年内不太可能发生，或发生的概率非常低。	未发生过，根据已掌握的信息认为不太可能发生。	对旅行社的发展战略和经营活动没什么影响，对旅行社财务状况冲击很小，各关系方不会有很多关注。

四、旅行社经营风险的规避与控制

(一) 旅行社经营风险的规避

旅行社经营风险的规避是指旅行社通过变更计划来消除风险或者风险发生的条件，以确保特定目标不受风险的影响。在旅行社质量管理环节，我们明确了对任何质量事故的管理皆“重在防范”的道理。对旅行社经营风险进行管理，运用合理的措施对风险进行规避能够在一定程度上消除风险，尽可能降低损失发生的概率或损失的程度。旅行社经营风险的规避可以从以下几个方面着手。

1. 强化风险意识

旅行社的经营风险可能存在于任何部门、任何过程、任何环节和任何主体，因此，需要运用各种宣传手段加强全员的风险意识，对旅行社自上而下进行风险意识培训，让全体员工掌握有效规避相关经营风险的手段和方法。

2. 注重分散经营风险

旅行社的经营风险与经营模式存在很大关系，不同的经营模式可能带来的风险存在较大差别。因此，为分散经营风险，旅行社通常采取契约化经营和多元化经营的模式。随着旅行社发展规模的扩大，集团化经营也是常用的模式。

3. 用保险来规避风险

保险是风险规避的重要手段，通过投保旅行社责任保险，为旅游者购买意外伤害保险和第三者责任保险等，能够有效地规避旅行社的风险损失。

（二）旅行社经营风险的控制

旅行社在全面掌握了风险的性质、表现和影响程度的基础上，针对这些风险制定相应的、具体的风险控制措施尤为重要。风险控制的主要目的在于将各类风险所导致的损失降到最低，确保旅行社在经营中保持实力。对有条件的旅行社，应该建立专门的风险管理机构，按照岗位责任制原则，在销售部门、接待部门、人力资源部门、财务部门以及安全部门等，明确经营风险控制的标准和责任。针对不同类型的风险，采取相应的控制措施。

1. 市场风险的控制

在旅游市场开发和产品开发环节，通过科学的论证和可行性分析，提高市场开发和产品开发的准确性。在新产品投入市场之前，进行必要的市场测试，以确定是否需要对产品进行改良。为避免“将所有鸡蛋放在同一个篮子里”可能带来的风险，通常采取市场多样化和产品多样化的策略，以分散风险。

2. 责任风险的控制

要控制责任风险，首先需要谨慎选择合作伙伴，充分评判合作伙伴的征信状况以及合同履行的能力；其次，要充分评估合同条款的合理性，自身的利益与责任是否均等，以及承担责任的能力是否具备等。在对待旅游者方面，要注意信守承诺，不夸大宣传，对不确定事项做出充分的告知。在旅行社内部，要强化员工的责任意识和合同意识，通过各种途径加强员工处理突发事件的能力和技巧。

3. 安全风险的控制

在旅游行程开始前，要熟悉各段线路的特点，提前识别安全隐患，做好防范措施；在行程开始后，要密切监视各类涉及人身安全和财产安全的因素，提醒旅游者时刻注意各种安全隐患。如果遭遇安全事故，必须注重事故处理的时效性，防止事故的进一步恶化，以免导致更大的损失。

4. 财务风险的控制

注意对财务报表进行规律性的监测，及时报告发现的问题。执行严格的信用制度，减少坏账的产生，并注意做好催账的准备。建立合理的现金流制度，避免引发财务危机。采取“先付款后接待”的措施，尽可能降低财务风险。

第四节　旅行社的信息化管理

当前，信息技术的发展异常迅速，大数据、物联网、云计算、人工智能等技术已经被深度挖掘，人类正享受着信息时代带来的各种便利。旅行社应该加快信息化发展的步伐，让信息化为旅行社的转型发展助力。

一、旅行社信息化管理概述

（一）旅行社信息化管理的含义

旅行社信息化管理是指旅行社通过运用计算机技术、通信技术、数据库技术、网络技术等，实现高效运用旅游信息资源、提升旅游服务质量和经营效益的一系列管理活动。

（二）旅行社信息化管理的现状

目前我国旅行社行业信息化的程度偏低，很多旅行社依然采用原始手工的方式处理复杂的数据，导致效率低下，人工偏差时有发生。旅行社员工需要花费时间处理各种传真、电话沟通，影响了旅行社内部沟通的时间和效率。

目前，较为完整的旅行社信息化管理系统包括组团销售与接待管理系统、地接团管理系统、散客销售系统、财务管理系统、人事档案管理系统、办公管理系统、旅游信息管理系统等子系统，然而，各个子系统往往独立运行，系统之间缺乏数据分享和协作，不利于旅行社整体战略的执行和策略的实施。

另外，大多数旅行社的规模偏小，其经营效益受多种因素的影响而难以保证，因而在信息化建设中困难重重。例如，某些旅行社由于无法独自支付信息系统开发和运营的成本和费用，只能选择一些廉价的通用管理系统，导致无法满足信息化工作的需求等。

（三）旅行社信息化管理的外部动因

为了适应旅游者获取信息渠道的变化和购买旅游产品方式的变化，旅行社应更加注重外部业务的信息化。

1. 信息化发展改变了旅游者的信息获取渠道

如今，在线社交媒体的应用非常广泛，旅游者习惯于从在线社交媒体获取各种旅游信息。旅行社人员需要关注大量的社交媒体，通过利用社交平台实施各种营销手段，有效整合线上线下资源。

2. 信息化发展改变了旅游者购买旅游产品的渠道

旅游者使用在线的购买方式能够货比三家，并且在购买相似的产品时，通常比去传统旅行社购买更加方便。同时，在线购买的时间更加灵活，保密性也更强。

二、信息技术对旅行社的积极影响

（一）有利于提高旅行社的工作效率和质量

首先，信息化技术采取标准化的手段，提高了旅行社业务处理的规范性，能够有效减少冗余的工作量；其次，信息化技术运用系统的工作思维，能够将旅行社各个业务部门或管理部门的信息进行多重整合，有效减少了信息在部门之间转换的成本；最后，信息化技术能够基于旅行社工作的具体要求提供合理的解决方案，开发相应的系统和模块，有效提高了工作的质量。

（二）有利于促进旅游市场的发展

信息技术的发展使得旅游产品有条件实现由传统销售渠道向网络销售渠道拓展。网络在线综合旅游平台有效整合了旅游资源，有利于发展旅游产品组合策略。虚拟现实（Virtual Reality，VR）和增强现实（Augmented Reality，AR）技术的应用，能够优化游客的产品体验，提高旅游产品的吸引力。网络平台能够充分展示产品信息，方便游客发现旅游产品的价值，有利于建立旅行社与游客之间的信任。信息技术使得旅行社能够在全球范围内寻找合作伙伴，发现更有价值的旅游资源，扩展旅游市场。

（三）有利于提高旅行社决策的科学性

信息技术的发展，尤其是大数据、物联网技术的发展，能够给旅行社的决策提供海量的信息，并能够帮助处理这些信息，分析发现难以窥见的规律和有价值的信息点，从而大大促进了旅行社决策的科学性。

（四）有利于促进市场竞争的有序性

信息技术确保了旅行社及旅游业相关主体之间信息的公开透明，同时也能够加速曝光恶性竞争行为，从而有利于形成健康有序的竞争环境。

课堂讨论

由于信息技术的迅猛发展，原有的旅行社产业格局变得更加多元化，其中在线旅行社的发展吸引了众多旅游消费者的青睐。在线旅行社（Online Travel Agency，OTA）基于在线旅游应用开展业务，这些应用主要有移动支付、移动信息服务、移动定位服务、语音搜索和个性化推送等，极大地颠覆了传统的旅游营销方式，给旅游业带来了质的变化。在我国，以携程、去哪儿、艺龙等为代表的在线旅游企业成为旅游产业价值链上新的竞争力量。

请选择一家在线旅游企业，分析其信息技术的应用有哪些特点。

三、信息化时代给旅行社带来的挑战和机遇

（一）信息化时代给旅行社带来的挑战

1. 信息化使旅行社信息安全面临压力

信息化的应用不可避免地给旅行社带来各种信息安全问题。外部计算机病毒入侵和

信息窃取技术无孔不入，容易导致计算机信息泄露或被篡改，不但给旅行社带来严重的风险，还将影响其合作伙伴和消费者的信息安全。同时，由于操作和处理不当，或者内部员工人为恶意地窃取，都更容易导致信息大批量、大范围地泄露，造成不可挽回的损失。

2. 信息化加剧了旅行社之间的竞争

传统旅行社与采用信息化发展模式的旅行社相比，往往存在产品灵活性低、销售渠道单一、信息反馈慢、促销形式陈旧等缺点。相对而言，采用信息化发展模式的旅行社将用更低的运营成本，获取更广范围的消费群体，体现出较大的竞争力。但在采用信息化发展模式的旅行社之间，也会存在争夺市场、竞争策略隐蔽性降低、竞争手段容易被模仿等问题，从而使竞争形势更为复杂。

3. 信息化淡化了旅行社的部分职能

传统旅行社的业务范围除了核心的游览服务，还包括各项咨询服务、景区（景点）服务、交通票务服务，以及酒店预订服务等。信息化使得消费者较容易地通过网络掌握各种旅游线路的景点、住宿、餐饮和交通等方面的具体信息，也更容易通过网络途径进行预订或购买，这就大大淡化了传统旅行社在这些方面的职能。

（二）信息化时代给旅行社带来的机遇

信息化虽然给旅行社带来了挑战，但也给旅行社带来了更加广阔的市场、全新的产品销售渠道和销售模式，给旅游产品的促销带来了更为多样化的方式，大大拉近了与消费者之间的距离。作为旅行社的管理者，应该敏锐地意识到信息化带来的巨大利益，积极投入到信息化建设中。信息化的手段多种多样，旅行社需要针对自身的发展实际，在成本和效益之间进行充分的比较，使信息化成为企业竞争的利器。为此，旅行社应加强对员工的信息化培训，使员工尽快熟悉信息平台或系统的操作方式和流程，掌握信息化管理和运用的技术，习惯信息化的工作方式、工作环境和工作语言。

相关链接

大数据与旅行社精准营销

麦肯锡全球研究所对大数据给出了这样的定义：一种规模达到在获取、存储、管理、分析方面大大超出了传统数据库软件工具能力范围的数据集合。海量的数据规模、快速的数据流转、多样的数据类型和价值密度低是大数据的四大特征。大数据应用的关键在于提高对数据的“加工能力”，通过“加工”实现数据的“增值”。精准营销主要指充分利用各种新式媒体，将营销信息准确地推送到受众群体中，有助于提高营销的效果和降低营销成本。

大数据与精准营销的结合，可以给旅行社带来如下启示：

(1) 充分利用参团报名表获取游客的数据信息，包括游客的基本状况、参团次数、消费水平和消费习惯等。

（2）建立游客会员系统，定期对会员进行回访，调查客户的满意度及收集意见，举办客户座谈会、交流会，共同探讨旅游产品的开发。

（3）利用大数据收集游客信息，对游客实施人性化的关怀，如节日问候、生日优惠、精准推送等，有助于培养客户的忠诚度。

有业内人士将旅游大数据比作“聚宝盆”，需要充分地挖掘大数据的价值。目前，老年旅游市场、亲子游和研学旅行市场都较为火爆，如果旅行社能够利用大数据开展精准营销，主动为游客提供优质的服务，必定能打开旅行社发展的新局面。

思考与练习

一、选择题（有 1 个或 1 个以上的正确答案）

1. 旅行社招聘员工的原则有（　　）。

A. 经济效益原则　　B. 全面择优原则
C. 公平竞争原则　　D. 规范化、程序化原则

2. 以下属于报酬范围的是（　　）。

A. 工资　　B. 奖金
C. 福利　　D. 回扣

3. 旅行社质量管理的内容包括（　　）等。

A. 产品设计和开发质量管理　　B. 产品销售质量管理
C. 采购质量管理　　D. 售后服务质量管理

4. 在履行旅游合同过程中，由于旅行社各部门协调出现问题，造成旅游者滞留而引起投诉，旅行社可能要面临（　　）。

A. 市场风险　　B. 责任风险
C. 财产风险　　D. 财务风险

5. 信息技术时代，旅行社面临的挑战有（　　）。

A. 信息安全面临压力　　B. 旅行社的竞争压力加剧
C. 旅行社的业务拓展受到影响　　D. 旅行社职能淡化

二、名词解释

1. 绩效考评
2. 旅行社质量管理
3. 旅行社经营风险
4. 在线旅行社

三、简答题

1. 简述旅行社人力资源管理的意义。
2. 简述旅行社招聘的程序。
3. 旅行社质量管理包括哪几个方面？
4. 如何理解旅行社经营风险的特征？

四、分析题

1. 现阶段，新的旅游形态不断涌现，要求旅行社更新人才观念，注重新的人才素质和能力。试分析：旅行社在导游人员招聘时，需重点对应聘者进行哪些方面的考察？

2. 互联网的发展开拓了旅行社产品的营销渠道，你觉得旅行社可利用哪些网络渠道进行产品的销售？

第九章

旅行社未来发展

本章导读

近年来，我国的旅行社虽然有了长足发展，但相对于旅游业的蓬勃发展来说，我国旅行社的发展仍处于较为滞后的状态。随着互联网的运用和电子商务的普及，传统旅行社业务正面临越来越大的挑战。在新的挑战面前，旅行社的管理人员更应具备敏锐的洞察力，准确把握旅行社的整体发展趋势，实现旅行社业务分工的专业化、组织结构的集团化、经营布局的网络化、旅游产品的多样化、经营方式的智慧化，提高企业的竞争实力。

第一节　我国旅行社发展中存在的主要问题

一、旅行社规模小、利润低

（一）旅行社的规模小

与其他行业的企业相比，我国的旅行社规模普遍偏小，绝大多数旅行社属于中小企业。旅行社规模过小，导致旅行社设备简陋，效率低下，技术含量普遍不高，很大程度上影响了旅行社的利润水平和整体服务质量。同时，旅行社的规模小还导致了我国旅行社行业普遍呈现“小、散、弱、差”（规模小、经营散、实力弱、效益差）的局面，行业集中度低，缺乏旅游市场的引领者，使得旅行社产品升级及优化的动力和能力不足。

相关链接

据统计，2010 年全国的旅行社为 22 784 家，总资产为 666.14 亿元，平均资产仅为 292 万元；营业收入 2 649.01 亿元，平均营业收入为 1 163 万元；全国旅行社直接从业人员 277 262 人，平均每个旅行社的直接从业者仅为 12 人。2014 年全国的旅行社有 26 650 家，总资产为 1 292.97 亿元，平均资产仅为 485 万元；营业收入 4 029.59 亿元，平均营业收入为 1 512 万元；全国旅行社直接从业人员 341 312 人，平均每个旅行社的直接从业者仅为 13 人。2015 年全国的旅行社总数为 27 621 家，总资产为 1 342.95 亿元，平均资产为 486 万元，全国旅行社直接从业人员 334 030 人，平均每个旅行社的直接从业者 12 人。截至 2019 年年底，全国旅行社总数为 38 943 家，营业收入 6 621.76 亿元，全国旅行社直接从业人员 410 600 人，平均每个旅行社的直接从业者 11 人。

旅行社的规模小，一个直接原因是旅行社的业务量小。以国内旅游为例，尽管我国的国内旅游人数每年都有较快增长，但旅行社的国内游接待业务并没有同步增长，有时甚至还出现了下降。据统计，2013 年我国国内旅游人数达 32.62 亿人次，比上年增长 10.3%。同年，经旅行社接待的国内过夜游客为 14 519.50 万人次，比上年下降 10.9%，经旅行社接待的国内过夜游客仅占国内旅游人数的 4.5%。2014 年我国国内旅游人数达 36.11 亿人次，比上年增长 10.7%。同年，经旅行社接待的国内过夜游客为 14 457.77 万人次，比上年下降 0.43%。2017 年全年国内游客 50 亿人次，比上年增长 12.8%，同年旅行社接待的国内游客为 2.46 亿人次（含国内过夜游客和国内一日游游客），仅占国内游客总数的 4.9%。2019 年全年国内游客 60.1 亿人次，比上年增长 8.4%，而 2019 年全年全国旅行社接待国内游客仅为 1.85 亿人次。

经旅行社接待的入境游客数量同样不容乐观。2013 年，我国的入境旅游总数为 12 907.78 万人次，全国的旅行社接待的入境游客为 2 047.15 万人次，比上年下降 13.5%，且旅行社接待的入境游客数量仅占入境旅游总人数的 15.9%。2014 年，我国的入境旅游总数为 12 849.83 万人次，而全国的旅行社接待的入境游客为 2 002.56 万人次，旅行社接待的入境游客数量仅占入境旅游总人数的 15.6%。2019 年，我国入境游客总数为 14 531 万人次，比上年增长 2.9%，而 2019 年全年，全国旅行社接待的入境游客仅为 1 829.62 万人次。

（二）旅行社的总体利润偏低

旅行社利润是企业一定时期经营成果的体现。自 20 世纪 90 年代以来，我国旅行社行业的平均利润始终徘徊在较低的水平。据统计，2010 年全国旅行社利润总额为 33.89 亿元，平均每家旅行社的利润为 14.9 万元。2013 年的情况也没有好转的迹象。当年全国旅行社的营业收入虽然达到 3 599.14 亿元，但营业成本大幅上升，为 3 434.29 亿元，利润总额仅为 32.72 亿元，平均每家旅行社的利润仅为 12.56 万元。2014 年与 2013 年的情况相近，旅行社的利润总额为 33.22 亿元，平均每家旅行社的利润仅为 12.47 万元。

2015 年，全国旅行社总数为 27 621 家，营业收入增加至 4 189.01 亿元，同比增长 3.96%，但利润总额却降至 21.88 亿元，同比减少 34.14%，平均每家旅行社的利润不足 8 万元。近几年，旅行社总体利润偏低的情况并没有得到有效扭转。2019 年，全国旅行社总数为 38 943 家，营业收入 6 621.76 亿元，营业利润 30.06 亿元，平均每家旅行社的利润仍不足 8 万元。

由于旅行社经营效益低下，利润微薄，使得旅行社难以采购新设备，难以培训员工，难以进行深层次的产品开发，其直接后果是我国旅行社发展后劲严重不足。

相关链接

旅行社利润偏低的情况不仅在中小旅行社中存在，在规模较大的旅行社中也同样存在。尽管大型旅行社在产品开发、服务采购、市场拓展、旅游接待以及资金、人才等方面具有明显优势，但在实际操作过程中，大旅行社这些方面的优势却并没有充分发挥出来。面对激烈的市场竞争，大旅行社往往也是匆忙卷入价格战中，未起到引导和稳定市场的作用。大旅行社之所以显现不出与小旅行社的比较优势，从经营管理方面来说，是因为大旅行社普遍实行部门承包式或变相的部门承包式管理方法，这虽然一定程度上能提高部门的积极性，但也分散了大旅行社的力量，一些大旅行社实际上成了各个相对独立的小旅行社的集合体，大旅行社的综合优势自然难以显现。

二、旅行社发展不平衡

（一）数量分布的不平衡

从旅行社的数量分布上看，我国的旅行社主要分布在东部地区，尤其是沿海经济发达地区，如江苏、浙江、广东、山东等。据统计，2010 年度，旅行社数量最多的省份是沿海的山东、江苏、浙江和广东 4 个省，均超过 1 200 家，其中山东和江苏均超过 1 800 家。2014 年度，旅行社数量分布格局基本未变，数量最多的仍是沿海的江苏、山东、浙江和广东 4 个省，均超过 1 700 家，其中江苏、山东和浙江均超过 2 000 家。截至 2019 年 6 月，全国 37 794 家旅行社中，其中 51%分布在我国东部地区。广东、北京、江苏、浙江和山东的旅行社数量都在 2 500 家以上，数量最多的广东为 3 108 家。

广大的西部地区、中部地区及东北地区不仅旅行社数量偏少，实力也相对较弱。截至 2019 年 6 月，我国西部地区、中部地区及东北地区旅行社数量分别占全国旅行社总量的 23%、18%和 8%。但是，旅游资源相对丰富或人口较多的一些中西部地区旅行社的数量也较多，如河南、湖北、安徽、山西、湖南、云南等。这一情况表明，旅行社的分布不仅与经济发展水平有关，还与旅游资源的多寡、人口的数量分布有关。

（二）旅行社经营业绩的不平衡

从旅行社的经营业绩来看，业绩较突出的仍然是位于东部沿海地区的旅行社和中西部旅游资源丰富地区的旅行社。据统计，2014 年度，全国旅行社主要经济指标（旅游业务营业收入、旅游业务利润、实缴税金三项综合）排名前10位的地区依次为广东、北京、上海、江苏、浙江、山东、福建、湖北、辽宁、湖南；组接指标排名前10位的地区依次为广东、山东、浙江、江苏、北京、福建、辽宁、湖北、上海、湖南；国内旅游接待人次排名前10位的地区依次为江苏、浙江、广东、福建、湖北、山东、云南、重庆、上海、四川。2019年上半年，旅行社国内旅游接待人次排名前10位的地区由高到低依次为浙江、江苏、湖北、广东、湖南、福建、海南、山东、云南、安徽。

三、旅行社在经营秩序上存在不同程度的混乱

经过多年的努力，我国在旅行社的管理方面已经制定了许多规则，设立审批制、质量保证金制、旅行社责任保险制等，一套完备的管理制度已基本形成。即使在国际上进行比较，我国旅行社的管理规则也应算多的。但总体来说，我国的旅行社在经营秩序上仍然存在着不同程度的混乱局面，其中最突出的表现就是旅行社之间的恶性价格竞争。一些旅行社为了抢占市场，竟然打出“零团费”“负团费”等广告。2013年《旅游法》颁布以后，“零团费”“负团费”已被禁止，但低价竞争的情况并未完全改变。价格竞争使旅行社元气大伤，利润率下降，一些大的旅行社在价格战中疲于奔命，中小旅行社更是难以为继。价格战使得旅游服务质量大打折扣，受害的不仅是旅行社本身，国家旅游事业的发展也因此受到影响。表面上，价格竞争中受益的是消费者，但事实上未必如此。过低的报价必然使旅行社降低服务品质，比如减少旅游景点，缩短旅游行程，或增加不该有的购物、娱乐等项目，这一类投诉在旅游投诉中屡见不鲜，给旅游者造成了损害。

四、旅行社尚未形成合理的分工体系

分工实际上是指两个或两个以上的个人或组织将原来由一个人或组织在生产活动中承担的不同职能的工作分开进行。分工的存在是人类社会发展的必然产物，后来又构成人类社会进步的必要前提之一。

旅行社分工体系指的是不同类别的旅行社在各个市场区域和旅游产品流通环节中所扮演的角色及其相互间的关系，一般可以分为垂直分工体系和水平分工体系两种。垂直分工体系由执行不同职能的旅行社组成，各类旅行社在经营中互相配合，互为补充，如旅游批发商与旅游零售商间的分工关系。水平分工体系则由处于同一操作层次、执行相同职能的旅行社按照不同的市场和业务范围来进行分工，如同样是旅游批发商，有的从事出境旅游，有的则从事入境接待。

从世界范围来看，旅行社的分工体系经历了一个长期的演变过程。首先是旅游批发商逐渐从零售代理中分化出来，旅行社初步实现了批发经营和零售代理之间的垂直分工；与此同时，各旅游批发商和零售代理商又往往根据自身的特点和市场状况在各自的领域参与了水平分工，形成一种混合型的分工体系。

我国旅行社的分工体系是以水平分工为主要特征的体系，这很容易导致旅行社的低水平竞争。大大小小的旅行社一哄而上，以同样的方式争抢同样一块蛋糕，涉猎相同的领域，经营相同的业务，大大浪费了资源，还造成了经营秩序的混乱。因此，调整旅行

社的行业分工体系已成当务之急。

五、旅行社面临激烈的外部竞争环境

旅游业务涉及范围很广，除了招徕旅游者，为旅游者代办出境、入境和签证手续，为旅游者安排食宿外，还为旅游者安排交通、游览、考察、度假、疗养、购物、娱乐、代购代订交通客票、提供行李服务、提供导游讲解服务等。但上述业务并非是旅行社专有的。如一些订房公司、票务公司和许许多多的将互联网作为旅游产品销售平台的公司，实际上都在从事旅行社业务。一些培训机构、各类“中心”组织人员旅游、考察、学习，实际上也是在做旅行社业务，但目前无法对这些公司和机构实施与旅行社一样的严格管理，这显然损害了旅行社的公平竞争环境。

此外，“自助游”“自驾游”的兴起和普及对旅行社业务也构成了极大的冲击。近几年来，国内游人数的激增并没有导致旅行社接待国内游人数的激增，相反，旅行社接待的国内游人数占旅游总人数的比例呈下降趋势，这不能不说是旅行社面临的一个巨大挑战。随着网络的普及和网络预订的便捷化，游客获得旅游信息的渠道更畅通，预订景点门票、客房、交通票据会变得越来越方便，旅行社面临的挑战将更大。

第二节　我国旅行社的未来发展趋势

面对激烈的市场竞争环境，旅行社应适时调整经营模式和经营策略，迎接市场的挑战。在这一过程中，旅行社业务分工的专业化、组织结构的集团化、经营布局上的网络化、旅游产品的多样化、经营方式的智慧化等将是我国旅行社的未来发展趋势。

一、业务分工的专业化

旅行社之间之所以会有恶性价格竞争，最直接的原因是旅行社提供的产品雷同。旅行社产品与一般产品不同，既没有商标权、专利权等的进入限制，又没有太多技术优势可供保留和垄断。一个新的旅游产品出现之时，很可能就是众多旅行社一哄而上、竞相模仿之时。正是因为众多的、大大小小的旅行社都提供大致相同的旅游产品，旅行社间的竞争就很容易演化成单纯的价格竞争。要避免出现这一情况，旅行社之间实现业务的专业化分工就显得非常重要。

首先，专业化分工能节约资源，提高效率。专业化分工的出现是人类社会进步的标志，人类社会的进步始终伴随着分工的一再细化。畜牧业与农业的分离是人类社会的第一次社会大分工，手工业的出现是人类社会的第二次社会大分工，这两次大分工对人类有着里程碑的意义。随后，社会生活中的分工越来越多，越来越细。旅行社的出现本身也是社会分工进一步深化的结果，它符合社会的需要，提高了社会运转的效率。同样，在旅行社行业中，明确而具体的专业分工也能提高各旅行社的运转效率。因为合理的分工能最大限度地整合资源，实现优势互补，使各旅行社都能专注于自己的特色经营上，

而不是像以往一样面面俱到，但又面面不到位。比如，有的旅行社发挥自身在探险旅游方面的优势，专门做探险旅游产品，各个地方的探险产品都做，很快做出了影响力；有的旅行社专门做一条出境游线路产品，很快就做得熟门熟路，其他旅行社也纷纷把客人转过来，出现了规模效益。

其次，专业化分工能最大限度地满足旅游者多样化的需求。旅行社的发展离不开旅游业的发展，旅行社的经营方式也必须根据旅游业的发展变化而变化。我国已经当之无愧地成为世界旅游大国，旅游日益大众化和多样化，旅游者的旅游需求也日益多样化，旅行社只有适时地调整经营策略，细化经营品种，才能更好地满足旅游者的需要。

相关链接

旅游需求多样化的表现至少体现在以下几个方面：

（1）传统的观光旅游已不能满足人们的旅游需求，休闲度假旅游日渐增多，如健身度假旅游、生态度假旅游、修学度假旅游等。

（2）特种旅游需求会越来越多。人们有了较多的闲暇时间和可自由支配的收入后，追求新鲜感受的愿望会更加强烈，凡日常生活中难以体会到的、看到的东西，都有可能成为人们的旅游需求，因此，像沙漠探险旅游、登山、滑翔、漂流、攀岩等旅游项目都在增加。

（3）随着人们收入的提高和旅游愿望的增强，我国公民的出境旅游会越来越多。1998 年，国内居民出境旅游仅为 843 万人次，而 2019 年国内居民出境旅游达到了 16 921 万人次，增长了约 19 倍。

（4）随着人们旅游知识的丰富和旅游经验的增加，团队旅游、包价旅游受到越来越大的挑战，自助游和散客组团的情况会越来越多。

最后，专业化分工也能最大限度地维护旅行社经营的正常秩序。当前，旅行社在经营秩序上存在的低价竞争基本都源于各旅行社提供产品的同一化。如果各旅行社都走专业化道路，提供各具特色的产品，价格战自然就打不起来了。

二、组织结构的集团化

旅行社行业自出现以来，一直是一个典型的分散型行业，缺少能够对市场发挥重大影响的大型旅行社。但这种情况在 20 世纪 90 年代以来开始改变，一批跨国经营的大型旅行社集团出现在欧美地区，在旅行社行业中占据了举足轻重的地位。

旅行社集团是以旅行社为主体，通过协议、组织联合、生产经营协作等多种方式，由众多的企业共同组成的经济联合体。该联合体既可以是由多个旅行社组成的，也可以是由各类旅游企业组成的，但以旅行社为主。

相对于单一企业，企业集团有人、财、物方面的诸多优势，能实现资源共享、优势互补，因而生命力强、发展潜力很大。正因为如此，实现旅行社经营的集团化应该是具备条件的旅行社的发展方向。一些有实力的旅行社可以通过自我积累、自我扩张发展成旅行社集团；其他数量更多的旅行社可以通过合并、兼并或其他方式重新组合形成旅行社集团。旅行社集团的各个组成部分在经营上应是连成一体的，这样才能充分发挥集团在采购、预订、营销、资金、人才等方面的优势，实现规模效益。同时，旅行社集团的存在也可以引导和稳定市场，克服旅行社因市场分散和规模较小带来的问题。

在旅行社的集团化经营上存在一个误区，即认为集团化经营是大企业的事，与中小企业无关。其实，中小旅行社也可以实现旅行社的集团化经营，只要两家或多家旅行社之间相互协商，实现信息资源与市场资源共享，在经营上取长补短，就可以结成集团化经营的旅行社联合体。此外，旅行社的集团化经营也不一定要限定在旅行社之间进行。具备条件的旅行社完全可以进行多元化发展，通过投资、合作等方式进入交通、景区景点、饭店等关联企业，形成多元化企业集团。

三、经营布局上的网络化

与旅行社企业集团化同时进行的，应是旅行社的网络化趋势。在目前旅行社的单体经营规模难以快速壮大的情形下，网络化经营实际上是旅行社实现规模化的一条便捷通道，能有效地提高旅行社的经营效益，扩大旅行社影响，增强旅行社实力。

旅行社实现网络化经营有两条渠道：一条渠道是旅行社广设营业网点，通过自身积累、扩张的方式实现网络化，这种方式虽然稳妥，但很可能会发展缓慢；另一条渠道是通过加盟连锁的方式实现网络化，这能大大提高网络化的进程，但发展质量可能难以把握。

对较小规模的旅行社来说，实现经营的网络化则更多的是要跟着大旅行社、跟着大集团走，成为大旅行社的一个网点。这并不意味着小旅行社失去了自我，而是小旅行社积极参与旅行社分工体系的表现，无论是对大旅行社还是对小旅行社来说都是有利的。大旅行社无须广泛布点，通过现存的小旅行社就轻易实现了经营的网络化，一方面节省了大笔费用，另一方面可集中精力致力于产品开发、促销和旅游接待业务；小旅行社则无须再走“小而全”的老路，依托大旅行社的资源优势，专门从事旅游产品的代理销售。

四、旅游产品的多样化

随着社会经济的发展和人们生活水平的提高，人们的旅游需求呈现多样化、个性化的趋势。面对这一趋势，旅行社必须调整经营战略，及时更新旅游产品，满足游客日趋多变的旅游需求。

（一）大力开发自由行产品

近年来，随着游客旅游知识和旅游经验的增多，自助游成为越来越热门的一种旅游方式，分流了旅行社的客源。

自助游可以满足游客对吃、住、行、游、购、娱的个性化要求，时间上灵活自由，优势非常突出。但自助游也有劣势，如需要游客花费大量时间和精力进行筹备，因没有批量采购的优势，机票、酒店的价格较高，等等。旅行社可充分发挥自己在旅游专业知识方面的专长，利用批量采购带来的价格优势，为游客提供菜单选择式销售，比如为游客设计线路，为游客订机票、订酒店，为游客购买景区门票，为游客提供导游讲解，为游客提供当地的一日游服务，等等。这些服务虽然单个的利润空间较小，但市场规模很大，容易给旅行社带来规模效益。

（二）大力开发出境游产品

改革开放之初，出境游对很多中国人来说是可望而不可即的事情。但现在，我国已经成为全球增长速度最快、影响力最为广泛的客源输出国，不仅出境游人数世界第一，而且海外旅游消费也是全球第一。目前，这一快速增长势头仍然在延续。

受语言和繁杂的出境手续等方面的限制，游客在出境旅游时选择跟团游的比例远远大于国内旅游的跟团游比例。2019 年度，全国旅行社国内旅游接待 18 472.66 万人次，约占当年国内游客的 3.08%；全国旅行社出境旅游组织 6 288.06 万人次，约占当年国内居民出境人数的 40.57%。而且，出境游一般时间较长、开支较大，游客的消费能力一般也较强，因此，出境游历来是旅行社的主要利润来源之一。旅行社应抓住目前出境游大发展的时机，发展多样化的出境游产品，吸引出境游客源。

相关链接

2003 年，中国的出境游人数首次超过日本，成为亚洲最大的客源输出国。2007 年，中国的出境游人数达到了 4 095 万人次。世界旅游组织曾预测，到 2020 年，中国将成为世界第四大客源输出国。但仅仅到了 2013 年，中国出境游就已达到 9 819 万人次，境外消费高达 1 290 亿美元，约占全球出境旅游消费的 11.1%，出境游人数和旅游消费均位居全球第一。到 2014 年，国内居民出境 11 659 万人次，增长 18.7%，海外消费达到了创纪录的 1 648 亿美元，比 2013 年增长了 28%。2019 年，国内居民出境 16 921 万人次，增长 4.5%。

（三）为自驾车旅游者提供服务

随着我国经济社会的持续快速发展，人们的购车意愿越来越强烈，这使得我国汽车保有量急剧增加。截至 2019 年年底，全国民用汽车保有量已达 26 150 万辆，其中私人轿车保有量达到 13 701 万辆，可以说，小汽车已经走入了我们的日常生活。与之伴随而来的是，越来越多的人开始自驾车旅游，并渐成一种时尚。据有关统计，我国游客选择自驾游出行的比例已超过 70%。

自驾车旅游对旅行社的业务量会有一些影响，但旅行社可以采取一些积极的应对措施，变被动为主动。比如，旅行社在酒店预订、景区门票预订、餐饮预订等方面具有优势，也有在自驾游线路设计、活动组织和导游讲解方面的优势，这些完全可以成为吸引自驾车旅游者的因素。旅行社如果针对自驾车旅游者的实际需要设计一些旅游产品，完全可以开拓自驾车旅游市场，扩大旅行社的业务范围。

相关链接

据统计，1949 年年底，全国拥有民用汽车仅 5 万余辆。1978 年年底，全国民用汽车总数为 135.84 万辆（其中载客汽车 25.90 万辆）。2008 年年底，全国民用汽车增加到5 099.61 万辆（其中载客汽车 3 838.92 万辆）。截至 2014 年年底，全国民用汽车保有量达到 15 447 万辆，其中私人汽车保有量 12 584 万辆。截至 2019 年年底，全国民用汽车保有量增加到 26 150 万辆，比上年末增加 2 122 万辆，其中私人汽车保有量 22 635 万辆，比上年末增加 1 905 万辆。

（四）提供“定制”服务

旅游产品的核心是服务，这种服务必须满足游客的真实需求。在大众旅游需求日益多样化的今天，旅行社能否提供“定制”服务也是旅行社能否赢得市场的一个关键因素。这种“定制”服务指的是旅行社按照游客的要求设计旅游产品，或者旅行社设计的旅游产品允许游客进行修改，以最大限度地满足游客的需求。

“定制”服务这种产品显然对吸引客源是有利的，但因这种产品是高度个性化的产品，很可能难以形成规模效应，从而增加旅行社的服务成本和服务难度，这的确是旅行社推行“定制”服务面临的最大问题。因此，旅行社在提供“定制”服务时，要想办法控制成本，尽量使“定制”的产品能满足更多人的需求，同时也可借鉴国外流行的“导游兼司机”的经营模式，使用小型、中型旅游车辆，尽量降低成本，这样也可满足部分游客不愿意参团旅游的心理。

相关链接

目前，定制旅游团的小型化趋势越来越明显。据携程网发布的《2016—2017 年定制旅游大数据报告》，家庭是定制游的最大出游群体，占比达 61%，一般是一个家庭或多个家庭独立成团。而好友结伴同行是定制游的第二大群体，占比为 23%。

（五）加大休闲度假产品的开发力度

过去，以游览自然风光、观赏名胜古迹、领略民俗风情为主要内容的观光旅游是我国最常见、最普遍的旅游活动类型，观光游产品也长期成为旅行社产品设计的主体。随着我国人民生活水平的进一步提高，带薪假期的延长，旅游经历的丰富，以休养、娱乐、健身、疗养等消遣性活动为主要内容的休闲度假旅游日益受旅游者青睐。中国旅游研究院调查显示，2016 年，持休闲度假旅游动机的游客比例已超过七成。旅行社应适应这一变化，加大休闲度假产品的开发力度，推出更多的海滨游、山地游、森林游、湖滨游、温泉游、冰雪游、海岛游、避暑游、乡村游、邮轮游等产品，满足游客的消费需求。

五、经营方式的智慧化

近年来，网络的普及、信息技术的进步给旅游业带来了重大影响。越来越多的电脑和智能手机、平板电脑等智能移动设备不仅能实时查询旅游信息，并且能够在数秒时间里完成机（车）票预订、酒店预订、景区预订甚至旅游线路预订。可以说，我们已进入“智慧旅游”时代，“智慧旅游”不仅成了一种时尚，也成了未来的趋势。

智慧旅游指的是利用物联网、云计算、高性能信息处理、智能数据挖掘等技术，借助互联网和便携的终端上网设备，主动感知旅游信息，并以此进行有效的管理和安排、调整旅游计划。“智慧旅游”的出现对旅行社经营的影响可以说是前所未有的。在“智慧旅游”时代，游客对旅游信息的感知变得异常容易，对旅游信息的利用也从来没有这么便捷。这一情况的出现对传统旅行社等客上门的经营模式造成了巨大冲击。旅行社员工再也不能守着一部传真机、两部电话来接业务了。要想不被市场淘汰，旅行社的经营方式也必须实现智慧化。

相关链接

物联网和云计算

物联网即“物物相连的互联网”，它是在互联网的基础上，把用户端延伸和扩展到任何物品之间进行信息交换和通信的一种网络，以实现物品的自动识别和信息的互联共享。物联网简单来讲有三个特征，即：全面感知、可靠传递、智能处理。

云计算是在并行计算、分布式计算和网格计算的基础上提出的一种新型计算模型。它将计算任务分布在大量计算机构成的资源池上，从而产生强大的数据存储和计算能力，使用户能够按需获取计算力、存储空间和信息服务。

（一）对经营信息的智慧化处理

旅游市场信息繁杂，旅行社要实现有效经营，必须掌握大量的经营信息。过去，这些信息靠手工操作处理，效率低下。现在，互联网和信息处理技术能帮助旅行社实现旅游信息资源的有效整合，使旅行社不仅能及时获取信息，还能获取这些信息的准确分析数据，从而提高旅行社招徕旅游者、开拓市场的能力。因此，在“智慧旅游”时代，旅行社不能置身事外，而是要积极推进企业经营管理的信息化、智慧化建设，提高企业的经营效益。

比如，旅行社可将海量的旅游信息存放于云计算中心，通过云计算，搭建旅游信息平台，使旅游者可以直接在平台上查询各种旅游产品信息。这样，旅行社既不需要自己购买服务器和建立网站，又可方便地对旅游产品信息进行管理和发布，大大降低了成本。

（二）大力发展旅行社电子商务

开展旅行社电子商务是旅行社实现经营智慧化的重要组成部分，也是信息化背景下旅行社的必然选择。

旅行社电子商务指的是旅行社以网络、通信、电子支付等现代技术手段为依托，通过在网上发布旅游产品信息进行促销活动，实现旅游产品交易的电子商务活动。通过电子商务平台，旅行社可以不间断地向各地的旅游者提供旅游产品信息，突破了产品信息的时空限制，大大方便了旅游者预订，同时方便了旅行社组合产品，并且减少了企业的运行成本。

近年来，随着移动支付的普及和移动端应用的拓展，电子商务向移动端的偏移趋势越来越明显，移动端购物已超越 PC 端成为网络购物的主流。旅行社应审时度势，充分认识互联网和移动通信相结合的商业应用对旅游消费模式的影响，适应市场变化，着眼于满足旅游者在旅游过程中的核心诉求，开发、应用电子商务平台，实现信息化条件下的服务模式和旅行社产品的创新，拓展产品销售渠道。

课堂讨论

材料一：

截至 2019 年 6 月，中国 8.54 亿网民中，手机网民规模达 8.47 亿，网民使用手机上网的比例达 99.1%。与 5 年前相比，手机上网流量资费水平大幅降低。

材料二：

近年来手机网上支付增长迅速，到 2015 年，手机网上支付用户规模达到 3.58 亿。网民使用手机网上支付的比例由 2014 年的 39.0%提升至 2015 年的 57.7%。到 2019 年 6 月，手机网上支付用户规模达到 6.21 亿，网民使用手机网上支付的比例达到 73.4%。

以上数据对旅行社开展电子商务有何启示？

思考与练习

一、选择题（有 1 个或 1 个以上的正确答案）

1. 目前旅行社行业普遍存在（　　）的局面。

A. 规模小　　B. 经营散　　C. 实力弱　　D. 效益差

2. 旅行社分工体系一般可以分为（　　）两种。

A. 纵向分工体系　　B. 横向分工体系

C. 垂直分工体系　　D. 水平分工体系

3. 旅行社经营的（　　）是我国旅行社的未来发展趋势。

A. 业务分工的专业化　　B. 经营布局上的分散化

C. 旅游产品的多样化　　D. 经营方式的智慧化

4. 旅行社提供产品的同一化很可能导致（　　）。

A. 自由竞争　　B. 垄断竞争　　C. 低价竞争　　D. 垄断

二、名词解释

1. 旅行社分工体系
2. 旅行社集团
3. 智慧旅游

三、简答题

1. 我国旅行社在发展过程中存在哪些主要问题？为什么会存在这些问题？
2. 你认为旅行社的未来发展趋势如何？
3. 实现旅行社业务分工的专业化有何作用？

四、分析题

2015 年度，全国旅行社接待的入境游客数减少了 1.18%，接待的国内游客数增长了 6.07%。但是，经旅行社组织的出境游人数却呈现大幅增长。2015 年度，全国旅行社出境旅游组织 4 644 万人次、25 056 万人天，分别增长了 18.61%和 19.82%。请分析这其中的原因，并分析这一现象的出现对旅行社的经营策略有何影响。

主要参考文献

1. 唐卫东. 旅行社经营管理. 北京：高等教育出版社，2005.
2. 菲利普·科特勒. 旅游市场营销. 谢彦君，译. 北京：旅游教育出版社，2002.
3. 王健民. 旅行社产品理论与操作实务. 北京：中国旅游出版社，2004.
4. 李宝明. 旅行社经营管理. 北京：经济科学出版社，2004.
5. 陈小春. 旅行社管理学. 北京：中国旅游出版社，2003.
6. 林森. 中国旅游价格. 北京：中国物价出版社，2002.
7. 梁智. 旅行社运行与管理. 大连：东北财经大学出版社，2002.
8. 国家旅游局人事劳动教育司. 旅行社经营管理. 北京：旅游教育出版社，2003.
9. 陈锋仪，王莉霞，库瑞. 旅行社经营与管理案例分析. 天津：南开大学出版社，2004.
10. 贺学良. 现代旅行社经营管理. 上海：复旦大学出版社，2003.
11. 李云霞，杨叶昆. 旅行社经营管理. 重庆：重庆大学出版社，2002.
12. 帕特·耶尔. 旅行社经营业务. 程尽能，等译. 北京：旅游教育出版社，2004.
13. 国家旅游局人事劳动教育司. 旅游业务. 北京：中国旅游出版社，2000.
14. 陈文浩，许福民. 旅游企业财务与会计. 上海：上海财经大学出版社，1999.
15. 唐·约翰逊. 旅游业市场营销. 张凌云，马晓秋，译. 北京：电子工业出版社，2004.
16. 杜江. 旅行社经营与管理. 天津：南开大学出版社，2001.
17. 黎洁，赵文红. 旅行社经营战略管理. 北京：中国旅游出版社，2003.
18. 吕和发. 旅游促销概论. 北京：旅游教育出版社，2002.
19. 胡屹. 策划学全书. 北京：中国社会出版社，2000.
20. 巫宁，杨路明. 旅游电子商务. 北京：旅游教育出版社，2004.
21. 吕何新. 电子商务概论. 重庆：重庆大学出版社，2001.
22. 马润洪，戴聚岭. 旅游电子商务. 北京：中国财政经济出版社，2001.
23. 付得一，田芬. 管理信息系统. 北京：中国人民大学出版社，2005.
24. 陈永发. 旅行社经营管理. 北京：高等教育出版社，2003.
25. 徐云松. 旅行社经营管理. 杭州：浙江大学出版社，2005.
26. 纪俊超. 旅行社经营管理. 广州：华南理工大学出版社，2004.
27. 李晓军. 旅行社经营技巧. 北京：中国旅游出版社，2005.
28. 邹统钎. 旅游景区开发与经营经典案例. 北京：旅游教育出版社，2003.
29. 周艳春. 旅行社运营操作实务. 上海：上海交通大学出版社，2011.

30. 吴敏良，魏敏. 旅行社经营实务. 2版. 上海：上海交通大学出版社，2011.

31. 王宏，肖书民. 旅行社规范化管理操作范本. 北京：人民邮电出版社，2007.

32. 张道顺. 现代旅行社管理手册. 北京：旅游教育出版社，2006.

33. 谢颖. 旅行社经营管理实务. 2版. 大连：大连理工大学出版社，2009.

34. 王缇萦. 旅行社经营与管理. 上海：上海人民出版社，2006.

35. 国家旅游局人事劳动教育司. 旅行社经营管理. 北京：旅游教育出版社，2006.

36. 陈锋仪，库瑞. 旅行社管理. 天津：南开大学出版社，2006.

37. 熊晓敏. 旅行社 Sales 外联营销手册. 北京：中国旅游出版社，2009.

38. 朱云，萧家仪，蒋涛. 通用旅游会计. 南京：南京师范大学出版社，2010.

39. 张红，张春晖. 旅游业管理. 北京：科学出版社，2006.

40. 熊晓敏. 旅行社 OP 计调手册. 北京：中国旅游出版社，2007.

41. 查尔斯·R. 格德纳，J. R. 布伦特·里奇. 旅游学. 10版. 李天元，徐虹，黄晶，译. 北京：中国人民大学出版社，2008.

42. 马耀峰，李天顺，刘新平. 旅游者行为. 北京：科学出版社，2008.

43. 冯俊. 服务企业管理. 北京：科学出版社，2007.

44. 徐云松，左红丽. 门市操作实务. 2版. 北京：旅游教育出版社，2008.

45. 宁文志，刘荣，崔红艳. 旅游企业财会基础. 2版. 上海：上海交通大学出版社，2011.

46. 梁智. 旅行社运行与管理. 4版. 大连：东北财经大学出版社，2010.

47. 周晓梅. 旅行社经营管理. 重庆：重庆大学出版社，2008.

48. 贾玎，肖华. 旅游企业财务管理. 上海：复旦大学出版社，2011.

49. 李玲. 旅行社经营管理实务. 武汉：武汉理工大学出版社，2011.

50. 王慧元，陶艳红. 旅行社经营管理实务. 武汉：中国地质大学出版社，2012.

51. 赵利民. 旅游法规教程. 3版. 北京：科学出版社，2013.

52. 方天海，黄邦姬. 旅行社经营管理实务. 长沙：湖南大学出版社，2013.

53. 陆文锦. 旅行社经营与管理——岗位工作实务. 北京：中国劳动社会保障出版社，2014.

54. 周建良. 电子商务实务. 2版. 北京：清华大学出版社，2014.

55. 曹华盛. 旅行社经营与管理. 2版. 上海：上海人民出版社，2014.

56. 朱晔. 旅行社经营与管理实务. 2版. 西安：西安交通大学出版社，2014.

57. 但强，朱珠. 旅行社经营管理实务与实训教程. 成都：西南财经大学出版社，2014.

58. 余志勇. 旅行社经营管理. 北京：北京大学出版社，2015.

59. 李天元. 旅游学. 3版. 北京：高等教育出版社，2011.

60. 国家旅游局信息中心. 2012—2013 中国旅游信息化发展报告. 北京：中国旅游出版社，2013.

61. 黄潇婷，吴必虎，朱树未. 旅游学 100 例. 北京：中国人民大学出版社，

2014.

62. 谢彦君. 基础旅游学. 4 版. 北京：商务印书馆，2015.

63. 刘雁琪. 旅行社综合业务实训. 北京：旅游教育出版社，2016.

64. 朴松爱. 旅行社管理. 3 版. 北京：中国旅游出版社，2016.

65. 冯国群，陈波. 旅行社门市接待. 2 版. 北京：旅游教育出版社，2014.

66. 中华人民共和国文化和旅游部. 中国旅游统计年鉴 2018. 北京：中国旅游出版社，2018.

67. 戴斌，张杨. 旅行社管理. 4 版. 北京：高等教育出版社，2018.

68. 高春璐，雷巧莉. 旅行社业务管理. 重庆：重庆大学出版社，2018.

69. 张颖. 旅行社计调业务. 大连：东北财经大学出版社，2018.

70. 陈乾康，彭传章，庄剑梅. 旅行社计调与外联实务. 北京：中国人民大学出版社，2018.

71. 朱智，杨红霞. 旅行社经营与管理. 北京：清华大学出版社，2019.

图书在版编目（CIP）数据

旅行社经营管理/赵利民主编. --4版. --北京：中国人民大学出版社，2020.7
21世纪高职高专规划教材. 旅游与酒店管理系列
ISBN 978-7-300-28392-0

Ⅰ.①旅… Ⅱ.①赵… Ⅲ.①旅行社-企业经营管理-高等职业教育-教材 Ⅳ.①F590.654

中国版本图书馆CIP数据核字（2020）第126508号

21世纪高职高专规划教材·旅游与酒店管理系列
旅行社经营管理（第四版）
主　编　赵利民
副主编　梁少华　刘淑华
Lüxingshe Jingying Guanli

出版发行	中国人民大学出版社		
社　　址	北京中关村大街31号	**邮政编码**	100080
电　　话	010－62511242（总编室）		010－62511770（质管部）
	010－82501766（邮购部）		010－62514148（门市部）
	010－62515195（发行公司）		010－62515275（盗版举报）
网　　址	http://www.crup.com.cn		
经　　销	新华书店		
印　　刷	北京鑫丰华彩印有限公司	**版　　次**	2006年5月第1版
规　　格	185mm×260mm　16开本		2020年7月第4版
印　　张	14.25	**印　　次**	2021年1月第2次印刷
字　　数	325 000	**定　　价**	39.00元